全国高校『电子商务及法律』专业联盟推荐教材

全国高校电子商务及法律系列规划教材

网络社区

王卫东 编著

Network Community

WUHAN UNIVERSITY PRESS
武汉大学出版社

图书在版编目(CIP)数据

网络社区/王卫东编著.—武汉:武汉大学出版社,2018.1
全国高校电子商务及法律系列规划教材
ISBN 978-7-307-19908-8

Ⅰ.网… Ⅱ.王… Ⅲ.计算机网络—应用—社区管理—中国—高等学校—教材 Ⅳ.D669.3

中国版本图书馆 CIP 数据核字(2017)第 309194 号

责任编辑:陈 豪   责任校对:汪欣怡   版式设计:韩闻锦

出版发行:**武汉大学出版社** (430072 武昌 珞珈山)
(电子邮件:cbs22@whu.edu.cn 网址:www.wdp.com.cn)
印刷:虎彩印艺股份有限公司
开本:720×1000 1/16 印张:16.75 字数:339 千字 插页:2
版次:2018 年 1 月第 1 版 2018 年 1 月第 1 次印刷
ISBN 978-7-307-19908-8 定价:42.00 元

作者简介

王卫东

现任职于西北政法大学商学院，硕士生导师，学术委员会委员，西北政法大学商务安全研究所所长，电子商务系主任，全国高校电子商务及法律专业联盟秘书长。主要研究方向为电子商务、网络安全和网络社区，发表专业论文20多篇，主持及参与科研项目6项。主编教材1部，编著2部，参编5部。

总　　序

在全球业界精英围绕“发展数字经济、促进开发共享——携手共建网络空间命运共同体”主题共同憧憬和探讨数字经济发展之际，我们编写的电子商务及法律系列教材即将付梓，正当其时。

“电子商务及法律”是一个新兴的交叉专业，是一个理论和应用并重的专业，是一个实践多向发散、理论总结紧随的专业。为这样一个专业编写教材，是一项具有历史使命感的工作，也是一项可能吃力不讨好的工作。因此，对于电子商务及法律系列教材的编写者来说，无论是心态，还是具体的编撰过程，均非寻常。一方面，该教材被列为武汉大学出版社系列规划教材，是此一大类的国内第一套系列规划教材，无首创之名，具首创之实，其责任感和压力可想而知；另一方面，当前该专业在我国方兴未艾，细数国内的教研力量，基础比较薄弱，众多问题亟待解决，难有定论。因而，要编写一套便教利学，真正反映和体现该专业设置目的和要求的教材，其难度不言自明。

北京邮电大学、湖北大学、重庆理工大学和本人所就职的西北政法大学，均是国内最早开办电子商务及法律专业的高校，几所学校于 2015 年在西安共同发起了“全国高校电子商务及法律专业联盟”。经过在联盟会议上的多次探讨和交流，我们深切地认识到，为了更好地促进电子商务及法律专业建设，更及时有效地满足日新月异的本专业人才和实践探索需求，编写一套理实并重、严谨前瞻、融合法商的教材，尤为必要。

管子有言“不言之言，闻于雷鼓”。于是，这一共同认识就转化为切实的努力和行动。在充分调研的基础上，结合电子商务及法律专业建设的实际需要，各位专家学者以电子商务发展趋势为引领，以探究性学习为核心，以联盟学校为依托，经过艰苦努力和持续探索，目前书稿陆续完成。我特意写了这一小段文字，以为纪念。

在教材的编撰过程中，有大量优秀的电子商务及法律领域实践成果不断涌现却未能编入，非常遗憾和可惜，只能留待后续再版时增添了。编写亦难免有不妥之处，还望大家不吝提出宝贵意见！

张荣刚

第四届世界互联网大会召开之际

目　录

第一章　网络社区概论 …… 1

第一节　网络社区的界定及发展历程 …… 1

一、社区 …… 1

二、网络社区 …… 3

三、网络社区的发展 …… 4

第二节　网络社区的类型与特性分析 …… 6

一、网络社区的类型分析 …… 6

二、网络社区的特性分析 …… 8

第三节　网络社区的功能与优势 …… 9

一、网络社区的功能 …… 9

二、网络社区的优势 …… 10

第四节　网络社区的传播与成员分析 …… 11

一、网络社区的传播特点 …… 11

二、网络社区的成员分析 …… 12

三、网络社区的成员等级 …… 13

四、网民需求与网络创新 …… 13

第五节　网络社区的社会影响 …… 15

一、互联网络的演变 …… 15

二、网络社区与现实社区的关系 …… 15

三、网络社区带来人际关系的改变 …… 16

四、网络社区产生的社会影响 …… 16

第二章　网络关键词 …… 18

一、Web 1.0、Web 2.0、Web 3.0 …… 18

二、SNS …… 23

三、Wiki …… 25

四、RSS …… 27

五、播客 …… 28
六、UGC …… 30
七、威客 …… 31
八、网摘 …… 33
九、P2P …… 34
十、意见领袖 …… 37

第三章　网络现象 …… 44
第一节　网红及网红经济 …… 44
一、网红及网红经济 …… 44
二、网红和明星的区别 …… 44
三、网红的发展 …… 45
四、网红成名的原因 …… 45
五、网红现象的特点 …… 46
六、网红的运营方式 …… 47
七、网红产生的社会背景 …… 48
八、网红热度的维护 …… 49
九、网红的变现模式 …… 50
十、如何正确对待网红现象 …… 50
十一、网红经济的发展趋势 …… 51
第二节　网络恶搞 …… 51
一、网络恶搞的基本特征 …… 52
二、网络恶搞的动机 …… 53
三、网络恶搞形成的原因 …… 53
四、网络恶搞的主要类型 …… 55
五、网络恶搞的方式 …… 56
六、应对网络恶搞的策略 …… 56
第三节　网络暴力 …… 58
一、网络暴力的定义 …… 58
二、网络暴力的表现形式 …… 58
三、网络暴力之人肉搜索 …… 58
四、网络暴力之网络谣言 …… 60
五、网络暴力产生的根源 …… 60
六、网络暴力的防治 …… 62
第四节　网络围观 …… 62

一、网络围观概念的提出 …… 62
二、网络围观的界定及分类 …… 63
三、网络围观的特性 …… 63
四、网络围观的作用 …… 65
第五节 网络现象的启发 …… 66

第四章 网络语言 …… 68
第一节 网络语言概述 …… 68
一、网络语言的定义 …… 69
二、网络语言的特点 …… 69
三、网络语言的发展趋势 …… 70
第二节 网络语言的创新与变异 …… 71
一、词汇的变异与创新 …… 71
二、语法的变异与创新 …… 72
三、语义的变异与创新 …… 74
第三节 网络语言的发展与规范 …… 74
一、网络语言的根源 …… 75
二、网络语言的文化价值 …… 76
三、如何对待网络语言 …… 77
四、网络语言存在的问题 …… 78
五、网络语言的规范 …… 78

第五章 网络口碑传播 …… 81
第一节 网络口碑传播概述 …… 81
一、网络口碑的概念 …… 81
二、网络口碑传播的主要方式 …… 83
三、网络口碑传播目标群体设定 …… 84
四、网络口碑传播的原则 …… 84
五、专业网络口碑传播服务 …… 87
六、网络口碑传播的后续推广 …… 88
第二节 网络口碑传播的发帖及回复 …… 88
一、论坛选择 …… 88
二、发帖步骤 …… 89
三、发帖技巧 …… 89
四、推广技巧 …… 92

五、回复 …… 92

第六章　网络社区典型应用与管理 …… 94
第一节　受众调查 …… 94
一、网络调查及其特点 …… 94
二、受众调查的意义 …… 95
三、网络及受众调查的内容与方式 …… 95
第二节　网络社区典型应用 …… 96
一、论坛 …… 96
二、博客 …… 111
三、微博 …… 117
四、微信 …… 122
第三节　网络互动形式与管理 …… 125
一、网络互动的方式与手段 …… 125
二、网络互动管理的一般原则 …… 126

第七章　网络社区运营 …… 127
第一节　网络社区运营概述 …… 127
一、网络社区版块划分 …… 127
二、网络社区运营需要做好的基本工作 …… 128
三、网络社区的管理人员组成 …… 129
四、网络社区管理员的选择标准 …… 130
五、网络社区的用户构成 …… 130
六、网络社区运营的内容 …… 132
七、围绕用户行为开展精细化运营 …… 133
八、新建网络社区的运营与推广 …… 134
九、网络社区的积分系统 …… 135
十、网络社区运营的前期设置 …… 139
第二节　网络社区的商业价值 …… 140
一、网络营销价值 …… 141
二、电子商务价值 …… 141
三、无线增值价值 …… 142
第三节　网络社区的运营策略 …… 142
一、网络社区成功的基础 …… 142
二、网络社区运营的核心要素 …… 143

三、网络社区的运营策略…………………………………………………… 144
四、网络社区的创建…………………………………………………………… 150
五、网络社区的发展…………………………………………………………… 152
第四节　网络社区的运行模式………………………………………………… 154
一、主要盈利模式…………………………………………………………… 154
二、主要经营模式…………………………………………………………… 156
第五节　网站运营数据分析与管理…………………………………………… 157
一、网站分析的内容指标…………………………………………………… 157
二、网站分析的商业指标…………………………………………………… 162
三、百度统计………………………………………………………………… 164
第六节　案例——网络视频社区……………………………………………… 176
一、网络视频社区简介……………………………………………………… 176
二、内容基础………………………………………………………………… 176
三、观看模式………………………………………………………………… 176
四、广告形式………………………………………………………………… 177
五、盈利模式………………………………………………………………… 177

第八章　网络社区营销…………………………………………………… 179
第一节　网络社区营销概述…………………………………………………… 179
一、网络社区营销的概念及类型…………………………………………… 179
二、网络社区营销的特点…………………………………………………… 180
三、网络社区在网络营销中的作用………………………………………… 180
四、网络社区营销的发展…………………………………………………… 180
五、网络社区营销的关键因素……………………………………………… 181
第二节　如何做好网络社区营销……………………………………………… 182
一、网络社区营销的要点…………………………………………………… 182
二、网络社区营销的注意事项……………………………………………… 183
三、如何做好“标题党”？ ………………………………………………… 184
四、网络社区营销方式……………………………………………………… 185
五、网络社区营销的技巧…………………………………………………… 186
六、商友类社区常用的营销策略…………………………………………… 187

第九章　网络舆情………………………………………………………… 190
第一节　网络舆情概述………………………………………………………… 190
一、舆情与网络舆情………………………………………………………… 190

二、网络舆情的特点…………………………………………………………191
三、网络舆情的诱发因素…………………………………………………191
四、新意见阶层……………………………………………………………192
第二节　网络舆情的监测与预警……………………………………………193
一、网络舆情的监测分析技术……………………………………………193
二、网络舆情预警…………………………………………………………194
三、网络舆情监测系统……………………………………………………195
第三节　网络舆情的管控与引导……………………………………………197
一、言论自由与政府干预…………………………………………………197
二、我国政府的网络舆情管制……………………………………………198
三、网络舆情的应对………………………………………………………198
四、突发事件的应对………………………………………………………198

第十章　网络群体极化……………………………………………………200
第一节　网络群体极化概述…………………………………………………200
一、什么是群体极化？……………………………………………………200
二、群体极化案例…………………………………………………………202
三、网络中的群体极化……………………………………………………202
四、网络群体极化的表现…………………………………………………203
第二节　网络群体极化现象的成因…………………………………………204
一、网络群体极化的成因…………………………………………………204
二、网络群体极化背后的社会心理………………………………………205
三、网络群体极化的特点…………………………………………………206
四、网络社区群体极化事件的形成………………………………………207
五、网络社区群体极化的三个要素………………………………………207
六、意见领袖和媒体在网络群体极化中的作用…………………………208
第三节　从网络群体极化到多数人的暴政…………………………………209
一、网络群体极化效应……………………………………………………209
二、两种传播体制的竞合与博弈…………………………………………209
第四节　网络群体极化的预防机制…………………………………………211
一、主管部门应承担的责任………………………………………………211
二、预防机制………………………………………………………………212

第十一章　网络社群及社群营销…………………………………………214
第一节　社群的构成与价值…………………………………………………214

一、社群概述……………………………………………………………… 214
二、构成社群的五个要素……………………………………………… 217
三、社群、社区、社交………………………………………………… 218
四、社群经济……………………………………………………………… 219
五、社群营销……………………………………………………………… 220
六、社群媒体……………………………………………………………… 222
七、群主创建并维护群的原因………………………………………… 224
第二节　社群的生命周期……………………………………………… 225
一、社群的生命周期…………………………………………………… 225
二、社群短命的原因…………………………………………………… 226
三、社群活跃的结构模型……………………………………………… 228
四、社群规模……………………………………………………………… 230
五、延长社群生命周期………………………………………………… 232
第三节　社群依托平台的信息呈现…………………………………… 233
一、搜索模式……………………………………………………………… 234
二、推荐模式……………………………………………………………… 234
三、列表模式……………………………………………………………… 235
第四节　社群运营……………………………………………………… 236
一、从粉丝经济到社群经济…………………………………………… 236
二、社群运营基础……………………………………………………… 237
三、社群——从构建到运营…………………………………………… 239
第五节　社群传播……………………………………………………… 246
一、社群传播的三大要素……………………………………………… 247
二、社群的信息传播机制……………………………………………… 247
三、裂式传播五大关键步骤…………………………………………… 249
四、社群引流的基本思路与方法……………………………………… 250
第六节　社群的发展趋势……………………………………………… 252

附录　网络社区基本规则……………………………………………… 255

第一章　网络社区概论

第一节　网络社区的界定及发展历程

一、社区

“社区”一词源于拉丁语，意思是共同的东西和亲密的伙伴关系。社区这一概念的正式提出，源于德国社会学家滕尼斯①的著作，他因此被誉为社区理论的创建者。他对社区与社会作了系统的阐述和比较，认为社区既是社会的最简单形式，又是一种自然状态。他所分析的是传统农业社会的社区，其特征是：成员对本社区具有强烈的认同意识，他们重感情、重传统，彼此之间全面了解。滕尼斯关于社区的理论，为以后的社区研究打下了基础。在汉语里，“社区”其实是个外来语。20 世纪 30 年代初，费孝通先生在翻译滕尼斯的著作 *Community and Society*(《社区与社会》，1887)时，从英文单词“community”翻译过来的，从此，汉语里有了这个词语。后来被许多学者开始引用，并逐渐流传下来。在书中，滕尼斯把社区描述成一种由拥有共同价值观念的同质人口组成的，密切、守望相助、有人情味的社会关系的社会团体。

关于社区的概念很多，1955 年，美国社会学家 G. A. 希勒里(George A. Hillery)经过统计发现，共有 94 个不同的社区定义，其中 69 个定义认为，社区的本质因素有三点，即社会互动、地区和共同约束。1974 年出版的《社会学百科全书》认为，社区主要是指空间或地域的社会组织，其次，是指基于心理凝聚力或共同情感而结合于此组织中者。

可以把众多的定义分成两大类型：一类强调精神层面(即人群的共同体，如成员必须具有共同的传统价值等)；另一类强调地域的共同体(具有共同的居住地，即“在一个地区内共同生活的人群”)。

---

① 斐迪南·滕尼斯(Ferdinand Tönnies，1855—1936)，社会学形成时期的著名社会学家，德国现代社会学的缔造者之一。他的社会学著作，尤其是成名作《共同体与社会》对社会学界产生了深远的影响。

社区的构成要素如下：①社会互动：信息双向流动，相互影响——信息流动；②地区范围：地理位置、兴趣、血缘关系——关系建立；③共同约束：彼此联系和影响，共同利益——规则影响；④凝聚力、共同的参与行为；⑤认同感和归属感。

社区研究在美国早期社会学中曾占有极重要的地位。美国的芝加哥学派①就是以研究都市社区而闻名于世的。20世纪二三十年代，这个学派研究了美国大城市芝加哥的都市化过程，用以说明美国城市的结构和动态。芝加哥学派的人文区位学理论，就是在分析社区区位的基础上发展起来的。

美国学者R. S. 林德和H. M. 林德夫妇②开创了社区研究中以小镇为对象的全貌研究，即描述社区的各个不同部分并解释这些不同部分的相互关系。20世纪50年代以来，在美国的社区研究中，又发展了关于社区权力的研究，目的是了解社区里的权力分配状况，并据以辨认哪些人真正左右着社区的决策。③

我国的许多社会学家也对“社区”进行了深入细致的研究，尽管对“社区”的理解和认识不尽相同，但是，无论侧重哪一方面，都有一个共同点，那就是社区一词都是强调人群内部成员之间的文化维系力和内部归属感。

对于一个社区本身或整个社会来说，社区研究都有着非常重要的意义。整个社会是由一个个或大或小的社区组成的，一个社区就是一个具体的小社会，是整个大社会不同程度的缩影。从一定意义上说，社区研究是研究整个社会的起点。同整个大社会相比，社区则显得具体可感，易于把握。社区研究是社会研究的具体化。人们通过社区研究对社会进行典型调查，见微知著，从而研究和探讨社会发展的普遍规律及同类社区的共同特点。通过社区研究，人们还可以了解某一社区的地方特点，因地制宜地进行改革和建设。

---

① 芝加哥学派(Chicago School)是多个不同学科学派的统称，因这些学派都源自于芝加哥大学或芝加哥市，故被称为芝加哥学派。芝加哥学派包括芝加哥经济学派、芝加哥社会学派、芝加哥建筑学派、芝加哥传播学派、芝加哥数学分析学派、芝加哥气象学派等。其中，最著名的当属芝加哥经济学派(Chicago School of Economics)和芝加哥社会学派(Chicago School of Sociology)，芝加哥学派对于美国及整个世界的发展都具有重大意义。

② R. S. 林德(Robert Staughton Lynd)是美国著名的社会学家，哥伦比亚大学教授。林德和他的妻子H. M. 林德(Helen Meryl Lynd)的著作《米德尔敦：当代美国文化研究》是社会学的经典之作，关于米德尔敦的研究是社会学实证研究的典范，也是帮助读者了解美国经典社会学研究的一部优秀作品。林德夫妇采取了定性方法与定量方法相结合的做法来研究一个小镇的社会生活，符合定性与定量两种方法兼收并蓄的潮流。

③ 胡乔木. 中国大百科全书(社会学卷)[M]. 北京：中国大百科全书出版社，1993：357-358.

二、网络社区

同互联网相比，网络社区(virtual community)有着更为悠久的历史，最早的网络社区是随着BBS(bulletin board system，电子公告牌系统)的出现而形成的。在互联网技术的飞速发展之下，BBS的功能得到不断扩展，并迅速成为全世界计算机用户交流信息的园地。

网络社区与现实社区一样，也包含了一定的场所、一定的人群、相应的组织、社区成员参与和一些相同的兴趣、文化等特质。最重要的一点，网络社区与现实社区一样，提供各种交流信息的手段，如讨论、通信、聊天等，使社区居民得以互动。不过，它具有自己独特的属性。网络社区的构成要素如下：

(1)地域空间：网站的域名、网站的空间等。

(2)社区人群：网站的注册用户数。网络社区中，人口的数量几乎是无限的。

(3)社区活动：在网络社区中具体体现为记录感情和生活，发起和参与问题的讨论，表达看法和观点，参与各种兴趣、各种主题的活动。

(4)社区设施：网站的功能和服务。个人空间(如Blog、SNS等)、公共的活动和娱乐场所(如论坛、游戏等)、各种服务(如商城、生活资讯、分类信息、在线咨询等)。

"网络社区"译自英文"virtual community"，又称虚拟社区，网络社区依赖虚拟空间，地域上的共同性已不成其主要特征。学术界对于网络社区的定义表述各异，但却有三处共性：依靠网络技术进行交流的空间；人们互动行为的产物和结果；提供满足现实世界人们"另类需要"的服务。

1993年，霍怀德(Haward)提出，网络社区指一群主要借助计算机网络彼此沟通的人们，有着某种程度的知识和信息，如同亲人般关怀彼此所形成的团体。德国社会学家瑞恩·高德给出了网络社区的定义：在网络中，有足够多的人，带着个人情感参与到群体讨论中，并持续足够长的时间，从而在网络空间中形成个人关系网而产生的社会集结①。

本书对网络社区的定义为：所谓网络社区是指那些通过"互联网络"而形成的具有固定初级纽带关系的群体，他们没有共同的地域，但却有共同的参与行为、认同感和归属感。包括BBS/论坛、贴吧、公告栏、群组讨论、在线聊天、交友、个人空间、无线增值服务等多种形式，同一主题的网络社区集中了具有共同兴趣的访问者。

---

① 董泽稼. 基于网络社区的企业信息行为对品牌关系质量影响的研究[M]. 北京：清华大学出版社，2004：10.

三、网络社区的发展

1. 第一代网络社区

时段：1989—2003 年。

万维网最初的设想有着深刻的社会意义，就是增强个人能力，提高社会效率，把电脑的功能应用到日常生活中。互联网的开放性架构可以让任何连上网的人都能在全球范围内，针对同一个主题发表意见，自由、开放且兼具隐匿性。

e-mail、BBS、IM(即时通信工具)等已经出现，网络社区的概念开始由于它们的存在而慢慢浮出水面。这个阶段的初期，网友之间只能通过文字和图片来交流沟通，还是简单的单人对单人的沟通方式。到了 2000 年初，随着论坛技术的成熟和博客的出现，网络社区开始呈现，而且，不只是简单的聊天，而是一群人围绕一个主题进行讨论。

(1)网络技术的发展状况。

软件技术层出不穷，硬件配置快速升级换代。BBS 灌水、QQ 聊天室等多种新的应用不断出现。个性化和交互性的软件技术开始运用，包括：博客、播客、MSN、简易信息聚合(RSS)、社交网络(SNS)等。

(2)对网络属性的认知。

1998 年，提出网络是继广播、电视和报刊之后的第四媒体。尼葛洛庞帝①在其著作《数字化生存》中指出，网络是现代人的一种生存方式。数字时代，网络空间已经成为人类生存其中的世界，是现代人的第二生活空间。

(3)网络的普及状况。

网络逐步成为全球性的信息交换平台，成为人们日常生活的重要组成部分，并开始向社会公众和商业领域开放。其匿名性吸引了大量的社会成员参与网络交往活动，出现了大量的网络社群。

1994 年，我国连入互联网后，尤其是 1996 年后，国内的各个大型网络开始陆续投入运营推广，网民人数迅速增多。

2. 第二代网络社区

时段：2003 年至今。

Web 1.0 时代，网民主要局限于从网络上获取信息。

Web 2.0 时代，不但可以获取信息，还可以发布信息。

① 尼古拉斯·尼葛洛庞帝(Nicholas Negroponte)出生于 1943 年，美国著名计算机科学家，麻省理工学院教授，媒体实验室创办人兼执行总监，《连线》杂志专栏作家。长期倡导利用数字化技术促进社会生活的转型，被西方媒体推崇为电脑和传播科技领域最具影响力的大师之一。

Web 3.0 时代，以网络化和个性化为特征，提供更多人工智能服务。

网民会基于各种需要建立网络平台或者依托大型平台建立网络空间，汇聚有同样需求的人群，这就是网络社区。主要形式有：互动式社区，视频网站，博客群等。

网络社区的现代架构呈现阶段，强调的是参与、互动和共享。用户不再只是运用文字和图片来表达想法，而是增加了新的形式，如视频和音频等。

(1)网络技术的发展状况。

2001 年秋天，互联网处于一个重要的转折点，众多互联网公司面临重要危机，网络泡沫破灭，与此同时，网络技术却蒸蒸日上。2003 年，Web 2.0 快速发展，网络进入了以个人为中心的时代，每个人都可以是信息的发布者。紧接着，Web 3.0 出现，网站内的信息可以直接和其他网站相关信息进行交互，并通过第三方信息平台同时对多家网站的信息进行整合使用。

(2)对网络属性的认知。

网络渗透到了社会政治、经济和文化的方方面面，人们不再简单地把网络视为媒体、工具或者平台，而是把经由网络而形成的网络关系视为网络社会关系，网络演变成了网络社会。上网内容：浏览新闻、购物、交友、娱乐……

学术著作涌现：《网络社会的崛起》《网络社会：跨文化的视角》《虚拟社会人的发展研究》《网络交往与社会变迁》等。

(3)网络的普及状况。

2005 年 7 月 21 日中国互联网络信息中心(CNNIC)发布的第 16 次《中国互联网络发展状况统计报告》显示：我国的宽带上网用户首次超过拨号上网用户，达 51%，网络普及率进一步提高。

2013 年 1 月中国互联网络信息中心(CNNIC)发布的第 31 次《中国互联网络发展状况统计报告》显示，中国网民规模已达 5.64 亿，互联网普及率为 42.1%，手机网民规模达 4.2 亿，手机成为最大的上网终端。

2017 年 1 月 22 日中国互联网络信息中心(CNNIC)发布的第 39 次《中国互联网络发展状况统计报告》显示，中国网民规模已达 7.31 亿，互联网普及率为 53.2%，超过全球平均水平 3.1 个百分点，超过亚洲平均水平 7.6 个百分点。我国网民规模已经相当于欧洲人口总量。其中，手机网民规模达 6.95 亿，占比达 95.1%，增长率连续 3 年超过 10%。而台式电脑、笔记本电脑的使用率均出现下降，手机不断挤占其他个人上网设备的使用。

我国网民规模经历近 10 年的快速增长后，红利逐渐消失，网民规模增长率趋于稳定。2016 年开始，中国互联网行业整体向规范化、价值化发展，同时，移动互联网推动消费模式共享化、设备智能化和场景多元化。

为什么网络社区经过这么多年的发展仍然拥有如此强大的生命力?

(1)可以做深度内容传播。很多知识或技术，都需要通过网络社区进行深入探讨和交流才能系统完整地传播和沉淀。

(2)可以用于沉淀用户。在网络社区，用户可以拥有属于自己的空间，通过专业化的努力，可以让自己的产品用户沉淀下来。

(3)可以让用户进行深度交流并拉近关系。如果做过社区运营就会发现，网络社区可以产生很多美丽的故事：有人在社区相识、相知、相爱；也有好友一起创业，成就一番事业……可以说，在用户交流方面，网络社区有其独特的优势。

对于很多资深用户来说，他们很多年后依旧能够活跃在网络社区，是因为网络社区就是他们在网上的精神家园，这里有他们的朋友，可以在社区互动，在线下自发组织活动，这就是网络社区带给用户的归属感。

第二节 网络社区的类型与特性分析

一、网络社区的类型分析

1. 按建构目的划分

按建构目的划分，学术界将网络社区分为以下四类：兴趣型社区，社交型社区，幻想型社区，交易型社区。

2. 按进入的受限制程度划分

按进入的受限制程度划分，网络社区一类以校友录、企业 TM 群、SNS 为代表；一类以大多数 BBS、博客等为代表；一类以百度贴吧、各种聊天室及部分 BBS 为代表。

3. 按产生的技术形态划分

按产生的技术形态划分，网络社区包括 BBS、社区聊天室、网络游戏、博客等。

4. 根据内容涉及的范围划分

根据内容涉及的范围划分，网络社区可以分为综合性网络社区和专业性网络社区。综合性网络社区指谈论的主题涉及生活的各个方面，可以按照不同的主题分为不同的版块。例如：猫扑、百度贴吧、天涯等属于综合性网络社区。专业性网络社区指谈论的主题只涉及生活中某一方面的内容。例如：网络游戏社区只涉及游戏方面的话题，电脑社区只涉及电脑及其配件的话题。

5. 按独立性划分

按是否独立存在，可以将网络社区分为独立网络社区和附属网络社区两种。独立网络社区不依附于其他网站，拥有独立域名，能够为社区成员提供综合性或专业性社区服务。附属网络社区依附于较大网站，没有独立域名，能够为社区居民提供综合性或专业性社区服务。

6. 按沟通交流的实时性划分

根据沟通交流的实时性，可以将网络社区划分为即时性社区和非即时性社区。即时性网络社区是指社区成员发出的信息能够立即得到反馈的网络社区，如 QQ 群和聊天室等。非即时性社区则是人们之间的交流谈论不要求立即得到回复或不用回复的网络社区，如 BBS、博客等。

7. 按形成的机制划分

按形成的机制划分，网络社区可分为横向网络社区和垂直型网络社区。横向网络社区指的是就某一个话题在网上交谈，而形成一个具有共同兴趣的网络社区。垂直型网络社区指网上企业利用业务关系和新闻组、论坛等工具，建成以企业站点为中心的网络商业社区。

8. 按形成阶段和功能划分

(1)BBS(电子公告牌)：是 Internet 最早的功能之一，为用户提供了一个交流意见的场所，是早期网络社区的雏形。

(2)论坛型社区：其目的就是信息交流，人与人之间的信息交流形式是关系型论坛，对某种商品或者兴趣的交流就形成了产品论坛或者兴趣论坛。

(3)综合型社区：在论坛型社区的基础上发展而来，拥有更加综合和丰富的网络环境，集合了论坛、互动、音乐和视频等多项功能，满足了用户各种各样的需求。

(4)电子商务社区：由网络购物发展起来的一类交易社区，根据交易对象的不同，分为 B2B、B2C、C2C 等类型。电子商务社区除了产品陈列平台之外，一般还要有支付平台和配送平台。

(5)博客社区：是继 e-mail、BBS 和即时通信之后的第四种网络交流方式，用户可以利用博客软件在自己的博客上撰写日记，表达个人思想，讨论社区时事。博客承载了草根的声音，是 Web 2.0 最显著的网络应用。

(6)Wiki 社区：Wiki(维基百科)是一种面向社群的协作式写作系统，用户可以在 Web 上对 Wiki 文本进行浏览、创建和更改，这种多人合作式的写作方式实现了知识的共享和积累。

(7)SNS 社区：即提供社会性网络服务的社区，依据六度分割理论，以认识朋友的朋友为基础扩展自己的人脉。这种社区普遍采用实名制，而且，增添了很多游戏和娱乐元素，是用户之间交流感情的理想手段。

(8)微博社区：是一种非正式的迷你型博客，它的实质是一种可以发布消息的类似博客的系统，其最大的特点就是集成化和开放化。用户可以通过手机、IM 软件(QQ、MSN、Skype)和外部 API 接口等途径向微博发布消息。

二、网络社区的特性分析

1. 空间的超时空性

通过网络，人们的交流不受地域限制，只要有一台计算机、一条电话线，就可以和世界上任何地方的人畅所欲言。不受时间限制，可以即时，也可以留言或通信。今天发一个帖子，不一定会有人回复，但几天以后可能会有十多页回帖。这种便利，电话望尘莫及。而且，交流成本非常低，价格低廉。

2. 人际互动的匿名性和符号性

网络社区人际互动具有匿名性和彻底的符号性。在网络社区里，网民用 ID 号标识自己。ID 号依个人的爱好随意而定，例如，“硬盘”一看就是计算机硬件爱好者，“红叶飘飘”估计是一个浪漫的人，“潜水艇”估计是个军事爱好者……在现实中不可能有人叫这种名字。由于互相不能看到对方的“庐山真面目”，所以，传统的性别、年龄、相貌等在网络社区里可以随意更改。网上有句名言：和你聊天的也许是条狗。

3. 成员流动的频繁性

网络人际关系较为松散，社区群体流动频繁。社区的活力主要靠“人气”和点击率，关键是社区的主题要适合大众口味。在大学的 BBS 上，一般“二手市场”“勤工助学”“鹊桥版”“电影”“游戏”等社区比较火爆，因为这些符合当代大学生的需要。而相比之下，“数据库”“高等数学”等技术版则“门可罗雀”。

4. 的自组织性

自由、平等、民主、自治和共享是网络社区的基本准则。这个特点和网上人际互动具有匿名性有关，在这里，传统的上下级被“版主”代替，只要你不违反论坛条例，什么都可以说，俗称“灌水”。

成为网络社区一员的门槛很低，一般情况下，要使用社区提供的功能服务，必须在线注册。基本流程：首先，注册人阅读互联网有关法规及社区服务条款，并提交注册申请。社区管理系统会询问注册人的情况，如姓名、性别、年龄、身份证号码、职业等，注册人必须如实填写，系统进行验证。然后，再自选一个账号名并设定密码，整个注册过程就基本完成了。一旦注册成功，便成为社区的合法居民。

网络社区居民拥有唯一的账号，这个账号就是他在社区中的通行证，是社区居民相互辨别的唯一标志。在社区中“生活”，居民必须遵守社区的各项规章制度和行为准则，否则，将被社区管理员开除或者封权。

5. 的开放性

开放性可以说是网络社区存在的基础。网络社区依托网络技术而没有确定的国界或地界，人们既不受自然物理时空的限制，也不受地域、年龄、性别、职业、种族、肤色的局限，没有中心，没有等级，没有严密的管理机构和繁杂的规章制度，这使得网络社区具有比现实社区更强的开放性。

开放性还体现在可以随时加入及退出，门槛低。可以选择自己感兴趣的领域发言，表达自己的意见，获得其他网友的关注、评价、共鸣。社区成员可以共享社区文化、信息资源和人际资源，同时，社区成员又是社区资源的积极创造者和更新者。

6. 文本的非线性

社区文本的非线性特征是指网络上出现的电子文本是一种非线性的文本，任何阅读的人都可以向里面填充自己的注解和批评，读者不再是单纯的文本读者，而是作者的合作者。文本可以不断添加或删除，因此，也就不存在传统意义上的结尾。

就文本意义而言，不再是先验自明、恒定不变的，而是由文本提供的客观意义和读者所赋予的主观意义相互结合的产物。甚至可以极端地认为，文本自身并不具有客观意义，意义并不来自文本，而是来自读者的解读。

第三节　网络社区的功能与优势

一、网络社区的功能

1. 社区通信

网络社区为每一个居民都提供了电子信箱，居民可以使用该信箱收发邮件，相互通信，有利于非同时在线时居民的交流。有的大型论坛提供手机短信或微信的发送功能，更方便了网民之间的交流。当然，这通常不是免费的。

2. 聊天服务

网络社区为居民提供了两种实时交互的聊天服务，聊天时除了用文字表达以外，系统还预设了丰富的表情和动作可以调用，有些还能用语音进行实时交谈。

第一种方式是聊天广场，任何人都可以自由出入，谈话的内容也不受限制。第二种方式是聊天室，聊天室的开设者是这个房间的主人，他可以控制谈话的内容，也可以对聊天的人进行取舍。第三种方式更加便捷，如微信。

3. 张帖讨论

这是网络社区最基本也最主要的功能之一。居民可以在社区中以文字为主要形式自由表达自己的思想，如提建议、讨论、提问、回答问题等，以张帖文章(或帖子)的形式出现。居民还可以在社区中转帖自己喜欢的小说或散文。许多社区系统还允许居民在帖子中加入文件上传、贴图、表情动作等功能。这样，帖子就变得丰富多彩、生动活泼，使居民的交流更加有效。

4. 投票

居民就某一问题在网络社区里发起投票或进行投票，从而对社区居民进行民意调查。居民在投票的过程中也可以张帖讨论，表明自己的观点。这种投票要比现实的投票透明、民主和公开，能够真实反映网民的偏好。

二、网络社区的优势

网络社区与传统的电子商务形态相比，其优势主要表现在以下几个方面：

1. 真正意义上的消费主权

消费者与销售商换位，从而居于主动地位，表达真正意义的主权。由于网络社区提供大量志同道合者以及畅所欲言的交流环境，各种信息无障碍传递，很容易像自由市场那样达到价值的新共识。

2. 公司可以深入消费者

在一个志趣相投、消费者主导的网络社区中，信息被剥除了一切人为的、被动的伪装。如同开设了一座消费者心理、行为和价值取向的巨大研究室，为商业公司掌握消费者的信息提供了非常好的机会。也意味着商家之间更惨烈的竞争，“赢者通吃”同样适用于网络社区。

3. 潜在的巨大商业利润

消费者的交互影响，理论上可以缔造无限的商业机会，通过交流达成共识再转化为业绩的速度非常迅速。一旦有人在网络社区上表达对某商品或服务的不满，那么，该商家商誉的损失也将迎来几何级的增长。当然，商业利润的增加与社区提供给消费者不断升值的回报是成正比的。

4. 淡化推销形象，强化互动感受

淡化推销形象，强化互动感受，维护消费者利益。传统 B2C 模式销售特定的商品，通过广告、视觉冲击、让利等手段将产品直接卖给消费者。在网络社区中，消费者的购买行为经过一个交互过程，已变为内心的需求。社区居民的言谈完全是从消费者角度评判商品，给消费者一种从传统商家那里得不到的安全感，因此，堪称是一次商业氛围的革命。

5. 实现多渠道信息交流

B2C 着眼于商家与消费者的在线交流，销售的也是单一商品，而在网络社区中，消费者可以倾听来自不同人、不同方面的声音，最大限度利用信息，商品的出现也可以是跃升式的。例如，听到某个建议后，消费者可能会购买一整套商品或不同商品的组合，因此，商家能在第一时间捕捉 N 个消费者的 X 个购买需求，多线式的潜力由此可见一斑。

6. 倒逼商家不断提高质量

产品的质量、价位和服务决定一切；网络社区中口碑和商誉决定一切，品牌被淡化，因此，商家必须想方设法提升产品的综合竞争力。

第四节　网络社区的传播与成员分析

一、网络社区的传播特点

1. 非线性互动传播模式

线性传播由哈罗德·拉斯韦尔①于 1932 年提出，是以传播者为起点，经过媒介，以受传者为终点的单方向、直线性传播方式。

该模式把传播过程视为非环境互动的静态过程，即传播过程只是内部发生的活动，不考虑人的主观能动性；同时，不与传播所生存的环境进行任何交流，忽视社会的客观制约性。其显著缺点在于没有反馈、互动，是单向性的，广播和电视就是线性传播的。网络社区中的受众则有机会与传者进行互动，采用的是非线性互动的传播模式。

2. 主客体统一的传播方式

在网络社区中，传者与受者的发言权平等，任何人都既可以是作为主体的传者，同时，也可以是作为客体的受者。当然，在网络社区中，把关人或意见领袖依旧存在，并发挥其对社区的监督与管理作用。

3. 成员身份的隐匿性

网络社区的成员以 ID 或昵称形态出现，可以根据喜好，随意选择年龄、职业、地域、性别、照片等个人信息，可以与实际信息相同，也可以不同。

---

① 哈罗德·拉斯韦尔（Harold Lasswell，1902—1977），美国著名的政治学家、社会学家、心理学家和传播学者。他对传播学的贡献集中在宣传分析和传播过程研究等方面。1927 年出版的《世界大战中的宣传技巧》（中译本由中国人民大学出版社 2003 年出版）是宣传分析的代表作。在 1948 年发表的论文《传播在社会中的机构与功能》中，他提出了著名的“5W”模式或“拉斯维尔程式”的过程模式。这五个 W 分别是英语中五个疑问代词的第一个字母，即：who（谁）、says what（说了什么）、in which channel（通过什么渠道）、to whom（向谁说）、with what effect（有什么效果）。“5W”模式表明，传播过程是一个目的性行为过程，具有企图影响受众的目的。因此，传播过程是一种说服过程，其间的五个环节正是传播活动得以发生的精髓。

二、网络社区的成员分析

网络社区的成员构成如图 1-1 所示。

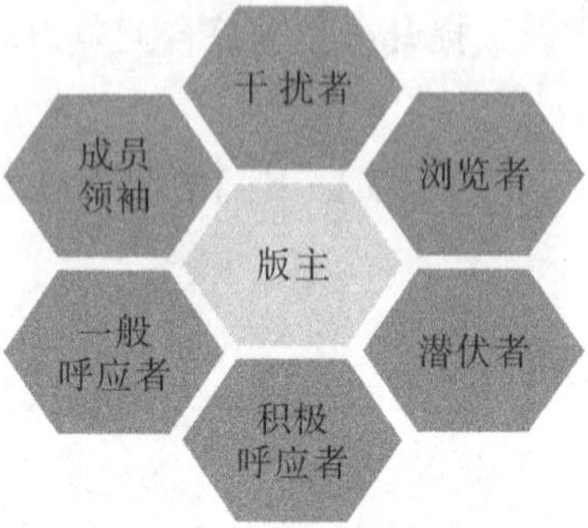

图 1-1　网络社区成员构成

1. 版主

版主(moderator 或者 webmaster)，俗称“斑猪”“斑竹”，就是一版之主的意思，主要负责管理社区的某些版块，是互联网时代的特殊产物。互联网刚开始出现 BBS，有了论坛，就要有管理者，于是，新的掌门人就在网上诞生了，他们被叫做“版主”。

一般情况下，版主都是义务性和志愿性的，辅之以论坛虚拟币奖励和论坛活动参与的优先权等。比较大型的网站，会对版主实行带薪制，属于网站专职工作人员。也有部分较具实力的网站，会以义务性为主，辅以物质奖励的带薪制，以此推动网站发展。

版主需要一边负责清理脏乱差帖，一边表扬一些精妙绝帖，从而对该论坛上各路网民的言论实行有效管理，促使论坛健康发展。

2. 干扰者

这类成员通常在社区里询问或发表与讨论主题无关的文章或帖子，其结果往往是干扰其他成员阅读。一般来说，干扰者对社区的参与程度很低，也很少与其他成员互动。

3. 浏览者

一般指进入社区的游客，这些人大多并未在社区注册 ID(当然，也不排除社区正式成员的非登录浏览)，不具备正式成员的身份，因此，没有发表言论的权利，不能参与社区互动。这类非正式成员在网络活动主体中占据着大多数，他们的数量往往成为衡量一个网络社区知名度的重要指标。

4. 潜伏者

此类成员主动注册成为社区的正式成员，常常匿名登录社区，偶尔才会以会员身份登录。多数情况下不会积极发言，在社区内的参与程度与互动程度偏低，但是，他们有发展为其他角色的潜力。

5. 积极响应者

这类成员在社区停留的时间比较长，密切关注社区的动态。对于社区发起的话题也非常积极，几乎对于所有话题都能发表一定的回复，而且，其回复往往更具有建设性和实用性。能与社区成员积极互动，并致力于加强自己在社区内的关系，这是网络社区最具成长潜力的成员。

6. 一般响应者

这类成员对于社区的话题比较关注，对于感兴趣的话题，能给出一般性的回应，大部分时间都处于观望状态。这类成员在社区的参与程度偏低，在互动方面也表现出很强的随意性和不稳定性。但是，由于他们的数量庞大，会让网络社区的交流互动更加丰富，而且，他们往往是成员领袖的重要后备军。

7. 成员领袖

指在社区内长期并经常发起话题与讨论，发言受到成员的敬重与信赖，社区声誉、互动和参与程度都很高，对社区有很大贡献的一类群体。这类成员一般在社区注册的时间比较长，参与讨论的频率也比较高。这种长期的互动，让其在社区中获得了很高的声望，因此，发起的话题往往又能得到众多成员的踊跃回复，这种良性的循环使其成为社区的“明星”。对于这些成员领袖来说，网络社区已经成为他们精神家园的一部分，他们也对社区投入了很多的精力和感情。

三、网络社区的成员等级

为了激励成员参与社区活动的积极性，大多数社区都设立了会员等级。划分等级的标准不是基于一个人的现实身份、地位或名望，而是以其文字表达技巧、专业知识、上线时间及上网频率为主。一个文字运用娴熟、表达技巧较高的成员，能够吸引其他网民的关注，获得更多回复，赢得更多支持，从而建立自己的威望，增加自己的社区积分。社区为了聚合人气，提升成员对社区的黏性和忠诚度，常常也把登录次数作为累积积分的要素，例如，很多社区规定登录一次加一分。

大多数社区都以积分来确定会员在社区中的等级，并对等级有着较为精确和生动的定义。如“百度知道”把成员分成十八个等级，从第一级到第十八级，成员可以根据自己的喜好选择等级的名称。

四、网民需求与网络创新

网民的需求是互联网创新与发展的基础，在互联网社会化的大背景下，网民的需求与时俱进，快速发展，关注并研究网民的需求，具有非常重要的现实指导意义。

1. 信息获取方式的改变

在互联网社会化之前，网民获取资讯的方式无非就是访问各大门户网站、论坛和搜索引擎，网民们需要通过主动访问来获取自己所需的资讯内容。有价值的资讯在哪里，网民就往哪个网站汇集。这个阶段，网站拥有的竞争优势就是内容及渠道，只要控制了这两个要素，就基本上掌握了网民资源。

RSS、Facebook、微博兴起后，网民获取信息的方式发生了改变，网民只需要关注感兴趣的信息源，就可以接收各类信息。因此，网民无需为信息而奔波，只要设置好信息源，就可以坐等信息源源不断地出现在自己的屏幕前。从网民被动地围绕信息而行动，到信息围绕网民而组织，这是信息获取方式的重大进化。

2. 信息的关联性

在社会化状态下，网民既是信息的生产者，也是信息的传播者和使用者，集此三者于一体。一条资讯出现后，网民对其解读有自己的角度，并可能以评论或转发的形式表现出来，因此，一条资讯有多少人参与进来，就有多少条解读信息附属于该信息之下。这条原始资讯就是一个引子，引出之后的信息链条对资讯进行扩展衍生。对于网民来说，看到的是包含这条原始资讯的信息系统。通过社会化搜索引擎，网民可以搜索到该条信息及评论的信息源(作者)，当网民不满足于现有的信息时，还可以找到作者进行深度交流，获得更多的信息。

3. 网民的信息需求

社会化提供了多个角度的信息，并且，信息能够自动展示到网民屏幕前，最终展现的是网民可以便捷获取的大量相关联的信息，这些信息是围绕着网民重新组织的。比如“蘑菇街”通过一张图片，将相关的商品信息、价格、评论等信息聚合在一起，以较好的信息浏览方式展示给用户。

4. 创新的基础

需求是创新的动力，通过对网民在各个领域的细微需求的探析，互联网的创新层出不穷，通过不断试错，最终留下的创新都能够较好地满足网民的需求。对社会化阶段网民的信息需求这一基本命题的讨论，可以帮助研究者快速确立创新方向，减少无谓的试错过程。

网民需求的不断变化，引发了互联网行业的不断创新，以满足用户的需求。现将主要创新应用分类列举如下：

(1)网站不再垄断渠道，渠道价值下移，如：微博细分渠道、Buzzdoes、Virurl等。

(2)评论功能的需求：多说、Disqus、友言等。

(3)相关联信息的需求：Lyst、吃货说、美丽说等。

(4)大量信息的阅读体验需求：搜狐新闻客户端、网络杂志、瀑布流等。

相信随着时间的推移和研究的深入，上面的列举肯定可以继续添加，根据网民需求的分析框架，可以将散落在各个领域的，已经出现的或尚未出现的创新纳入框架内，形成有机的创新体系，从宏观的角度来观察互联网创新。

第五节　网络社区的社会影响

一、互联网络的演变

1. 集中化

随着互联网的快速发展，网络平台的集约化程度不断提升，以满足很多网民希望在一个网站上了解更多类型信息的需求。门户网站应运而生，新浪、搜狐、网易就是其中的典型案例。

2. 专业化

市场的发展，对网络专业化程度的要求越来越高。在很多领域，用户需要提供更细化、更专业的服务，一大批垂直类网站脱颖而出，如天极下载、太平洋下载、Donews 等专业网站。

3. 个性化

人类追求个性的特点在互联网上得到了充分彰显，有人需要发表自己的观点，有人需要展示自己的摄影作品或者摄像作品……网络新技术的应用，让各种各样的想法或兴趣都得到了满足，博客中国、个人博客等是其中的代表。

4. 社会化

由于社会的发展速度越来越快，人们的生活和工作节奏也越来越快，高楼林立的城市中，大家相互之间的交流越来越少。而社会性是人的基本特征，也是人的基本需求。如何在自己家里，足不出户就可以与别人进行交流？人人网、开心网、Facebook 等网络平台，都可以很好地满足这个需求。

二、网络社区与现实社区的关系

社区原本是一个具有明确地域含义的概念，但在网络社会，虚拟社区却成为超越地域的新型空间，反过来影响甚至改变了现实的社区生活。近年来出现的网络社区，即是以现实社区为界限，以同一社区居民为覆盖对象的新生事物。在很多现实社区中，社区网络论坛在建构社区认同、协助社区治理方面已经开始发挥作用，并实现了虚拟社区与现实社区在一定程度上的相互嵌入。

现实社会为网络社区提供了社区模板，网络社区实际上是现实社区的缩影，又是对现实社区的发展，网络社区对现实社区会产生影响和反作用。

三、网络社区带来人际关系的改变

在个人身份通常被隐匿的网络社区中，社会作为优于个人的因素依然发挥着作用。网络社区延伸了现实社会中人际关系所能及的范围，拓展了网民的交往圈，增加了网民认识各式各样的人的可能性，提供了跨地域交友的机会。以天涯社区、百合婚恋网为代表的网络社区响应了社会的巨大需求，从而快速崛起。

网络社区打破了人与人之间沟通交往的藩篱。正是由于网络社区的便利性，让人们建立关系的成本越来越低，同时，断绝关系的成本也越来越低。社会学家莱文格(Levinger)①认为，一个人的关系网中有重度关系和轻度关系之分。而网络社区实际上已经开始改变现代人关系网的结构：越来越少的重度关系，以及越来越多的轻度关系。

现在，互相交往的成本越来越低，在很多时候，人们越来越厌倦太深入的交往，重度交往的社区开始退场，轻度交往的社区在提升。最典型的就是股市网络社区，社区中成员谈论的仅仅是股票的买和卖，谁也不想认识谁，不想让别人知道自己在股市里投了多少资金，不想让别人知道自己亏了多少钱，不想让别人知道自己赚了多少钱，他们只想要轻度的交流。

越来越多的人已经受到了影响，他们的关系网结构也在悄悄地发生改变。比如，一位普通的商务人士可以在商务交友社区上，轻而易举地和数十万个商务人士建立某种联系，信息的来源拓宽了，交往的渠道多元了。这正是网络社区给现代人带来的改变之一。

四、网络社区产生的社会影响

网络社区构建了一个美丽的新世界，但并不是世外桃源。它是一把双刃剑，在给人们带来自由的同时，也带来了垃圾信息、敏感话题、色情暴力等不文明现象。因此，我们应该公正判断它给社会带来的影响。

1. 网络社区对社会产生的积极影响

人们在社区里可以自由地发表评论，也可以发布信息、发表文章，可以随意表达对任何人任何事的看法。网络社区成为大众交友互助的桥梁。在社区中，由于用户职业、阅历不同，看待问题的角度、处理事情的方式也会不同。因此，在网络上咨询寻求帮助可以得到很多有价值的信息和有效的意见。互联网新技术的快速发展和广泛应用，为传统社区的转型和提升开辟了新的前景。

---

① 莱文格(Levinger)等人提出了“相互依赖模型”，认为人际关系的发展有三个阶段：第一是注意阶段，双方没有互动；第二是表面接触阶段；第三是相互卷入(mutuality)阶段。

2. 网络社区对社会产生的消极影响

(1)关注个人琐事。很多网络社区成员喜欢看感情强烈的文章，并且，越是牵涉私密的文章越能吸引人的眼球。因此，一些发帖者不惜制造虚假信息，歪曲事实，还有一些人明知会招来血雨腥风，仍会故意提出另类的观点。

(2)宣泄情绪。网络社区参与者素质良莠不齐，低劣信息较多，有的将网络社区变为单纯的“泄压阀”，不负责任地发表对社会有负面影响的言论，甚至进行人身攻击。缺乏理性的情绪化宣泄，不仅难以形成有价值的信息，而且一旦形成一定的规模，很容易导致影响社会稳定的事件。

(3)炒作社会事件。由于网络社区的开放性、网民发言的匿名性，大量社会事件通过网络论坛源发、扩散和炒作。这一炒作过程通常表现为：社会事件发生后，通过社区、博客、微博、小型传统媒体等源发，然后，通过网络社区发酵，再通过大型传统媒体定性，最后，通过门户级网站转发、多家有影响力的大媒体参与，从而成为网络热点乃至社会热点。

第二章　网络关键词

一、Web 1.0、Web 2.0、Web 3.0

1. Web 1.0

Web 1.0 以编辑为特征，网站提供给用户的内容是网站编辑处理后的，用户阅读网站提供的内容。这个过程是从网站到用户的单向行为，Web 1.0 时代的代表站点为新浪、搜狐、网易三大门户。在 Web 1.0 时代，虽然各个网站采用的手段和方法不同，但第一代互联网有诸多共同的特征，表现在：

(1)Web 1.0 基本采用的是技术创新主导模式，信息技术的变革和使用对于网站的新生与发展起到了关键性的作用。新浪以技术平台起家，搜狐以搜索技术起家，腾讯以即时通信技术起家，盛大以网络游戏起家，在这些网站的创始阶段，技术性的痕迹相当明显。

(2)Web 1.0 的盈利都基于一个共同点，即巨大的点击流量。无论是早期融资还是后期获利，依托的都是为数众多的用户和点击率，以点击率为基础上市或开展增值服务，受众的基础决定了盈利的水平和速度，充分体现了互联网的眼球经济色彩。

(3)Web 1.0 的发展出现了向综合门户网站合流的现象，早期的新浪、搜狐、网易等继续了门户网站的道路，而腾讯、MSN、Google 等网络新贵也纷纷走向了门户网站，尤其是对于新闻信息有着极大的、共同的兴趣。这一情况的出现，在于门户网站本身的盈利空间更加广阔，盈利方式更加多元，占据网站平台，可以更有效地实现增值意图，并延伸主营业务之外的各类服务。

(4)Web 1.0 在合流的同时，还形成了主营与兼营相结合的明晰产业结构。新浪以“新闻+广告”为主，网易拓展游戏，搜狐延伸门户矩阵，等等，各家以主营作为突破口，以兼营作为补充点，形成了多元化的发展方式。

2. Web 2.0

Web 2.0 更注重用户的交互作用，用户既是网站内容的消费者(浏览者)，也是网站内容的制造者。微博、天涯社区、自媒体等平台加强了网站与用户之间的互动，网站内容基于用户提供，网站的诸多功能也由用户参与建设，实现了网站与用户的双向交流与参与。用户在 Web 2.0 网站系统内拥有自己的数据，并完全基于

Web，所有功能都能通过浏览器完成。

相对于 Web 1.0(以传统的门户网站为代表)，Web 2.0 具有更好的交互性和黏性。Web 2.0 并不是一个革命性的改变，而是应用层面的东西。让用户自己主导信息的生产和传播，从而打破了原来门户网站所惯用的单向传输模式。

Web 1.0 与 Web 2.0 的不同之处：

在 Web 2.0 中，个人不再是互联网信息被动的接收者，而是一个主动参与者，可以参与互联网的发展。用户不再是一个单纯的浏览者，而是成为互联网这个大网的编织者、使用者和传播者。

Web 2.0 不同于 Web 1.0 的最大之处在于它的交互性。这个时期的典型代表有：博客中国、亿友交友、联络家等。

从技术的角度讲，Web 1.0 和 Web 2.0 有着很大的区别，以下从整体体系和分类目录两方面进行介绍。

(1)整体体系的区别(如图 2-1 所示)。

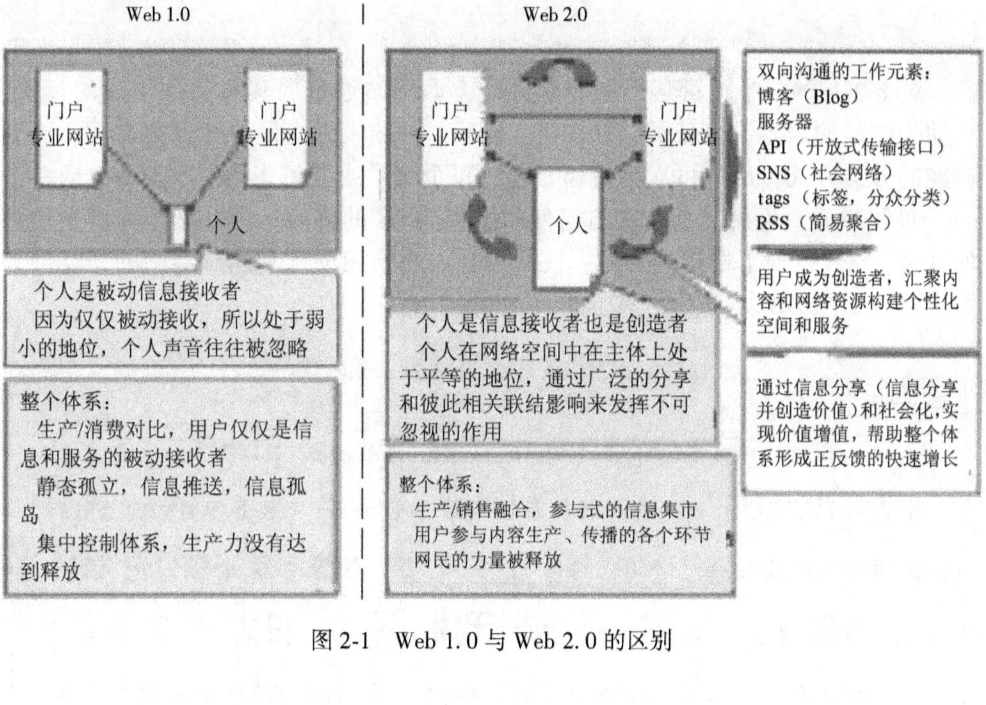

图 2-1　Web 1.0 与 Web 2.0 的区别

(2)分类目录的区别。

Web 1.0 时代的网站结构，通过网站预定的分类目录划分网站内容。例如图 2-2 当当网上设定的商品分类：

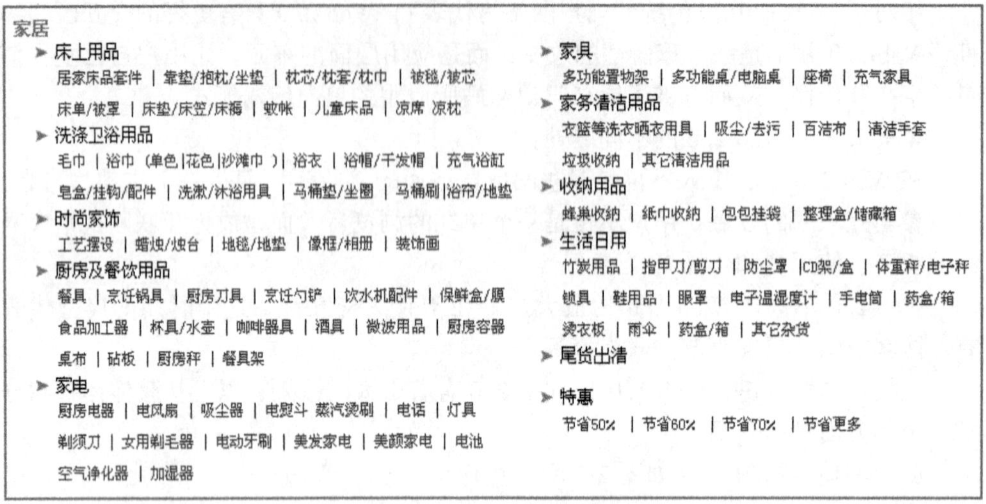

图 2-2　当当网的商品分类

Web 2.0 的一个关键特征是分众分类，即网站通过收集和整理用户的标签，自动为网站的内容设定分类，如图 2-3 所示。tags(标签)是一种更为灵活、更为有趣的分类方式，用户可以为每篇日志、每个帖子或者每张图片添加一个或多个 tag，就可以看到网站上所有和自己使用了相同 tag 的内容，由此和他人产生更多的联系。tags 体现了群体的力量，使得内容之间的相关性和用户之间的交互性大大增强。如图 2-3 所示：

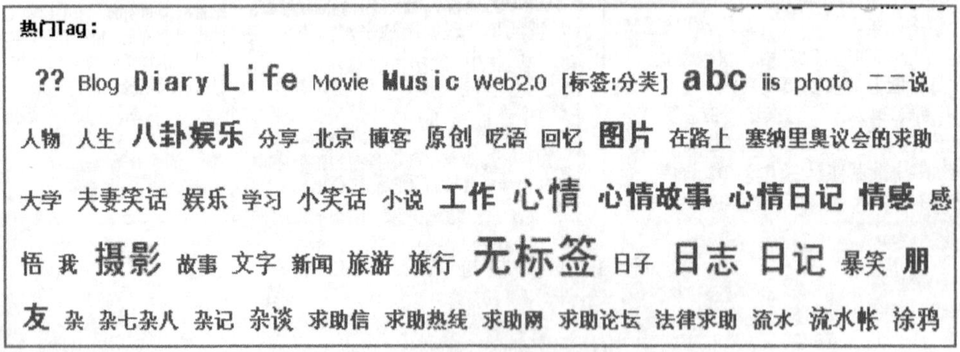

图 2-3　内容标签

表 2-1 列举了 Web 1.0 和 Web 2.0 的网站进行对比。

表 2-1　Web 1.0 和 Web 2.0 网站举例对比

Web 1.0	Web 2.0
搜狐校友录	校内网
个人网站	个人博客
百科全书在线	维基百科
DoubleClick	Google AD
OFOTO	Flickr
无	YouTube
无	豆瓣网、口碑网

图 2-4 说明了 Web 2.0 常见模式之间互相关联的关系，每种模式都有各自的特征。

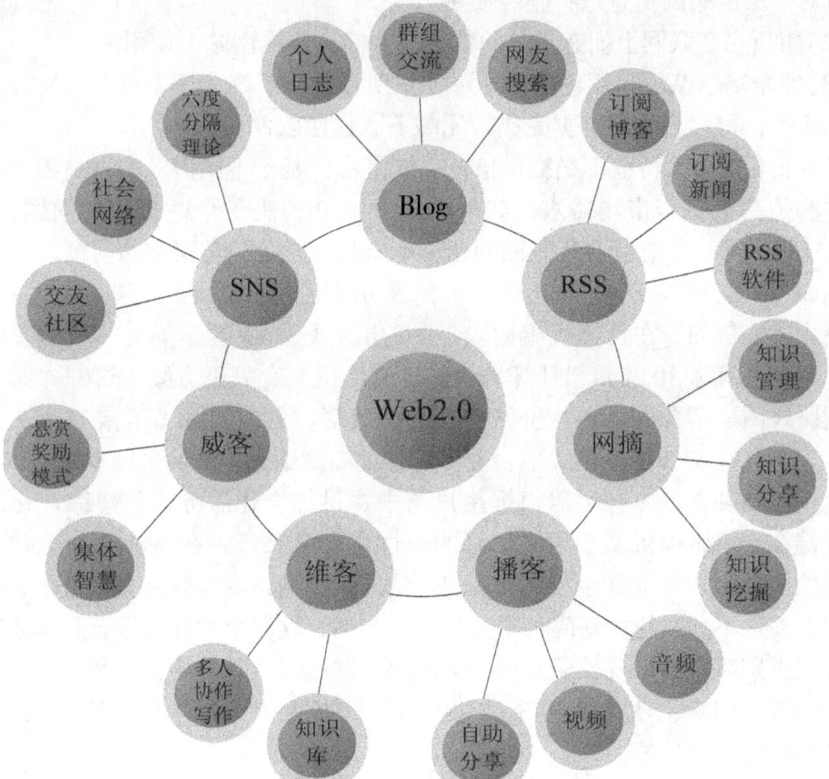

图 2-4　Web 2.0 常见模式及其联系

Web 2.0 和社区的关系(见图 2-5)。

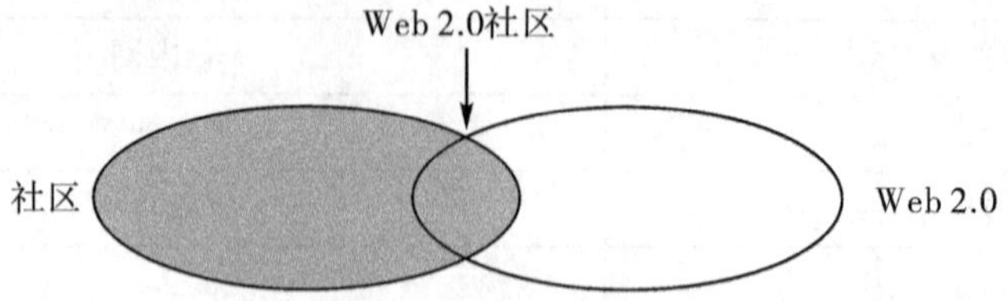

图 2-5　Web 2.0 与社区

社区的发展不一定基于 Web 2.0 平台；Web 2.0 形式的应用不一定基于社区；成功的 Web 2.0 网站必然是以社区的形式发展。

3. Web 3.0

Web 3.0 与 Web 1.0、Web 2.0 则完全不一样，其特点可归纳为：

(1)网站的信息可以直接和其他网站相关信息进行交互，能通过第三方信息平台同时对多家网站的信息进行整合使用。

(2)用户在互联网上拥有自己的数据，并能在不同网站上使用。

(3)完全基于 Web，用浏览器即可以实现复杂的系统程序才具有的功能，比如即时聊天等，可以直接在网页完成，无需下载任何软件。

Web 3.0 的最大价值不是提供信息，而是提供基于不同需求的过滤器，每一种过滤器都是基于一个市场需求。如果说 Web 2.0 解决了个性解放的问题，那么，Web 3.0 就是解决信息社会机制的问题，也就是最优化信息聚合的问题。

例如：人们只需要输入自己的需求，就可以迅速得到所需信息，甚至一套完整的解决方案。例如，在计算机中输入：“我想带我 11 岁的孩子去一个温暖的地方度假，我的预算为 3000 元。”计算机就能自动给出一套完整方案，这一方案可能包括度假路线图、适合的航班、价格适宜的酒店等。可以预见，承接 Web 2.0 的以人为本理念，在 Web 3.0 模式中，会出现各种高度细分领域的平民专家。

真正的 Web 3.0 不仅可以根据用户需求提供综合化服务，创建综合化服务平台，关键在于可以提供基于用户偏好的个性化聚合服务。在 Web 3.0 时代，同一模式化的综合门户将不复存在，如人们看到的某个网站的新闻首页将是个人感兴趣的新闻，而他不感兴趣的新闻将不会显示。当然，这种个性化的聚合必须依赖强大的智能化识别系统，以及长期对于一个用户互联网行为规律的分析和锁定。它将颠覆传统的综合门户，使得 Web 3.0 时代的互联网评价标准不再是流量和点击率，而是到达率和用户价值。

Web 2.0 模式下的 SNS——网络社交平台，只是简单地将人与人通过互联网这一平台连接起来。通过互联网注册，在 SNS 平台上结交朋友，并不能确保注册信息的可靠性和有效性。并不是每一次交际圈的扩展都会带来相应的利益需求，这一过程进行下去的结果，将会导致本身信息的外泄以及不可靠信息的泛滥，颠覆了人们想利用互联网来扩展人际交往的初衷。这一问题在 Web 3.0 模式下，将通过对用户的真实信息的核查与认证这一方式来解决。高可信度的信息发布源为以后交际圈的扩展提供了可靠的保障，人们在交际的同时，也可以更迅速地找到自己需要的人才，并且，可以完全信任这些可信度高的用户提供的信息，进一步扩展对自己有利的交际圈。

因此，Web 3.0 时代能够赢得用户青睐的公司，一定是基于用户行为、习惯和信息的聚合而构建的，人性化、界面友好和简单易用一定是其核心元素，基于用户需求的信息聚合才是互联网的趋势和未来。

对于 Web 1.0、Web 2.0 和 Web 3.0 可以简单总结如下：

Web 1.0：以静态、单向阅读为主；

Web 2.0：以分享为特征的实时网络；

Web 3.0：将以网络化和个性化为特征，提供更多人工智能服务。

二、SNS

SNS(social network software)，即社会性网络软件。依据六度关系理论，以认识朋友的朋友为基础，无限扩张自己的人脉，在需要的时候，可以随时获取一点，得到该人脉的帮助。

1. SNS 的定义

SNS 的中文翻译是“社交网络”，顾名思义，就是社交关系的网络化。将我们现实中的社交圈子搬到网络上，根据不同的条件，建立属于自己的社交圈子；通过朋友认识朋友的形式，迅速建立起自己的基于信任的朋友圈子。在这个圈子里，相互之间具有较高的诚信度，是区别于第一代交友模式的漫无目的性，旨在帮助一群拥有相同兴趣的网友建立社会性网络的互联网应用服务。

大部分的社交网络都会提供许多方式让使用者进行互动，包括聊天、邮件、影音、共享文件、博客和参加群讨论等。

要理解什么是 SNS，首先必须要理解两个概念，即六度分隔理论和社会网络。六度分隔理论是社会网络的理论基础，社会网络又是 SNS 的理论依据。

1967 年，哈佛大学心理学教授斯坦利 · 米尔格兰姆①创立了六度分割理论(six

① 斯坦利 · 米尔格兰姆(Stanley Milgram，1933—1984)是美国著名的社会心理学家，在社会心理学领域从事了大量研究，由于对从众行为的研究而著名。米尔格兰姆由于对心理学创造性的贡献而获得了许多荣誉。主要著作有：《对权力的服从》《电视与孤僻行为》(与 R. 肖特兰合著)、《社会生活中的个体》。

degrees of separation），简单地说："你和任何一个陌生人之间所间隔的人不会超过六个，也就是说，最多通过六个人，你就能够认识任何一个陌生人。"

社会网络是一种基于相互结识、信息往来的社会节点和连接所构成的网络。按照六度分隔理论，每个个体的社交圈都不断放大，最后，成为一个大型网络，这就是社会化网络。后来有人根据这种理论，创立了面向社会性网络的互联网服务，通过"熟人的熟人"来进行网络社交拓展。

但"熟人的熟人"只是社交拓展的一种方式，并非社交拓展的全部。因此，现在一般所谓的 SNS，其含义已经远不止"熟人的熟人"这个层面。比如：根据相同话题进行凝聚（如贴吧）、根据学习经历进行凝聚（如 Facebook）、根据周末出游的相同地点进行凝聚等，都被纳入 SNS 的范畴。

2. SNS 的作用

简单来讲，SNS 就是提供一个交友平台，让用户可以形成一定的社交网络。SNS 可称为"第二代交友模式"。在这种模式下，结交的都是相对可靠的朋友，由于用户可以搜索的对象都是朋友的朋友，因而从诚信和安全角度上，给了用户更大的信心和保障。此外，在 SNS 中，不经朋友介绍和用户确认，用户的个人资料是不能被陌生人看到的，因此对个人隐私的保障性增强了。

SNS 的设计思想如图 2-6 所示：

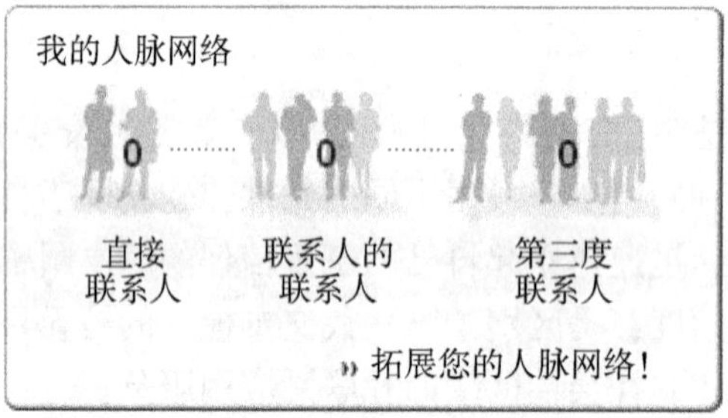

图 2-6　SNS 的设计思想

3. SNS、BBS 和 Blog 的区别

（1）Blog 是社交网站中常见的一个功能，可以说是构成社交网站的一个元素。随着 Web 2.0 流行，BBS 里也开设了 Blog，成为论坛的一部分。

（2）BBS 一般是栏目基本固定的论坛，用户所创内容受限于论坛的栏目和宗旨。

（3）BBS 大多数操作都在公众页面进行，社区网站一般都是在个人页面里进行操作。形象地说，社区是圆桌邀请讨论，论坛是进展览馆参观。

(4)社交网站有综合性网站(如Facebook)，也有分主题式的社交网站(如LinkedIn)。但不管是哪一种类型的，都具有一些BBS所没有的特点，如：用户可以自由创建任何主题的群并展开讨论；用户可邀请自己感兴趣的朋友加入；有些社交网站设有论坛，有些设有群讨论；内容由用户来创作，没有任何的主题限定；社交网站允许用户借助网络平台自发组织线下活动等。

三、Wiki

1. Wiki的定义

Wiki(维基)指一种超文本系统。这种超文本系统支持面向社群的协作式写作，同时也包括一组支持这种写作的辅助工具。有人认为，Wiki系统属于一种人类知识网格系统，我们可以在Web的基础上对Wiki文本进行浏览、创建和更改，而且，创建、更改、发布的代价远比HTML文本小。

Wiki是一种多人协作的写作工具。Wiki站点可以有多人(甚至任何访问者)维护，每个人都可以发表自己的意见，或者对共同的主题进行扩展或者探讨。该词来源于夏威夷语的“wee kee wee kee”，原本是“快点快点”(quick)的意思。Wiki网站允许不同用户共同管理一个话题，每个人都有对话题进行修改的权限，同时，Wiki站点有很好的版本控制机制。

2. Wiki的特点

(1)使用方便。

维护快捷：快速创建、存取、更改超文本页面，这应该也是为什么叫做“Wiki”的原因。

格式简单：用简单的格式标记来取代HTML的复杂格式标记。

链接方便：通过简单标记，直接以关键字名来建立链接(页面、外部连接、图像等)。

命名容易：关键字名就是页面名称，并且，被置于一个单层、平直的名空间中。

(2)有组织。

自组织：同页面的内容一样，整个超文本的组织结构也可以修改和演化。

可汇聚：系统内多个内容重复的页面可以被汇聚于其中的某一个，相应的链接结构也随之改变。

可增长：页面的链接目标可以尚未存在，通过点击链接，可以创建这些页面，从而使系统得到增长。

修订历史：记录页面的修订历史，页面的各个版本都可以被获取。

(3)开放性。

开放：社群的成员可以任意创建、修改、删除页面。

可观察：系统内页面的变动可以被访问者观察到。

3. Wiki 的作用

Wiki 最适合做百科全书、知识库以及整理某个领域知识点的知识型站点，几个分布在不同地区的人，可以利用 Wiki 的协同工作功能，共同写一本书。Wiki 技术已经被用在百科全书、手册/FAQ① 编写、专题知识库等方面。

4. Wiki 网站的类型

(1)正统 Wiki 网站：维客②、网络天书、天下维客。

(2)IT 类 Wiki 网站：Mozilla 知识库、香港开源维基、Java 憩园。

(3)旅游类站点：背包攻略、在杭为客。

(4)杂类 Wiki 站点：村庄 · 中国维基百科、麦科全书。

5. Wiki 的特色功能应用

Wiki 是任何人都可以编辑的网页。在每个正常显示的页面下面都有一个编辑按钮，点击这个按钮就可以编辑页面了。Wiki 体现了一种哲学思想："人之初，性本善。"Wiki 认为，不会有人故意破坏 Wiki 网站，大家来编辑网页是为了共同参与。虽然如此，还是不免有很多好奇者无意中更改了 Wiki 网站的内容。为了维持网站的正确性，Wiki 在技术上和运行规则上做了一些规范，做到既坚持面向大众公开参与的原则，又尽量降低参与者众多带来的风险。这些技术和规范包括：

(1)保留网页每一次更新的版本：既避免参与者将整个页面删掉，管理者也能很方便地从记录中恢复正确的页面版本。

(2)页面锁定：一些主要页面可以用锁定技术将内容锁定，外人就不能再进行编辑了。

(3)版本对比：Wiki 站点的每个页面都有更新记录，任意两个版本之间都可以进行对比，Wiki 会自动找出它们的差别。

(4)更新描述：在更新一个页面的时候，可以在描述栏中写上几句话，如更新内容的依据或跟管理员的对话等，这样管理员就知道用户更新页面的情况。

(5)IP 禁止：尽管 Wiki 倡导人人都可参与，但破坏者、恶作剧者总是存在的，Wiki 有记录和封存 IP 的功能，将破坏者的 IP 记录下来并酌情进行处理。

(6)sand box(沙箱)测试：一般的 Wiki 都建有一个 sand box 的页面，这个页面让初次参与的人先到 sand box 页面做测试，sand box 与普通页面是一样的，用户在

---

① FAQ 是英文 frequently asked questions 的缩写，中文意思就是"经常问到的问题"，或者更通俗地叫做"常见问题解答"。

② 维客是一种在网络上开放，可供多人协同创作的超文本系统，由沃德 · 坎宁安于 1995 年所创。维客的原名为 Wiki(也译为维基)。

这里可以任意涂鸦、随意测试。

(7)编辑规则：任何一个开放的 Wiki 都有一个编辑规则，写明大家建设维护 Wiki 站点的规则。

四、RSS

RSS 订阅是站点用来和其他站点之间共享内容的一种简易方式，即 really simple syndication(简易信息聚合)。如今门户网站大行其道，人们已经习惯通过搜索引擎来获取新闻资讯。

1. RSS 阅读器的定义

一种描述和同步网站内容的格式，对读者来说，可以通过 RSS 订阅自己喜欢的网站的新闻或日志。一旦订阅成功，它会在第一时间通知用户该网站的新闻或日志最近的更新。

2. RSS 阅读器的特点

用户不用一个网站一个网站、一个网页一个网页查看。只要将需要的内容订阅在一个 RSS 阅读器中，这些内容就会自动出现在自己的阅读器里，RSS 阅读器自动更新用户定制的网站内容，保持内容的及时性。用户不必为了一个急切想知道的消息而不断地刷新网页，一旦有了更新，RSS 阅读器就会自己通知用户。

用户可以加入多个定制的 RSS 提要，从多个来源搜集新闻整合到单个数据流中。对网站而言，扩大了网站内容的传播面，增加了网站访问量，因为访问者调阅的 RSS 文件和浏览的网页，都是从网站服务器上下载的。同时，RSS 文件的网址是固定不变的，网站可以随时改变其中的内容。RSS 内容一旦更新，浏览者看到的内容也随即更新。

3. RSS 阅读器的类型

(1)大多数阅读器是运行在计算机桌面上的应用程序，通过所订阅网站的新闻供应，可自动、定时更新新闻标题。

(2)新闻阅读器通常内嵌于已在计算机中运行的应用程序，比如 IT 经理世界的阅读器可以镶嵌在火狐和 IE 浏览器上。

(3)在线的 Web RSS 阅读器，其好处是不需要安装任何软件就可以获得 RSS 阅读的便利，并且可以保存阅读状态，推荐和收藏自己感兴趣的文章。

4. RSS 阅读器的作用

(1)订阅 Blog。用户可以订阅自己工作中所需的技术文章，也可以订阅与自己有共同爱好的作者的 Blog。总之，对什么感兴趣就可以订阅什么。

(2)订阅新闻。无论是奇闻怪事、明星消息、体坛风云，只要想知道，都可以订阅。

五、播客

1. 播客的定义

播客(podcast)是数字广播技术的一种，博客是把自己的思想通过文字和图片的方式在互联网上广为传播，而播客则是制作音频甚至视频节目。从某种意义上来说，播客就是一个以互联网为载体的个人电台或电视台。就目前而言，播客主要还是以音频为主。播客的关键词：自助、可下载、声讯、视频。

“播客”最早源于美国的一种叫做“podcasting”的数字广播技术。出现初期，借助于苹果公司的 iPod① 便携播放器和相关软件，网友可将网上的音乐或广播等数码声讯文件下载到自己的 iPod、MP3 播放器或其他便携式数码声讯播放器中随身收听，或是将自己的声讯文件上传到网络上与他人共享。对于这一正处于发展中的新生事物，究竟应该如何来定义，不同的人有不同的理解。

podcasting 的推动者达克·席尔斯(Doc Searls)②给出的定义为：podcasting(personal optional digital casting)是自助广播，是一种全新的广播形式。收听传统广播时，我们是被动收听可能想听的节目，而 Podcasting 则是我们选择收听的内容、收听的时间以及以何种方式让其他人也有机会收听。戴维·温纳(Dave Winer)③指出，人各有所专，所以，理论上人人播客是可能的。

维基百科的定义从来都是开放、动态的，对播客的定义如下：“一种在互联网上发布文件并允许用户订阅 feed④ 以自动接受新文件的方法，这种新方法在 2004 年下半年开始在互联网上流行，用于发布音频文件。与其他音频内容传送的区别在于其订阅模式，它使用 RSS 2.0 文件格式传送信息，该技术允许个人进行创建与发布，这种新的广播方式使得人人可以说出他们想说的话。”

---

① iPod 是苹果公司设计和销售的系列便携式多功能数字多媒体播放器。iPod 系列中的产品都提供简单易用的用户界面。iPod(除 iPod Touch 外)可以作为电脑的外置数据储存设备使用。苹果公司按 iMac 的命名方式，将数字音乐播放器命名为 iPod。

② 哈佛伯克曼互联网与社会中心主任，加利福尼亚大学信息技术与社会中心(CITS)研究员，Linux 杂志高级编辑，Searls 集团总裁，被 CRM 杂志评为“2010 大领袖”。

③ Dave Winer(1955 年 5 月 2 日出生在纽约布鲁克林区)是软件开发人员、企业家，也是一位作家。因为对脚本、内容管理、Web 服务以及博客和播客的贡献而闻名。他是 Living Videotext、Userland Software 和 Small Picture 等软件公司的创始人；网络杂志 HotWired 特约编辑，哈佛法学院的前研究员，目前在纽约大学做访问学者。

④ feed，本意是“饲料、饲养、(新闻的)广播等”，RSS 订阅过程中用到的“feed”，引申为用来接收该信息来源更新的接口。如果找不到可供订阅的地址，便不能判断到底要不要加入收藏夹，收藏夹内容太多，就会混乱不堪，这时，用户将会再度衡量所订阅内容的重要性，如果不是极度重要，就会关闭窗口。从这个意义来讲，feed 就是为满足用户希望持续得到更新而提供的信息出口。

简单来讲，播客是音频和视频的分享网站。随着广播型播客的发展，视频型播客也渐渐盛行，并以其更为直接和灵活的表现方式，成为播客网站的主流。

2. 播客的特点

非常人性化，节目不必实时收听，可以随时随地自由享受，可以人性化订制，也可以自己制作音频节目上传共享。

3. 播客的种类

(1)故事播客，脱胎于中国传统的评书及小说连播，通过引人入胜的故事，吸引忠实的听众。既可以是系列故事或者幽默小段子，如《听张震讲鬼故事》；也可以是连载，如《三国演义》，要求善于营造故事气氛。

(2)脱口秀播客，这类播客取材广泛，不拘一格，嘻笑怒骂，随心所欲，通过播者的视角审视某一题材，要求播客富有个性，思想视角独特。

(3)音乐播客，以自娱娱人为目的，以各种类型的音乐形式出现，其资源包括翻唱、原唱、唱片公司提供的专辑试听、网络上收集到的音乐资源等。

(4)文学播客，多数是播音及文学爱好者，通过诗文朗诵，达到娱人悦己的目的。

(5)宗教播客，以传教弘法为主题，目前在国内较少，但在国外的发展极为迅速。

(6)杂烩播客，这类播客可能不会有什么专门的主题，各类型的播客节目可能都会有所涉猎，刚入门的播客们通常会先经历这样一个阶段。这类播客从数量上来看可能是最多的，但从质量上看又可能是最差的，这一类播客可能玩票居多，播一两期节目，也许就再也等不到后面的了。当然，杂烩播客如果能够做大做强，则另当别论。它可以作为节目提供商，为各大电台、电视台和唱片公司提供素材、发掘人才，也可以作为新型的网络媒体，吸引广告商的资金。

4. 播客的特色功能与应用

(1)在线相册制作。提供在线相册制作功能，有多种相框和特效样式供选择，并且可以上传自己设计的相框。

(2)在线视频录制。只要配置了摄像头和音频输入设备，就可以在线录制视频，同时，可以为视频添加边框和场景特效。

(3)创建专辑。如果一个用户有较多的同类型视频，就可以把这些视频组成一个专辑，方便管理和吸引用户浏览。用户可以创建、管理、编辑专辑，设定专辑内视频的播放顺序，并为专辑设定封面。专辑在前台中显示为相关联的一组视频，当用户查看专辑中的一个视频时，其他视频将出现在旁边。

(4)涂鸦。利用涂鸦功能，用户可以录制绘图过程，制作贺卡或视频，功能类似于 Windows 的画板。可以挑选工具进行绘图，设定笔的颜色、线条粗细，还可以添加背景和音乐。

(5)个人歌曲专区。为每一位用户建立歌曲专区，用户可以上传自己的原创歌曲，还可以选择在线录制歌曲，为 K 歌爱好者提供了很好的展现自我的平台。在线录制歌曲的步骤：选择歌曲伴奏——在线录制歌曲——填写歌曲信息。

(6)客户端软件(视频批量下载和上传)。由于播客网站的视频文件普遍较大，所以，如何提高上传和下载文件的速度就成为各播客网站要重点解决的问题。优秀的播客网站提供视频上传和下载专用的客户端软件，以方便用户使用。

5. 播客的发展方向：手机播客

播客的发展必然离不开技术的支持。Web 2.0 时代的到来，为播客的发展提供了广阔空间。同时，随着手机等移动终端的普及，3G 及 4G 技术的成熟，手机播客将会成为未来一个重要的播客力量。播客们将再也不需要守在电脑和麦克风前，只需要轻轻按几下键，对着手机就可以实时录制或者向所有的接收方传送声讯信息。而接收方的操作就像订阅短信或下载彩铃那么简单，如果觉得听一个人的声音不过瘾，可以选择三方通话或者 N 方通话。如果想互动，发个信息或指令给对方播客，也许他可以直接把你的声音调入到他的播客当中。如果想看到人，得有部可视电话，同时，需要征对方得同意。

六、UGC

1. UGC 网站的定义

UGC(user-generated content)，即用户生产内容，也称 UCC(user-created content)，指用户原创内容，是伴随着以提倡个性化为主要特点的 Web 2.0 概念而兴起的。它并不是某一种具体的业务，而是一种用户使用互联网的新方式，即由原来的以下载为主变成下载和上传并重。随着互联网的发展，网络用户的交互作用得以体现，用户既是网络内容的浏览者，也是网络内容的创造者。社区网络、视频分享、博客和播客(视频分享)等都是 UGC 的主要应用形式。

2. UGC 网站的分类

(1)好友社交网络：如 Facebook、MySpace、开心网、人人网(校内)、朋友网(QQ 校友)、众众网等。这类网站的好友大多在现实中也互相认识。用户可以更改状态，发表日志，发布照片，分享视频，从而了解好友动态。

(2)视频分享网络：如 YouTube、优酷网、土豆网、搜狐视频等。这类网站以视频的上传和分享为中心，也存在好友关系，但相对于好友网络，这种关系很弱，更多是通过共同喜好而结合。

(3)微博：如 Twitter、新浪微博等。它解决了信息的实时更新问题。手机等便携设备的普及，让每一个微博用户都有可能成为第一现场的发布者。

(4)照片分享网络：如 Flickr、又拍网、图钉等。这类网站的特点与视频分享网站类似，只不过主体是照片和图片。

(5)知识分享网络：如百度百科、百度知道、维基百科等。这类网站是为了给网友普及知识和为网友解决疑问而设置的。

(6)社区论坛：如百度贴吧、天涯社区、知乎等，这类网站的用户往往因共同的话题而聚集在一起。

3. 网上创作细分：PGC 和 OGC

随着移动互联网的发展，网上内容的创作又被细分出 PGC(professionally-generated content，专业生产内容，也称 PPC，professionally-produced content)和 OGC(occupationally-generated content，职业生产内容)。

一个平台(网站)的 PGC 和 UGC 有交集，表明部分专业内容生产者既是该平台的用户，也以专业身份(专家)贡献具有一定水平和质量的内容，如微博平台的意见领袖、科普作者和政务微博。UGC 和 PGC 的区别在于有无专业的学识和资质，是否在其所共享内容的领域具有一定的知识背景和工作资历。

PGC 和 OGC 也有交集，表明一部分专业内容生产者既有专业身份(资质、学识)，也以提供相应内容为职业(职务)，如媒体平台的记者、编辑，既有新闻的专业背景，也以写稿为职业领取报酬。PGC 和 OGC 的区别，以是否领取相应报酬作为分界。PGC 往往是出于“爱好”，义务贡献自己的知识，从而形成内容；而 OGC 是以职业为前提，其创作内容属于职务行为。

UGC 和 OGC 没有交集。在一个平台(网站)上，用户和提供商总是相对的。既是该平台的用户，也是该平台的提供商，这种情况可能有，但属于极少的群体。

以 OGC 为代表的网站，如各大新闻站点和视频网站，其内容既有内部自行创造，也有从外部购入版权的产品。以 UGC 为代表的网站，如各大论坛、博客和微博客站点，其内容均由用户自行创作，管理人员只是协调和维护秩序。PGC 在这两种网站中都有其身影，由于既能共享高质量的内容，网站提供商又无需为此给付报酬，所以，OGC 站点和 UGC 站点都很欢迎 PGC。

七、威客

1. 威客的定义

威客一词源自英文 witkey(wit：智慧，key：钥匙)，威客模式指个人的智慧、知识和专业特长通过互联网转换成实际收益，从而各取所需的互联网新模式，主要应用于解决科学、技术、工作、生活和学习等领域的问题，体现了互联网按劳取酬和以人为中心的新理念。其代表应用包括 Google Answer、百度知道、新浪爱问等基于大型搜索引擎的威客网站以及独立的 Innocentive、K68. CN、时间财富网等威客网站。

信息免费共享是促使互联网蓬勃发展的重要因素，例如维基类网站以人的自我价值体现为动力，把人类已有的杂乱信息结构化，形成可免费共享的知识，搜索引擎对互联网中的信息和数据进行索引，网民就可以免费使用其搜索功能，新闻类、电子商务、博客类网站为互联网源源不断地提供免费信息。但是，从知识管理的角度看，知识的产生本身要花费大量的时间和经济成本，完全免费的知识共享不符合经济学的规律和理性人的假设。这种情况最终会阻碍互联网的发展，由于个人保护自己核心能力的原因，导致共享知识的质量到了某个高点就很难再提升。

威客理论认为，互联网上的知识(各种文章、资料、问题的答案等)都或多或少具有经济价值，应该可以作为商品出售。它符合经济学的价值规律，也是让互联网产生持续生命力的一种途径。另外，随着互联网支付手段的逐步完善，通过互联网对知识、智慧、能力、经验进行定价成为可能。因此，互联网已经过了完全免费共享的时代，开始进入互联网的知识价值化阶段，知识、智慧、能力、经验具备商业价值的理念将逐步被接受。在互联网的知识价值化时代，知识、智慧、经验、技能都可以成为商品，通过互联网进行交易。

这是威客模式理论提出的重要前提和基础。知识的价值化，一方面使人们参与到智力互动问答中，并提供高质量的知识产品；另一方面，通过问题提出和解答，知识、智慧、能力、经验也真正成为商品被交易。从知识管理的角度看，智力问答的知识价值化过程也就是人的隐性知识显性化的过程。

2. 威客的商业模式及运营流程

可以这样简单描述：威客网站提供平台，用户在威客网站免费注册，通常要求进行实名认证，注册之后，就是这个网站的威客了。威客具有双重身份：悬赏者和工作者。悬赏者可以悬赏发布自己的任务，工作者通过提出解决方案来参与竞标。在一定时间内，如果悬赏者选择到自己满意的方案，赏金就会被提供这个方案的工作者拿到。

通过实践和对威客模式网站进行调查和分析，可以描绘出威客模式网站运营流程。威客模式网站上的用户按照其行为可以分为有需求者和服务者两类。其中，有需求者提出难题和发布任务，在获得合适的解决方案后支付报酬给服务者。服务者接受任务，当服务者的解决方案得到需求者认可后，服务者获得约定的报酬。

威客模式网站的主要运营流程：有需求者提出难题，回答者收到难题，服务者给出正确答案，有需求者收到正确答案，有需求者支付报酬给回答者。另一种更简洁的威客模式网站运营流程路径为：威客模式网站聚合回答者专业特长信息，提问者可以通过威客模式网站直接找到合适的回答者，提问者获得正确答案后支付报酬给回答者。

3. 威客的类型

根据参与的方式不同，威客(witkey)可分为以下几种类型：A 型威客，B 型威客，C型威客，M型威客。

(1)A型威客(askwitkey)，知道型威客，知识问答型威客。

(2)B型威客(bidwitkey)，悬赏型威客，对某个项目进行投标，并争取中标，从而获得项目开发机会，最终产生价值。

(3)C型威客(C2Cwitkey)，点对点威客，对自身能力进行展示和证明，并进行良好的经营，将能力转化为能力产品，与需求者之间建立C2C的买卖交易关系。

(4)M型威客(witmap)，威客地图，通过互联网，把人的地理位置、专业特长或兴趣、联系方式及威客空间四个最重要的属性(不排除其他次要的属性如年龄、职业、性别等)聚合在一起，从而形成关于人的搜索引擎。

八、网摘

1. 网摘的定义

网摘站点的创始人Joshua发明了网摘，其英文原名是social bookmark，直译是“社会化书签”。网摘又名网页书签，通俗地说，网摘就是一个放在网络上的海量收藏夹。网摘将网络上零散的信息资源有目的地进行汇聚整理，再展现出来。网摘可以提供很多本地收藏夹所不具有的功能，它的核心价值已经从保存浏览的网页，发展成为新的信息共享中心，能够真正做到“共享中收藏，收藏中分享”。如果每日使用网摘的用户数量较大，用户每日提供的链接收藏数量足够，网摘站就成了汇集各种新闻链接的门户网站。

网摘是一种服务，顾名思义，它提供的是一种收藏、分类、排序、分享互联网信息资源的方式。使用它存储网址和相关信息列表，使用标签(tag)对网址进行索引，使网址资源有序分类和索引，使网址及相关信息的社会性分享成为可能。在分享的过程中，网址的价值被给予评估；通过群体的参与使人们挖掘有效信息的成本得到控制；通过知识分类机制，使具有相同兴趣的用户更容易彼此分享信息和进行交流，网摘站点呈现出一种以知识分类的社群的景象。网摘是基于知识管理、分享和发掘的角度进行设计的。

2. 网摘的作用

(1)保存用户在互联网上阅读到的有收藏价值的信息，并作必要的描述和注解，积累形成个人知识体系。

(2)用户间彼此分享收藏信息。每一个人的视野和视角是有限的，再加上空间和时间分割，一个人所能接触到的东西是有限的、片面的、代价较高的。而知识分享则可以大大降低所有用户得到信息的成本，可以使用户更加轻松地得到更多数量、更多角度的信息。

(3)通过知识分类，用户可以更快结交到具有相同兴趣和特定技能的人，形成交流群体，通过交流和分享，互相增强知识，满足沟通、表达等社会性需要。

(4)可以满足用户收藏、展示的性格需求。

3. 网摘的特色功能及应用

(1)添加网摘。右键添加方式：网站提供注册表文件，用户只需要将注册表文件导入自己的注册表，重启浏览器，即可以在右键菜单中找到添加网摘的选项。

(2)安装保存网摘按钮。在浏览器中安装保存网摘的按钮，只要点击该按钮，即可添加网摘。如果同时选中一段文字，则该段文字将作为该篇收藏的摘要。

(3)直接填写添加。点击添加网摘链接，并填入标题、URL(链接)即可提交。

(4)提供 RSS 订阅功能。以 365key 为例，每一个用户都有自己的基本 RSS 资源：http://www.365key.com/rss/<username>/。除此之外，用户所创建的分类也都有一个对应分类的 RSS：http://www.365key.com/rss/<username>/<分类名称>/；提供所有用户最新书签的 RSS：http://www.365key.com/rssfeed.aspx；全站分类的 RSS：http://www.365key.com/tag-rss/<分类名称>/。

(5)共享网摘。只需要在提供自定义 HTML 页面的 Blog 中提交一段代码，即可在 Blog 的相应位置显示网摘条目，该代码由网摘网站提供，可以设置显示最新网摘的天数等信息。网摘为每位用户提供一个该用户的网摘页面。登录网摘后，可以订阅其他用户的网摘。

(6)推荐好友。只要用户收藏了一定量的网摘，系统将自动根据用户网摘的分类、关键词和描述等信息，向用户推荐“志同道合”的好友。网摘提交越多，匹配的程度就会越高。

4. 网摘网站举例

Del.icio.us(http://del.icio.us)是互联网上最早的网摘站点，其后有 furl.com(http://www.furl.com)等跟进者。国内最早的专业网摘站点是 2004 年 10 月开始上线运行的 365key(http://www.365key.com)，它通过与内容提供商进行合作的模式向国内提供网摘服务。在 365key 取得广泛关注后，“网摘”这个名词在 365key 站长曾登高、著名 Blogger 洪波等一批专业人士的推广下迅速传播开，各网站纷纷推出自己的网摘服务平台，一些专业人士和网友也开始积极使用各种各样的网摘。随后推出的网摘服务有博采中心、新浪 VIVI、和讯网摘等。

九、P2P

1. P2P 的定义

P2P 是 peer-to-peer 的缩写，peer 在英语里有“(地位、能力等)同等者”“同事”和“伙伴”等意思，P2P 也就可以理解为“伙伴对伙伴”“点对点”的意思，或称为对等联网。目前，人们认为 P2P 在加强网上交流、文件交换、分布计算等方面大有前途。简单来说，P2P 就是指数据的传输不再通过服务器，而是网络用户之间直接传递数据(见图 2-7)。

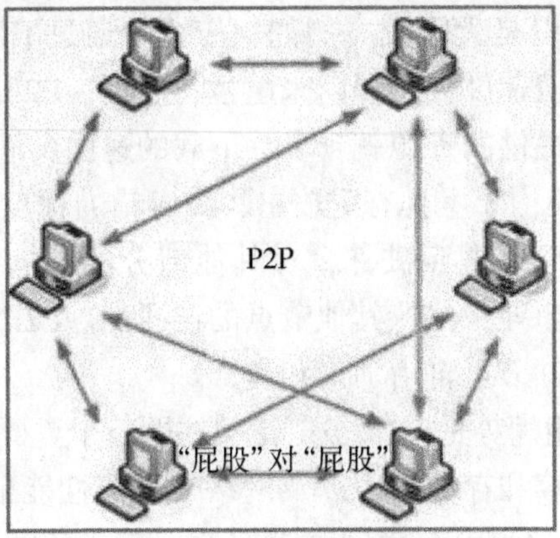

图 2-7　P2P 技术示意图

从字面上讲，P2P 可以理解为对等计算或对等网络。国内一些媒体将 P2P 翻译成“点对点”或者“端对端”，学术界则统一称为对等网络(peer-to-peer networking)或对等计算(peer-to-peer computing)。是一种在对等者(peer)之间分配任务和工作负载的分布式应用架构，是对等计算模型在应用层形成的一种组网或网络形式。

P2P 的定义：网络的参与者共享他们所拥有的一部分硬件资源(处理能力、存储能力、网络连接能力、打印机等)，这些共享资源通过网络提供服务和内容，能被其他对等节点(peer)直接访问而无需经过中间实体。在此网络中，参与者既是资源、服务和内容的提供者(server)，又是资源、服务和内容的获取者(client)。

在 P2P 结构中，每一个节点(peer)大多同时具有信息消费者、信息提供者和信息通信三方面的功能。在 P2P 网络环境中，彼此连接的多台计算机之间都处于对等的地位，各台计算机有相同的功能，无主从之分，一台计算机既可以作为服务器，设定共享资源，供网络中其他计算机使用，又可以作为工作站，整个网络不依赖专用的集中服务器，也没有专用的工作站。网络中的每一台计算机既能充当网络服务的请求者，又可对其他计算机的请求做出响应，提供资源、服务和内容。这些资源和服务包括：信息的共享和交换、计算资源(如 CPU 计算能力共享)、存储共享(如缓存和磁盘空间的使用)、网络共享、打印机共享等。

2. P2P 网络技术的特点

(1)非中心化。网络中的资源和服务分散在所有节点上，信息传输和服务的实现都直接在节点之间进行，无需中间环节和服务器的介入，避免了可能的瓶颈。

P2P 的非中心化基本特点，带来了其在可扩展性、健壮性等方面的优势。

(2)可扩展性。在 P2P 网络中，随着用户的加入，不仅服务的需求增加了，系统整体的资源和服务能力也在同步扩充，始终能比较容易地满足用户需要。理论上，其可扩展性几乎可以是无限的。例如：传统的通过 FTP 的文件下载方式，当下载用户增加之后，下载速度会变得越来越慢，然而，P2P 网络正好相反，加入的用户越多，P2P 网络中提供的资源就越多，下载的速度反而越快。

(3)健壮性。P2P 架构天生具有耐攻击、高容错的优点。由于服务分散在各个节点之间，部分节点或网络遭到破坏，对其他部分的影响很小。在部分节点失效时，能够自动调整整体拓扑，保持其他节点的连通性。P2P 网络通常都是以自组织的方式建立起来的，允许节点自由加入和离开。

(4)高性价比。性能优势是 P2P 被广泛关注的一个重要原因。随着硬件技术的发展，个人计算机的计算和存储能力以及网络带宽等性能依照摩尔定理高速增长。采用 P2P 架构，可以有效利用互联网中散布的大量普通结点，将计算任务或存储资料分布到所有节点上。利用其中闲置的计算能力或存储空间，达到高性能计算和海量存储的目的。

(5)隐私保护。在 P2P 网络中，由于信息的传输分散在各节点之间进行，无需经过某个集中环节，用户的隐私信息被窃听和泄露的可能性大大缩小。此外，目前解决 Internet 隐私问题主要采用中继转发的技术方法，从而将通信的参与者隐藏在众多的网络实体之中。在传统的一些匿名通信系统中，实现这一机制依赖于某些中继服务器节点，而在 P2P 中，所有参与者都可以提供中继转发的功能，因此，大大提高了匿名通信的灵活性和可靠性，能够为用户提供更好的隐私保护。

(6)负载均衡。P2P 网络环境下，由于每个节点既是服务器又是客户机，减少了对传统 C/S 结构服务器计算能力、存储能力的要求。同时，因为资源分布在多个节点，更好地实现了整个网络的负载均衡。由于对等网络不需要专门的服务器来做网络支持，也不需要其他的组件来提高网络的性能，所以，组网成本较低，适用于人员少、组网简单的场景，常用于网络较小的中小型企业或家庭中。

3. P2P 软件的类型

目前，P2P 网络计算技术正不断应用到军事、商业、政务、电信、通信等领域。根据具体应用不同，可以把 P2P 应用软件分为以下类型：

(1)文件交换。例如 Napster、Gnutella、eDonkey、电骡(eMule)、Maze、BT 等，用户可以直接从任意一台安装同类软件的 PC 上下载或上传文件，并检索或复制共享文件。文件交换类 P2P 软件最突出的特点就是不经过服务器通信，参与的用户越多，下载的速度就会越快。

(2)计算能力和存储共享。例如 SETI@home、Avaki、Popular Power、Netbatch、Farsite 等，可用于在网络上将存储对象分散存储，或利用其空闲时间进行协同计算。

(3)基于 P2P 技术的协同处理与服务共享平台。例如 JXTA、Magi、Groove 等，可用于企业管理。

(4)即时通信工具。包括 ICQ、QQ、Yahoo Messenger、MSN Messenger 等，能实现不通过服务器的即时通信。多个用户可以通过文字、语音或文件进行交流，还可以与手机通信。

(5)P2P 通信与信息共享。例如 Skype、Crowds、Onion Routing、E 话通、Media-Ring Talk 等。

(6)基于 P2P 技术的网络电视和网络游戏。如沸点、PPStream、PPLive、QQLive、SopCast 等，许多网络游戏都是通过对等网络方式实现的。

十、意见领袖

1. 意见领袖的定义

意见领袖是指在人际传播网络中经常为他人提供信息，同时，对他人施加影响的“活跃分子”，也称为舆论领袖。他们在大众传播效果的形成过程中起着重要的中介或过滤作用，由他们将信息扩散给受众，形成信息传递的两级传播。意见领袖理论起源于保罗·拉扎斯菲尔德①和伊莱休·卡茨②的两级传播论。

意见领袖是两级传播中的重要角色，是人群中首先或较多接触大众传媒信息，并将经过自己再加工的信息传播给其他人的人。具有影响他人态度的能力，他们介入大众传播，加快了传播速度并扩大了影响。意见领袖一般颇具人格魅力，具有较强的综合能力和较高的社会地位或被认同感。在社交场合比较活跃，通晓特定问题并乐于接受和传播相关信息。对意见领袖的研究发现，决策过程中，不同的媒介扮演不同的角色，人际影响比其他媒介更为普遍和有效，能够保持基本群体中的内部

① 保罗·拉扎斯菲尔德(Paul Lazarsfeld)是美籍奥地利人，著名社会学家，传播学四大奠基人之一。毕业于维也纳大学，先后获哲学、人文学和法学博士学位。拉扎斯菲尔德是对传播学研究方法影响最大的一位。他提出了“二级传播理论”(后发展为“多级传播”学说)，为传播效果、传播机制研究开辟了道路。他还提出了既有政治倾向的作用、选择性接触机制、意见领袖等很有影响的概念。拉扎斯菲尔德对研究方法作出了重要贡献，被称为传播学研究的“工具制作者”。他通过不断改进抽样调查技术和量化分析方法，为传播学赢得了来自其他科学的尊重。其代表作有《传播研究》《个人的影响力：个人在大众传播中的作用》等。

② 伊莱休·卡茨(Elihu Katz)生于 1926 年，美籍以色列社会学家。他一生致力于传播学的研究，并为传播学的发展做出了巨大的贡献。其代表作有《大众传播的使用》《休闲的世俗化》《大众传媒与社会变迁》《媒介事件》《意义的输出》《媒介研究的奠基文献》等。

意见和行动一致。

意见领袖作为一种社会现象，存在于不同的社会之中和传播过程中。在信息传播的时候，信息输出不是全部直达普通受众，有的只能先传达到其中一部分人，再由这一部分人把信息传递给他们周围的最普通的受众。有的信息即使直接传达到普遍受众，但要他们在态度和行为上发生预期的改变，还须由意见领袖对信息作出解释、评价，在态势上作出导向或指点，意见领袖的影响力不可小视。

2. 意见领袖的理论渊源

意见领袖并不是一个新名词，最早是由传播学者保罗·拉扎斯菲尔德在20世纪40年代提出的。20世纪40年代初，在传播学关于媒介传播效果的研究中，“子弹论”和“皮下注射”非常盛行。受此观念的影响，拉扎斯菲尔德等人在1940年美国总统大选期间，围绕大众传播的竞选宣传，对选民进行调查，以证实大众传播媒介在影响选民投票方面具有非常强大的力量。但调查研究的结果却让研究人员非常意外：大多数人早在竞选运动之初就已经做出了怎样投票的决定，只有约8%的人由于竞选运动改变了投票的意向。而这批人之所以中途改变主意，并不是听从了大众传媒的宣传或劝服，主要是因为亲戚、朋友、团体的劝服影响。这就是说，大众传播并没有左右选民投票意向的力量，它只是众多的因素之一，而且不是主要的因素，与大众传媒同时发生作用的，还有选民的家庭、亲戚、朋友等因素，这些因素的综合作用远比大众传媒的作用大。

这次研究还有一个完全出人意料而且意义重大的发现，即传播过程中的两级传播现象。拉扎斯菲尔德等人意外发现，大多数选民获取信息并接受影响的主要来源并不是大众传播媒介，而是一部分其他的选民。这一部分选民与媒介关系密切，频繁地接触报刊、广播、广告等媒体，对有关事态了如指掌，于是，那些经常与他们交往的大多数选民便从他们那里间接地获得了竞选的所有重要信息，并听取他们对许多竞选问题的解释。这一部分选民就被拉扎斯菲尔德等人称为“意见领袖”（又译为舆论领袖）。拉氏据此认为，在传播过程中存在两级传播，就是说大众传播并不是直接“流”向一般受众，而是要经过意见领袖这个中间环节，再由他们转达给相对被动的一般大众，其模式如下：大众传播——意见领袖——一般受众。

之后，拉扎斯菲尔德等人又对购物、流行、时事等领域进行了多次调查，同样证实了意见领袖在这些领域的存在。意见领袖作为媒介信息和影响的中继与过滤环节，对大众传播效果产生了重要的影响。事实上，这种传播方式不仅是在两个层次间进行，而且常常是“多级传播”，一传十，十传百，由此形成信息扩散。生活中由于种种原因，许多受众并不经常接触媒介上的信息，其信息来源往往是那些意见领袖；有的信息即使直接传达到受众，但由于人的依赖、合群及协作心理，要促使他们在态度和行为上发生预期改变，还须由意见领袖对信息作出解释、评价，在行为上作出导向，这也是意见领袖存在的原因。应当指出，意见领袖并不集中于特定的群体或阶层，而是均匀地分布于社会上任何群体和阶层中，每一个群体都有自己的意见领袖，他们与被影响者一般处于平等关系，而非上下级关系。

3. 意见领袖特征

(1)和被影响者一般处于平等关系，而非上下级关系。意见领袖未必都是大人物，相反，他们是我们生活中所熟悉的人，如亲友、邻居、同事等。正因为他们是人们所了解和信赖的人，其意见和观点也就更有说服力。

(2)意见领袖并不集中于特定的群体或阶层，而是均匀分布于社会上任何群体和阶层中。

(3)意见领袖的影响力一般分为“单一型”和“综合型”。在现代都市社会中，意见领袖以“单一型”为主，即一个人只要在某个特定领域很精通或在周围人中享有一定声望，他们在这个领域便可扮演意见领袖角色。而在其他不熟悉的领域，他们则可能是一般的被影响者。如一个对时事政治拥有广博知识的人，可以在时政问题上给予他人指导，而在流行或时尚方面则接受其他行家的影响。在传统社会或农村社会中，意见领袖一般以“综合型”为主，例如，有声望的家族对当地社会往往有普遍的影响。

(4)意见领袖社交范围广，拥有较多的信息渠道，对大众传播的接触频率高、接触量大。

(5)意见领袖常常关注那些身边的事件和新闻，并适时发表自己的观点。

4. 意见领袖的形成因素

(1)价值。意见领袖常常是追随者心目中价值的化身。换句话说，这个有影响力的人是他的追随者所愿意追随和模仿的，他的一言一行、所作所为通常都会受到追随者们的格外重视，并希望自己也能像他那样生活和工作。

(2)信源。一般来说，意见领袖较之被他影响的人，有更多的兴趣与机会接触传播媒介的内容，读更多的杂志，花更多的时间看报，看更多的书。因而，意见领袖的信息来源更广，获取的信息也更早、更多。

(3)知识面。意见领袖要对追随者产生影响力，不仅要信源广阔，还要有较强的读码、释码(如解释与理解)能力，在某些专门的问题上，要有较多的研究和较广阔的知识。那些对自己所谈问题一无所知或知之甚少、毫无研究的人，其意见很难受到人们的注意，更不要说去影响他人了。

(4)责任感。意见领袖常常是利益集团的代言人或小群体中的头头。他们讲义气，敢于打抱不平，富有同情心和责任感，能带头为群体和成员个人利益讲话，因而，更容易获得集团内或小群体内成员的好感与信赖。

(5)人际交往。通常，意见领袖有较强的人际交往、社会活动及关系协调能力。这些人活跃好动，能言善辩，幽默风趣，人缘好，交际广，有向心力和吸引力，周围常有一批追随者。

(6)社会地位。这里的社会地位，一是指意见领袖在其活动的那个群体之内所占有的社会地位，二是指在群体之外可以获取各种所需信息的社会关系。只要一个人不只在群体内也在群体外有较好的社会地位，那么，他的意见就能对其追随者产生较大的影响力。

应当指出，试图揭示意见领袖及其影响力形成的所有因素是十分困难的。因为，就像信息时生时息一样，意见领袖也是有生有息、不断变化的。时空条件的变换，人际关系的变化，社会地位的升降，社会参与频率的增减，人员背景的改变，都可能促使此时此地此事的意见领袖成为彼时彼地彼事的被影响者。

5. 意见领袖的中介功能

(1)加工与解释的功能。

对意见领袖行为的研究表明，他们不仅发出信息和影响，而且，自己也积极摄入信息和影响。但是，意见领袖的首要任务是对先行接收到的大量信息进行加工与解释，然后，以微型传播(如面对面的交谈)的方式传达给其他受众或追随者。他们经常运用的加工与解释的方法有：生发引申、添枝加叶、客观复述、裁减回避、歪曲攻击等。

对信息如何解释？加工到什么程度？选用何种方法？这取决于外在信息与意见领袖的认知结构、价值观念以及个人利益和文化模式相贴近或相背离的程度，取决于意见领袖的选择性注意、选择性理解、选择性记忆这三道防卫圈的严密程度。

(2)扩散与传播的功能。

大众传播的信息并非能全数直达受众，有时候只能到达它试图传播的对象的一部分，再由这一部分人把信息传给他们周围最普遍的大众，意见领袖就是对信息加工后予以再传播和再扩散的这一部分人。当然，他们不仅对传播中有意义的信息进行再传播，对人际传播中的小道消息和流言蜚语往往也有兴趣给予再扩散。意见领袖对信息的再扩散和再传播是无报酬的、义务性的，有时甚至是令人厌恶的，但是，他们自己却十分乐意。

(3)支配与引导的功能。

意见领袖对自己先期接收到的信息进行加工与阐释、扩散与传播，正是为了对追随者或被影响者的态度和行为起到支配或引导的作用。传播学认为，具有不同威望的意见领袖发挥支配、引导作用的情形也不同：威望程度中等的意见领袖，旨在引导人们形成和谐的人际关系；而威望程度极高的意见领袖，则旨在引导人们解决信息传播中的重要问题。但是，意见领袖最主要的效能，乃是对面临信息轰炸和思想灌输的无主见、存依赖的受传者，在表明态度、采取行动或解脱矛盾时给以指点和调节。有时，意见领袖的意见不仅影响这些人说什么、看什么、做什么和想什么，而且，还支配他们怎么说、怎么看、怎么做和怎么想。

意见领袖的追随者或被影响者的社会地位越低，面临的信息越多，处理信息的能力越差，就越没有主见和自信心，也就越容易接受意见领袖的意见和参谋，他们甚至希望凡遇事都能有人主动上门来帮他们出谋划策、权衡利害、拿定主意。

(4)协调或干扰的功能。

意见领袖对传播者的传播还具有协调或干扰的作用。如果传播者传递的是符合意见领袖及其团体成员需要的，或者是可以为其接受的观点和主张，那么，意见领袖就会俯首听命、协调操作，成为大众传播中引起良好效果的动力。相反，如果传播者输出的信息违背或损害了意见领袖及其团体的利益，观点不能为其接受，那么，他就可能设障阻滞或施故干扰，也可能对信息只作出合意的加工和解释，或者干脆进行指责和攻击。

可见，意见领袖的中介功能是多方面、多层次、复杂的；其影响力可能是巨大的，也可能是微弱的；其性质可能是积极的、进步的，也可能是消极的、破坏性的。

6. 意见领袖的确定标准

(1)习性相近原则。意见领袖通常与受其影响的人有着相似的价值观和处世态度。但同时，意见领袖又与受其影响的群体在个人兴趣与专业技能上有差异。有研究发现，如果意见领袖与某个群体比较相似，则意见交换的频率通常更高。

(2)社会地位原则。就社会地位来说，意见领袖的社会地位通常比其影响群体要略微高一些，但不会高出太多。地位的差异，对意见领袖施展其影响力非常重要，因为地位的略微高出，会使意见领袖在说服他人的时候更有力量。

(3)教育程度原则。意见领袖通常是某个领域的专家或准专家，因此，意见领袖的受教育程度，往往高出其影响群体一筹。此外，意见领袖获取信息的渠道也比其影响群体更多元，也更频繁地参加各类自身圈子之外的活动。

(4)信用原则。和专门从事销售或推广的商务人士不同，意见领袖并不代表某个特定公司的利益，正因为如此，意见领袖能够赢得他人的信任。意见领袖通常也花更多的时间来研究产品，而由此增加的产品知识，也使得他们获得更多的信任。

(5)个性化原则。意见领袖的个性化程度，不能与受其影响的群体相差太大。不管其实际的动机是什么，个性化总是使意见领袖容易赢得别人的注意。因此，意见领袖在自己的群体中，通常表现得比较外向和自信，而且对他人的批评往往比较宽容。

(6)创新原则。意见领袖的创新能力，并不表现为他们能够创造新产品或类似的东西，而在于他们能根据自己的经验、常识来把握新的消费机会，而比较少受社会上现有的消费习惯影响。因此，意见领袖通常都是新产品或新服务推向市场初期阶段的最早尝试者。现代营销理论，往往注重找到关键的意见领袖，也就是寻找某一特定交易中有决定性影响作用的人。这些营销人士认为，每个人都在消费别人的观点，关键意见领袖的观点将决定交易的成功。因此，意见领袖已经成为一种最新的顾问型职业，在企业营销中发挥着独特及预见性作用。

7. 意见领袖的营销策略

意见领袖的重要性在不同的产品、不同的目标市场上存在着很大的区别。因此，在使用意见领袖时，第一步是通过调查或凭经验、逻辑来确定意见领袖在当前环境中的角色。这一步完成后，就可以利用意见领袖制订营销策略了。

(1)广告。

广告应力图激励人们做意见领袖，或使他们模仿意见领袖。激励包括设计一些活动，鼓励使用者谈论产品或品牌，或者让可能的购买者向使用者询问他们的感受。模仿意见领袖涉及找到一位众所周知的意见领袖，如为跑步器材找到弗洛伦斯·格里菲斯·乔伊娜(Florence Griffith-Joyner)①或卡尔·刘易斯(Carl Lewis)②，使他们认可某一品牌。或者在一则生活片段式的广告中，让一位有一定影响力的意见领袖推荐产品，这种广告通常是“偷听到两个人的谈话，其中一个人向另一个人提供选择品牌的建议”。

(2)产品质量和顾客抱怨。

消费者会和其他消费者谈论有关产品、商店和服务的经历。因此，营销者提供满足或者超过消费者期望的产品是绝对重要的。当顾客的期望未能满足时，企业必须及时妥当处理顾客抱怨，不愉快的顾客会将其不满告诉其他人。

(3)市场调查。

由于意见领袖接受、解释并向他人传播营销信息，因此，在那些意见领袖作用明显的产品领域和群体里，市场调查的重点应放在意见领袖身上而不是“代表性”样本上。由此，产品使用实验、广告文案的预试和媒体偏好研究时，都应当以可能成为意见领袖的个人为样本，使意见领袖接触企业的营销组合策略并做出良好反应是成功的关键。当然，在那些意见领袖影响小的产品领域或群体内，使用这种策略并非明智之举。

(4)赠送产品样品。

即将产品样品送给一个潜在的消费群体使用，这是激发人们传播该产品信息的有效方法。在一项研究中，随机选择一群妇女，免费送给她们新速溶咖啡样品。结果发现，一周之内33%的样品获得者与家庭以外的人谈论到这种咖啡。当然，营销者不能随机选择样本，而应该尽量将产品送到可能成为意见领袖的人手中。

克莱斯勒公司为了引入它的LH汽车——无畏(Dodge Intrepid)、统一(Chrysler

① 弗洛伦斯·格里菲斯·乔伊娜是美国当代最优秀的女子短跑运动员。1988年，她在第24届汉城奥运会上，只用了10秒49就跑完了100米，这个成绩至今无人企及。

② 卡尔·刘易斯(Carl Lewis)是美国黑人田径超级巨星，现代田径史上难得的奇才，短跑和跳远名将，被誉为“欧文斯第二”，多次被评为“世界最佳运动员”。

Concorde)和鹰眼(Eagle Vision)，向6000名可能的意见领袖提供新车，让他们免费使用一个周末。这些人包括经理和社区首脑，也包括经常提供意见却不受瞩目的人，如理发师。随后的市场调查发现，有32000多人驾驶或乘坐了这种汽车，而其口头赞誉则流传更广。

(5)零售与个人推销。

零售商或推销员有成千上万的机会使用意见领袖。服装店设计了“时尚意见委员会”，由目标市场中可能成为服装款式意见领袖的人组成；面向青少年的商店使用的活跃分子和班级干部也是意见领袖；餐馆老板也可以向目标市场中的可能领袖做出特别邀请，或提供二兑一的赠券及菜谱等；零售商或推销员可以鼓励现有顾客向潜在的新顾客传达信息。例如，一位现有的顾客带来一位朋友看车时，汽车推销员或经销商可以为他免费洗车或加油；不动产商可以为顾客或带来新顾客的人提供一张在豪华餐厅享用双人餐的赠券。

(6)识别意见领袖。

意见领袖可以通过社会学技术或者关键信息的提供和自行设计的问卷来识别，意见领袖的辨认是不容易的，因为他们与被影响的人们十分相像。意见领袖大量使用大众媒体，尤其是那些与其意见领域相关的媒体，而这正好为识别意见领袖提供了线索。例如，耐克推测，《跑步者世界》的订阅者可能是散步鞋和跑鞋等产品的意见领袖。同时，由于意见领袖很合群，喜欢加入俱乐部和社团，耐克也可以将当地跑步俱乐部的成员，特别是俱乐部的活跃分子作为意见领袖。

某些产品领域有职业性的意见领袖。对于家禽产品，乡村推广机构一般都颇具影响力；理发师和发型师可以充当护发产品的意见领袖；药剂师则是很多保健护理品的重要意见领袖；计算机专业的学生也自然而然地成为其他打算购买计算机的人的意见领袖。《意见领袖》是新浪的一个节目，它瞄准高端受众，或是在商海沉浮多年的资深商务人士，或是眼光独到、经验颇丰的投资者，不变的是其对国际财经和商业金融的关注。面对媒体上各类纷繁芜杂的言说，《意见领袖》永远只把话筒伸向最权威的声音——金融投资大师、商界领袖以及政府决策者。

第三章　网络现象

第一节　网红及网红经济

2004年，有网络拍客将芙蓉姐姐的照片上传至各大论坛网站，照片上独特的pose、自我表达中绝佳的自信，都与大众审美形成了强烈的反差，引起网友的强势“围观”，成为网络红人。“2015中国互联网经济论坛”将“七年网络红人成就奖”颁给了芙蓉姐姐，她被众多网友称为网络红人鼻祖。

在芙蓉姐姐之外，还有一位红极一时的网络名人——凤姐罗玉凤。凤姐自称“9岁起博览群书，20岁达到顶峰，智商前300年后300年无人能及”，雷人言论让她在网络上迅速走红。他们或以丑为美，或以出位博眼球。

一、网红及网红经济

“网红”一般指“网络红人”，英文名为web celebrity，又称“网络名人”，是指在现实或者网络生活中因为某个事件或行为被广泛关注而走红的人。因为自身的某种特质在网络作用下被放大，与网民的审美、审丑、娱乐、刺激、偷窥、臆想以及看客等心理相契合，有意或无意间受到网络世界的追捧，成为网络红人。因此，网络红人的产生，大多数情况下不是自发的，而是在网络媒介环境下，网络红人、网络推手、传统媒体以及受众心理需求等利益共同体综合作用的结果。

网红经济即依托网络红人在社交媒体上聚集人气，对庞大的粉丝群体进行定向营销，从而把粉丝转化为购买力的一种新的经济形式。

从网红本人输出的价值和粉丝的覆盖范围上看，网红大致分为“大众网红”和“垂直网红”两类。大众网红多为粉丝提供廉价娱乐或心灵慰藉，如papi酱、咪蒙、回忆专用马甲等。垂直网红指垂直领域的网红，比如美妆、音乐、体育等领域的网红。

二、网红和明星的区别

网红与传统的明星艺人不同，网红完全是由成千上万个网友捧起来的。网络直播的主播直接通过网络与网友互动，如果表现好就有人捧场，成为网红；相反，如果表现不好，网友瞬间就可能下线。网红相比明星而言，生命周期短，就像之前的安妮宝贝、芙蓉姐姐，到后来的 papi 酱，时间都不长。随着网红受到越来越多的关注和市场的不断扩大，很多明星和企业大佬也加入进来，丰富和拓展了网红和网红经济市场，值得深入研究。

三、网红的发展

网络红人的发展经过了三个阶段：文字时代的网络红人、图文时代的网络红人、宽频时代的网络红人。

1. 文字时代的网络红人

最早的网络红人，应该算痞子蔡、宁财神、李寻欢、安妮宝贝、慕容雪村、今何在等人，出现在互联网的 56k 时代甚至更早。那是属于文字激扬的时代，那一代的网络红人，他们共同的特点是以文字安身立命并走红。

2. 图文时代的网络红人

互联网进入了高速度的图文时代，这时候的红人开始如时尚杂志般绚丽多彩起来，网络女性占尽优势，以图载文载人，如竹影青瞳、芙蓉姐姐、天仙妹妹接踵而来，其主要原因就是这时候的互联网进入了读图时代。

3. 宽频时代的网络红人

互联网的网速越来越快，进入了宽频时代，网络歌曲的流行也是宽频时代红人到来的显著特征，如代表性人物胡戈、香香、刀郎等人的网络歌曲广为传唱。

四、网红成名的原因

1. 艺术才华成名

这一类网络红人主要是依靠自己的艺术才华获得广大网民的追捧。他们大多数处于草根阶层，不是科班出身，没有接受过所谓“正规”的训练，往往是依托其非同一般的天赋和在兴趣支配下的自我学习，从而在某个艺术领域形成自己独特的风格或者技巧。他们通过把自己的作品传到个人网站或者某些较有影响力的专业网站上吸引人气，由于他们在艺术上不同于主流的独特品位，所以能逐渐积累人气，从而拥有某个固定的粉丝群。

2. 搞怪作秀成名

这一类网络红人通过在网络上发布视频或者图片的“自我展示”(包括自我暴露)，而引起广大网名的关注，进而走红。他们的“自我展示”往往具有哗众取宠的特点，通常借“出位”引起大众的关注，其言论和行为带有很强的目的性，包含一定的商业目的，与明星的炒作并没有本质区别，都是为了引起大家的主意。

3. 意外成名

此类网络红人与第二类相对，他们主观上并没有要刻意炒作自己，自己不经意间的某一行为被网友通过照片或者视频传上网络，因为他们的身份及其表现同社会的一般印象具有较大的反差，从而迅速引起广大网民的注意，成为“网络红人”。他们因为与其身份不符的“前卫”而具有闪光点，被某些眼光独到的网民发现并传至网络，大众在猎奇心理的驱动下给予关注，觉得新鲜有趣。但是，他们往往并不知道自己在某一时刻已经成为了网络的焦点。

4. 网络推手成名

这类网络红人是通过精心策划的，他们背后往往有一个团队，一般选择在某个大众关注度很高的场合，通过某些举动刻意彰显他们自身，给大众留下一个较深的印象。然后，会组织大量的人力物力进行推动，在各个人气论坛发帖讨论，造成一个很热的假象，从而引起更多网民关注。

网红现象已经从“网络红人”扩大到了“网红”：网红可能是一个人，也可能是一个物品，抑或是一棵树……

五、网红现象的特点

1. 生命周期短

网红所能带来的经济效益是不可估量的，有时比明星的经济效益更直接。但是相对而言，网红的生命周期也如昙花一现般不可持久。正常来讲，如果一个网红的“爆红期+平稳期”能超过 2 年，就可谓是网红界的“战斗机”了。一个老戏骨到了一定年龄叫表演艺术家，但是，一个老网红只能叫过气网红了。

人的本性就是追求新鲜，互联网的快节奏不会因为谁而改变，粉丝们总有不断追求下一个网红的需求和欲望。总有一天，粉丝会对 papi 酱独特的吐槽不再感冒，对里里小公举搞笑的化妆教程不再着迷，对小罗的恶搞不再热衷。

2. 满足网民追求个性

去中心化及彰显个性等特质在新生代身上得到了充分体现，网红的出现，是新世代网民追求个性和自由的表现。过去，语言是用来表达某种意思的，但是，在网上语言不仅仅是表达意思的工具，更是彰显个性和表达自我的有利武器。在追求个性化的同时，与“主流意识”博弈，成为很多网红的共同特点。

3. “补偿性”需求

补偿性消费的概念最初是由 Gronmo(1988)提出的，在研究中，Gronmo 注意到大多数消费者行为的研究模型都是隐含或明确地建立在需求与行动一致性的基础之上的。因此，研究主要集中于理解消费者行为的不同方面是如何被不同类型需求的满足来激励的，或对满意做出了多少贡献。

但是，有一个相反的方面值得注意，即某种消费可能是对一个更一般的需求的反应，也就是说，这种消费补偿某些类型的需求，这种消费模式可以叫做补偿性消费。在后来的研究者中，Grunert(1993)对这个概念进行了发展和完善，他认为一种需求可以通过多种不同的方式来满足。比如说，如果感到孤独和厌倦，根据需求和行动一致性的观点，通常通过看心理医生来解决。根据 Grunert 的观点，为了克服这些，一个可能的办法是与亲密的朋友来一个约会，另一个可能的办法是看一场搞笑、滑稽的电影，再一个可能的办法是吃一种特别的食物，如冰淇淋或奶油软糖。如果采用了后者，补偿性消费就发生了。Grunert（1993）的解释是：概括地讲，对 X 的需求可以通过对 X 的获取来解决，但是，也可通过对 Y 的获取来解决，如果使用了 Y，就叫做补偿性需求。网红现象的出现，正是满足了人们在精神等层面的补偿需求，让一直处于高压力之下的现代人，通过审美、审丑、搞笑等形式，身心压力得以释放，精神得到慰藉。

同时，随着专业化程度的要求不断提升，拼颜值、拼内容、拼团队、拼制作成为当前网红竞争的主要内容。网红的专业原创能力增强，内容质量不断提升，变现渠道更加多元，个性特色更加突出。

六、网红的运营方式

网红扩大影响力、提高关注度的方式和方法很多，进行专业化的运营成为网红提高点击率、保持热度的必然途径。

(1) 直播类主播：通过直播形式与观众互动，例如通过游戏主播、歌手主播等方式，吸引关注。

(2) 经营网站：通过知名度提高自己经营的网站，如淘宝网、京东网等，增加网站浏览量和购买量。

(3) 博客、软文：对社会上的某些现象发表观点和看法，以此获取关注和访问量。

(4) 其他形式：有的网红发表图片，依靠自身颜值吸引关注。

下面，以网红直播网站为例，简要介绍网红运营：

1. 网红直播网站的主要形式

随着智能手机和移动互联网的普及，近两年开始涌现出很多视频直播平台。据艾瑞预估，中国仅游戏直播平台 2016 年用户就将达到 1 亿，市场规模 26 亿元，年增长率超过 100%。目前，直播网站主要有三种形式：电竞游戏直播网站、秀场直播网站和生活直播网站。

现阶段，游戏竞技直播网站发展最早，也最为正规成熟，在互联网直播网站中走在前列。多家平台竞争激烈，流量差异明显。秀场直播网站“美女经济”强势崛起，也拥有相当大的流量规模。随着未来直播网站的内容向专业化、综合化发展，生活类直播网站有较大发展潜力。

2. 网红直播网站的受众群体

网红直播网站的受众分布如图 3-1 所示。

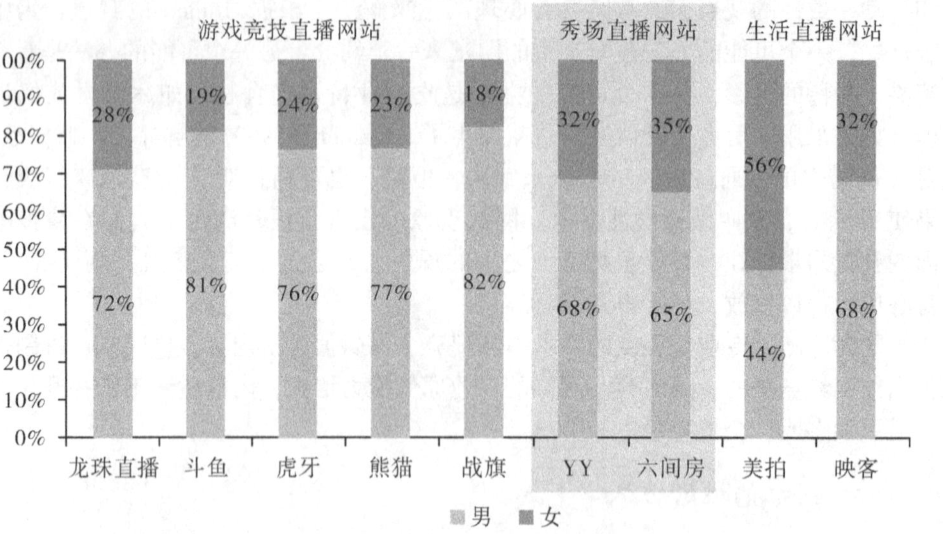

图 3-1 直播网站的受众群体(图片来自艾瑞网)

从性别来看，大多数直播网站的主要观众都是男性。而“美拍”通过手机直播，可以提供多种滤镜和美颜功能，更加吸引女性用户的关注。从年龄来看，24 岁以下的年轻观众是游戏竞技直播网站的受众主体，25 岁以上的观众青睐生活直播网站。

七、网红产生的社会背景

1. 网络的兴起引发了平民媒体平台

信息传播生态的变化给了公众发布信息并制造影响的机会，这种相对自由且迥异于主流媒体的传播媒介，让普通民众有更多的互动空间，为网红现象的出现奠定了技术基础，这是网红产生的必然条件。

2. 大众的个体意识增强

随着社区的发展与进步，社会大众的个性意识不断增强，大众对于事物的判断不再局限于主流意识形态，而是具备了自我思考和选择评估的能力。这种个体意识需要一个简单易行的方式或平台去释放，网络恰恰提供了这个机会，促成了网红现象的出现。

3. 网络媒介的推动作用

即常说的“炒作”，分为有意识的和无意识的炒作。前者往往有直接的利益驱动，背后有众多的“推手”，如凤姐，制造网络红人已经成为了一种产业；而后者往往有悖于主流意识形态的观念支撑，或猎奇，或独树一帜，能够引发众多网民追随，这种炒作与当事人关系不大，如犀利哥。

4. 无聊感导致角色转换与价值颠覆

在网络中，虚拟主体的建构，使人们有了变换角色的可能。现实社会中，人都是生活在特定的伦理关系中的，如“父子”“夫妻”“上下级关系”等，但在网络中，虚拟的主体使一切特定的伦理关系不复存在，人仅仅是作为符号与他人发生着关系。与现实社会中的人一样，自我实现无疑要受到价值观的引导。仔细比较目前出现的网络红人，我们不难发现，虽然他们呈现的角色各异，却都表现出了对现实主流价值观的颠覆。在虚拟的网络社区中，现实社会中倡导的集体主义等主流价值观往往被直接抛弃。

5. 主体虚拟与权利开放

在网络社区中，时空被高度压缩，从而使作为主体的人的存在变得模糊，导致现实主体虚拟化。而在现实社会中，由于主体的虚拟状态，又使得人们拥有了现实社会中所没有的开放权利。也就是说，网络媒介的技术特点，客观上促成了网络红人的形成。

八、网红热度的维护

要长时间维护网红的热度，一定要做好如下几点：

1. 人格化

网红公众号的人格化特征维护。只有当自媒体有比较强烈的人格化特征，让大家觉得这个公众号不是一台机器、一个团队而是一个人的时候，才有可能对这个网红产生比较强烈的喜爱。网络社会，信息是海量的，只有通过人格化的塑造才能使网红变得独一无二，如果只是做内容的整理和搬运，很难产生亲近感和依赖感。

2. 高互动

不同的网红都有不同的互动机制，互动越高，在粉丝心目中的地位就越重要。网红获得的点赞、评论和转发都非常多，一些网红动不动就有几千、上万甚至更多的点赞，如果网红跟粉丝之间的关系维持得非常好，粉丝就喜欢给他留言。和粉丝的良好互动，可以有效增加黏度。

3. 优质内容

内容人人都能生产，但并不是所有人都能生产好的原创内容，在原创的同时，要去探索用户到底喜欢什么东西，去掌握传播的规律，把内容能够打磨得越来越好。

怎么生产优质内容呢？关键要看对这个领域是否热爱，如果足够热爱，就会愿意投入精力和时间，反复修改自己的内容，为粉丝生产足够优质的东西。更重要的是，要尽量把自己的兴趣和人群真正想要的东西结合起来，把自己的擅长和市场的需求结合起来。

这就需要有良好的洞察能力，要通过前期的试错去洞察出你的用户想要的究竟是什么，你能够给他们提供的东西和你的同行之间有什么区别。慢慢地，你的ID就会变得不一样，具有不可替代性、不可复制性，这样才会产生很高的价值。

九、网红的变现模式

所有网红经济的变现模式实际上是“内容+社区/社群+电商”或者是其他商务的变现模式。每个行业可能略有不同，但其根本就是内容，比如，你拍的一个视频，微信上的图文或者模特拍的照片，晒在微博上的东西，这些都是内容。社区/社群就是喜欢网红的粉丝们聚在一起，再加上电商的变现方式，就可以销售产品。网红的变现模式主要有如下几种：广告，会员、VIP资格以及粉丝打赏，微电商模式，形象代言人，网红培训班，商业合作、品牌策划与话题炒作，做微商，出演网剧主角，拍网红音乐MV。

以上九种网红变现的方式，会成为网红变现的主流。当然，还有很多其他的变现方式，未来，网红经济一定会呈现多样化的发展，一定是新媒体经济领域非常重要的体现。2016年作为网红经济快速发展的一年，以papi酱为代表的网红人物，能够创造新媒体经济的奇迹，也能够推动网红经济健康向前发展，把网红经济带入一个全新发展的多样化、多局面、多产业、多维度的移动互联网时代。

十、如何正确对待网红现象

网红是一种新兴的文化现象，由于契合人们的需求，满足人们的欲望，因此在短时间内不会衰退。网红受到追捧，证明了普通人可以通过展示自己的特长实现自我价值。但不可否认，网红现象也带来了一些问题，如有的网红为了吸引眼球，不惜满足大众的低级趣味而取得关注，传递了许多负面的不健康的价值观。此外，资本包装鼓吹让网红成为流行文化，带来巨大的经济利益，但也增加了社会中急功近利的浮躁气息。如何正确对待网红现象？

社会：互联网是传播网红文化的重要载体，所以，要大力提升网络媒介的综合素养。要积极宣扬正能量网红，对于不良的网红现象，全社会应该形成合力加以抵制，社会更乐于看到集美貌、才华与正能量于一身的网红。

政府：综合利用法律、行政、经济和行业自律等手段，规范网络信息传播秩序，坚决遏止违法有害信息在网上传播。在保持网红活力的同时，升级监管思路，创新监管手段，营造一个干净、阳光的网络环境。

个人：提高自身的科学文化和思想道德修养，了解网红的特点和本质，不盲目追捧网红，不盲目追求一夜成名。要善于发现网红身上的闪光点，要有自我辨别能力，避免落入炫富炫美的俗套。

十一、网红经济的发展趋势

1. 视频直播

内容产业现在做的就是视频，微信已经开始给视频打原创标了。视频成为微信重点推广的内容，是未来内容的趋势。用户已经开始对图文没有阅读兴趣了，直接看视频。

2. 专业化

什么叫专业化？我们看 papi 酱走红，视频拍摄和剪辑都很专业，所有的机位、演的方式、拍的方式、剪的方式，包括表演都很专业。不能指望还拿过去的标准，随便有一个女孩子摆拍一下就能火，要有一个专业的团队去做，因为用户的口味在不断进化。过去看到某个品类里面有一个人特别火，有人就砸 10 倍的钱，做同样的东西，现在还这样做是很难成功的，一定要比过往这个品类的内容做得更多，要非常专业才行。

3. 平台的多元化

现在内容的分发是多平台的，并不依赖于单个平台，一开始就可以在秒拍、优酷、B 站、微信、今日头条、微博等发布，可以入驻多个渠道平台，在每个平台上都可以获得粉丝，平台多元化、分发多元化。

4. 营收的多元化

以前的品牌不投中国的网红，网红在品牌里面不是特别高大上的词，品牌会认为，和有些网红关联在一起对品牌是有伤害的。现在不一样了，有很多网络达人自己就有很好的生活方式，自己也很美，品牌不会觉得跟新的网红关联在一块儿会对品牌造成伤害。所以，越来越多的品牌的资金会投向网红，可以卖东西，也可以做代言。

未来的网红会更加专业化、团队化运作，与粉丝经济、个人 IP 等相互结合，与大的企业或电商相融合，促进实体经济与电商的进一步发展。

第二节　网络恶搞

“恶搞”这一词来源于日文“kuso”(库索)，原意是“可恶”的意思，也是“粪”的发音和英文“shit”的意思。起先用于游戏上，也通常被当做骂人的口头禅。对于中国台湾地区的网络来说，“kuso”则是恶搞的意思，原本只限于台湾的网络，后来，其影响传入中国大陆。恶搞究竟是什么？这是个太过宽泛的东西，我们经常看到图片恶搞、声音恶搞、软件恶搞和视频恶搞，恶搞成为网络的一大现象。所谓恶搞，并非恶的，通常是指通过对公开发表的一些作品进行二次加工处理，以达到娱乐大众的某种滑稽、幽默、搞笑、讽刺的喜剧效果。

恶搞是人们以调侃、幽默或讽刺的心态，运用游戏、Flash 动画短片等形式，对事物(图片、文字、影视作品等)进行具有幽默、讽喻意味的颠覆性解构行为及其创作风格。网络恶搞则是指以网络为载体，对图片、文字、影视作品等进行的颠覆性解构行为。

一、网络恶搞的基本特征

1. 传播成本低

首先，随着网络流媒体技术的发展，网络视频播放十分方便，网络空间从文字图片时代过渡到了视频时代，多媒体网络空间成型，这些技术的发展和普及都为恶搞作品创作提供了现实可能性。

其次，电脑和网络技术降低了恶搞作品生产的门槛，降低了生产制作的成本，只需要下载几部电影或 MTV 的视频，进行剪辑拼贴即可完成。如胡戈用两台电脑、一张盗版碟、8 天时间制作出来的《一个馒头引发的血案》；后舍男生这两个普通大学生在宿舍的假唱表演，仅用一个视频摄像头就可以完成拍摄。恶搞作品的发布阵地如网络论坛、博客、播客等，也都不需要付费。

2. 传播速度快

网络技术提供的免费传播、兼容共享、自由下载等便利，一时之间使恶搞成风。一般来说，除了明确署名的网络恶搞作品，大多数恶搞作品很难找到最初的制作者和传播者。第一个传播者通常也是制作者，他将制作完成的恶搞作品投放到网络上去，就像推倒了多米诺骨牌的第一张牌，最初的传播者起到了激活传播网络的“第一次推动”作用。每一个接收者对于下一个接收者来说都是信息的传播者，传播者的角色被无限延伸下去。

3. 传播娱乐性强

娱乐性是恶搞作品的最基本特性，是恶搞作品传播力所在，不能给网民带来娱乐的恶搞作品会很快在网络上销声匿迹。提供娱乐是大众传播的重要功能之一，恶搞作为网络传播中流行的一种文化，其传播内容体现了网络传播的娱乐与消遣功能，受众在接受恶搞作品的过程中享受娱乐。

4. 内容的戏仿成分多

网络恶搞作品的戏仿性，是指以原有历史事实、文化作品、集体情绪、大众体验、公众人物以及社会事件为母体进行再创作，它需要借助接受者现有的认知结构，并配上必要的“注脚”才能够实现对母体意义的解构。依托原有作品的文化胚胎和雏形，将原作品文本或事件体现的意识片段拼接在一起，形成一个完整的意象，这已经成为恶搞最常用的创作手段。

以《夜宴——同学会惨案》为例，这个恶搞作品在制作上充分运用了这一技巧。它先是借用 CCTV《焦点访谈》的外壳，直接挪用了其制作样式、片头预告、播报方式、用语习惯、演播室镜头，甚至是节目主持人，但却掏空该节目原本具有的真实、客观、严肃的内涵，然后填充一部离奇荒诞、匪夷所思的闹剧。在这出闹剧里，许多原本不相关联的人物、场景、画面、动作、语言和音乐被有组织地拼贴在了一起。

二、网络恶搞的动机

恶搞是一种文化现象，网络的恶搞属于网络文化的一部分。恶搞属于二次创作手法，恶搞创作出来的作品，无论恶搞成怎样，都是当今文化存在的一种现象。分析当前网络恶搞文化，首先要弄清楚恶搞的动机是什么。

1. 为了娱乐、好玩

《一个馒头引发的血案》创作者胡戈当初恶搞陈凯歌的电影，就是因为“好玩”，一个简单的理由，便掀起了网络恶搞的狂潮。现在，很多年轻人喜欢恶搞是为了娱乐大家，这些恶搞者就是为了展现自己的恶搞天赋，为了娱乐、好玩，为博大家一笑。

2. 为了走红

很多恶搞者最初是为了好玩，但走红之后，创作的恶搞作品就不只是为了娱乐那么简单，为了走红而恶搞这个动机不奇怪。网络上，有专门的网络操作人，以网络为武器，对大家熟悉的作品进行再次创作，如利用流行歌手策划出恶搞作品，利用名人效应使自己走红于网络。

3. 跟风、时尚

网络上流行恶搞，现实生活中为了跟上“时代的脚步”，一些人开始自创恶搞作品，以彰显自己的才华、时尚。这个恶搞可以是言语的恶搞，也可以是利用一些图片来恶搞，然后群发给周边的朋友，博得朋友点赞，也显示自己“跟得上时代”，成为“恶搞达人”。

4. 恶意搞破坏

为了表达自己内心的不满、愤怒，有些人利用网络恶搞的形式对不满的事物恶意破坏，为宣泄自己的不满而恶搞。现实中，不可以随心所欲地恶搞，于是利用网络的虚拟性来进行破坏。

5. 为了炒作

娱乐界是一个复杂的圈子，网络也是一个复杂的社会。有些人、有些公司为了商业利益，为了达到自己的目的而进行炒作恶搞，并为了炒作专门策划出一系列的恶搞，这在网络上是常见的方式。

三、网络恶搞形成的原因

从胡戈的《一个馒头引发的血案》到《鸟笼山剿匪记》，从后舍男生恶搞“假唱”

到非常真人的“真人漫画版”，恶搞之风愈演愈烈。一系列恶搞视频短片正以一种排山倒海之势在网络上传播，网络恶搞涵盖了文学、艺术等几大方面。这一切聚成一种氛围，正在形成一种新的娱乐文化形式。

1. 大环境是网络恶搞形成的“土壤”

随着民众休闲娱乐的需求大大增加，恶搞也成为表达意见、发表观点、展现自我、参与社会事务的重要途径之一。同时，由于电脑技术的迅速传播，制作手段的方便快捷，创作不再为专业人员独享，普通网民也可以便捷地进行创作，并同时兼顾创意和素材，这些都为网络恶搞提供了一个很好的平台。

同时，社会环境的宽松，文化多元化趋势的不断加强，都为恶搞的产生和传播提供了一定条件。20 世纪 90 年代以后的文化，在整体上呈现出一种以个体性的欲望释放为内在基础，以娱乐化为外在表现形态的享乐消费文化。这种与传统文化消费方式截然不同的娱乐文化，之所以能够成为当代人生活方式的重要组成部分，与当前社会发展带来部分人的大量闲暇有关。同时，作为忙碌而紧张的竞争时代的一种精神调整和心理修复手段，大众也希望看到一些新鲜刺激的东西来满足审美疲劳的神经，宣泄心理压力。

2. 社会热点是网络恶搞发展的基础

大部分恶搞视频短片，所涉及的事件和人物与社会热点事件、热点问题、公众人物有着千丝万缕的关系。可以看到，所有短片中所涉及的事件、问题及人物，都与现实社会中的热点事件、焦点问题和公众人物有很大关联，所以才造就了那些短片及创作者的成功，才有了那些短片能得以广泛、快速传播的现实基础。另外，在网络传播环境下，随着传播渠道的多元化，专业传播组织不再能垄断传播平台，来自民间的不登大雅之堂、具有肆无忌惮风格和充满反讽意味的“草根文化”，则有了大行其道的空间。

3. 受众是网络恶搞的最大动力

互联网是年轻人娱乐的天堂，我国网民构成明显呈现低龄化趋势。互联网娱乐化强调个性，作为网络主体用户的年轻人，他们是恶搞作品的追捧者，也是恶搞作品的积极创作者。浏览和制作恶搞作品，成为许多年轻人寻求娱乐的主要方式。他们容易接受新事物，爱好娱乐，这些都是网络恶搞迅速壮大的动力源泉。

从传播学的角度出发，受众也希望看到一些新鲜甚至是刺激的东西，来满足审美疲劳的神经。网络恶搞的出现，极大地丰富了受众的娱乐神经。恶搞俨然成为青年言说心声的一种手段，成为解构权威的一种方式，成为大众集体娱乐的一种文化行为，甚至成为无名小卒一夜走红名扬天下的一条捷径。

恶搞制作者用一种亲切的甚至是暧昧的方式体验着时代的娱乐精神。虽然恶搞作品在总体技巧和思想上都还稚嫩，但在“恶搞文化”的魔棒操纵下，在受众审美的需求下，恶搞作品充斥着整个网络，各式各样的恶搞组合，如石榴哥哥、芙蓉姐姐、后舍男生等恶搞人群铺天盖地而来。在恶搞迷中也有一部分年龄稍大的人群，但其心态年轻，推崇创新、冒险、浪漫、自由、思想多元化，厌烦因循守旧按部就班，大多从事具有挑战性的新锐行业，接触的是最前端的科技信息。正是这些人，掌握了恶搞文化的精华要义，并对此进行深刻剖析和利用，大胆借助游戏精神为外在形式，赋予其具有冲击力的内容，最终，将恶搞变成一种文化。

4. 心理满足是网络恶搞的根本原因

网络恶搞现象的产生，究其本质还是源于心理因素。网络文化的自由，使人性在网上暴露无遗，通过对权威、明星等或褒扬或批判甚至亵渎，在恶搞的面纱下，使恶搞作者及受众得到一种心理的满足。

受众在社会生活和工作中有很大压力，却缺少发泄的渠道，压力最后转化为压抑的情绪，网络恶搞提供了宣泄社会性情绪的通道，成为减压的阀门。无论是制造者还是共享者，网络恶搞提供给他们减压的方式和减压的养料。网络提供了平等的文化平台，大众的自我可以在网上得到展示，自我实现的愿望成为受众热爱网络恶搞的动因。

恶搞内容往往是现实生活的折射。网络的零门槛使得普通民众能够自由进入网络文化空间，并能自由表达内心的思想和情绪。网络恶搞现象成为大众展示自我和实现自我的平台，人性的阳光面、阴暗面以及促狭面都在网络恶搞现象中展现出来。对于大众而言，重要的是自我在网络中实现，并获得被阅读和接受的机会，从而满足大众展示自我的愿望。

四、网络恶搞的主要类型

目前，网络盛行的恶搞类型主要有以下几类：

(1)文字恶搞，以网络为载体，以文学名著或者是文人语句为主要对象进行恶搞，以达到爆笑或者讽刺等目的，比如现在比较流行的《大话西游》《三国志》等。

(2)图片类恶搞，主要通过 PS 技术对图片进行嫁接或者删减，文字描述等主要对象是名人或者是网络红人，通过图片的夸张变形和联想的手法来达到爆笑的效果。比如以此造成的网络红人“小胖”，网友把小胖的头像嫁接在自由女神、士兵、电影人物的身上，充分达到了喜剧效果。

(3)影视类的恶搞，主要对象是影视作品，通过对影视作品的剪辑、改写字幕、配音等手法来达到恶搞与爆笑的效果。比如，2006 年红遍网络的《一个馒头引发的血案》，就是对电影《无极》的恶搞；奥斯卡获奖影片《断背山》被恶搞成《断贝山》；电影《七剑下天山》被恶搞成《七剑下厨房》；还有周星驰的电影，他的作品是被广大网友恶搞的热门对象。但是，这类恶搞要有一个大体的故事路线和所要表达的主要观点，比较复杂且具有一定的技术性，而且，恶搞的内容与作品本身往往是大相径庭的。

(4)音乐类恶搞，主要对象是最近比较流行的歌曲或者经典歌曲，通过对歌词和歌曲风格的改变来达到恶搞的效果。比如《吉祥三宝》被改编成了多个不同版本。

(5)游戏类恶搞，不仅仅对游戏进行恶搞，还对名人、名著等进行恶搞，主要是通过自制网络游戏达到爆笑的目的。

五、网络恶搞的方式

网络恶搞的方式主要有以下几种：

(1)图片移植：通过图片处理软件，进行图片的嫁接、移植和拼凑，以达到搞笑的目的。主要是更换人物的头像以及电影海报的恶搞，如上面提及的小胖就是通过更换人物头像来恶搞。

(2)动作改编：模仿经典的动作、招牌动作或者是经典的舞蹈动作，拍成照片上传网络，比如芙蓉姐姐的 S 形等。

(3)影视剪辑：通过视频剪辑软件，对影视作品进行剪辑、配音、加工字幕等操作。视频恶搞是现在比较常见的恶搞形式，随便上哪个网站都能看到一些恶搞的视频。

(4)篡改歌词：这一手法主要针对的是歌曲的恶搞，通过改编歌词内容以达到恶搞的效果。

六、应对网络恶搞的策略

1. 引导网络恶搞的有利因素

网络恶搞现象刺激了一部分受众的创作积极性，青年是网络恶搞文化的创作主体和接受主体，大众文化的兴盛，为他们提供了制造网络恶搞作品的舞台和生存路径。一种新的媒介现象产生后，我们应该谨慎分析其发展的合理性。

(1)恶搞以“娱乐为王”。

娱乐是网络恶搞的最高原则，在娱乐中体现“恶搞无度，娱乐无限”的精神。离奇的人物、荒诞的情节、滑稽的动作、幽默的语言，所有这一切共同制造了让受众不得不笑的娱乐精神。网络恶搞的对象，在现实生活中往往具有某种约定俗成的神圣性或者不易性，通过“恶搞”，往往能在瞬间抽掉这些“崇拜物”，从而使受众体验到极速心理落差所带来的刺激和快感。

(2)恶搞展现社会问题。

网络恶搞通过看似认真却是调侃的态度，运用搞笑幽默的台词和情景，加入大量时尚元素，展现当今社会问题。这种方式也正在为人们所熟悉，让人们在轻松的环境下得到教育、有所领悟。如《春运帝国》中反映的买票难，《满城尽是加班族》中反映的白领加班过多产生亚健康问题等，都成为了网络恶搞的题材。值得一提的是，网络恶搞的批判功能是在一种轻松、搞笑的氛围中实现的，如《中国队勇夺世界杯》以不存在的“实事”，讽刺了现实中存在的问题。

(3)恶搞要有一定的“度”。

恶搞借助于互联网的传播，其影响力早已超出了个人范围，波及了整个社会。网络恶搞的存在是否合理，如何扬其优而祛其害，许多问题尚在探讨之中。一些网络恶搞毫无底线、没有尺度、恶搞成疾，无疑已成为众矢之的，遭到了社会和公众的批评；有些网络恶搞混淆是非、颠倒黑白、篡改史实，腐蚀了优秀的传统道德观念。其表象背后，实质反映出现有文化价值的混乱、困惑和迷茫状态。我们处在一个多元文化的发展时期，对我们来说，那些崇高的、庄重的传统文化不能失落。社会先进文化在不断创新，传统文化也需要借助网络技术改造其传播模式，重新发现和整理已有的文化价值。

2. 弃“恶”为善，实现良性发展

(1)强化媒体与传播者的自律。

改进教育方法，提高广大网民的网络道德水平，增强网络虚拟空间的自律意识。媒体要坚决抵制为利益而丧失原则的行为，用媒体的权威和公信力，引导公众文明上网，多创作富有内涵和教育意义的网络作品和影视作品，做负责任的媒体。

(2)加强监控体系建设。

对于参差不齐的网络恶搞作品，应该加强网络编辑把关，加强对作品的内容审查，过滤不健康的思想内容，不能放任自流。必须进一步优化网络监控体系，如很多网站装备了网络电子警察，一旦发现有黄、赌、毒等相关信息，网络将会自动反应，有利于净化网络传播环境。

(3)建立健全相关法律法规。

绝大部分的网络恶搞作品，都涉及知识产权或个人隐私，但当前我国的知识产权和网络方面的法律规范还远远跟不上实际的需要，再加上网络恶搞作品井喷式涌现，给规范带来很大的困难。所以，对网络方面的立法规范是迫在眉睫的，只有对侵权的网络恶搞依法惩处，才能警示他人并维护大众的权益。

网络恶搞的盛行有好有坏，正如每件事都有两面性一样。我们肯定网络恶搞的正面作用：表达民生民意、缓解压力、加快互联网技术的普及与发展、加快信息的传输；同时，我们也要正视它的负面的、消极的影响。

网络恶搞是否动了文化的奶酪？许多专家学者和网民都有不同的见解。不容否认，网络恶搞确实对文化领域形成了一定的冲击，这里所讲的文化范围比较大，也包含传统文化。针对这样的现象，许多专家呼吁要保护传统文化免遭恶搞。恶搞将文化变得通俗，没有蕴含，糟蹋了传统文化的同时，也不利于文化的传承。

网络恶搞并不能严令禁止，毕竟网络是个自由的空间，每个人都有权发言。我们要以正确的态度对待网络恶搞：把网络恶搞的优势发挥到极致，减少网络恶搞对我们造成的不良影响。

网络恶搞要注意度的问题。简单来讲，就是注意道德底线、政治底线、法律底线，还有搞笑的底线。道德底线就是要坚守正确的道德观，不要有反道德倾向；政治底线就是不要有反政府、反社会的言论与观点；法律底线是指不要侵犯到他人的正当权利，比如肖像权、名誉权等。同时，搞笑也要有一个度，凡事把握好度，就不会失控。我们所要做的，就是对网络恶搞进行正确的引导与规范，使之发挥最大的正面作用。

第三节 网络暴力

暴力是一种激烈而强制性的力量。在人类历史进程中，暴力行为是一直存在的，而自从大众媒介产生并发展以后，暴力文化应运而生并得到推广，它对人们的心理、认知及行为方式产生着深刻而广泛的影响。网络暴力问题是近年来新生的一种网络现象，反映着社会的发展状态和人们的心理素质水平，网络暴力是由网民的非理性、网络的匿名性和网络传媒把关人的责任缺失造成的。

一、网络暴力的定义

网络暴力是指网民在网络中的暴力行为，它是现实社会中的暴力行为在网络中的延伸。相对于现实社会中的暴力，网络暴力的特殊性在于借助了互联网这一传播媒介，传播速度更快，影响范围更广。网络暴力由一开始的人身攻击，慢慢发展出越来越多的形式，具体而言，网络暴力包括侵犯别人隐私的人肉搜索，对别人进行恶意攻击的网络谩骂以及网络谣言等，对网络安全造成了巨大影响。

二、网络暴力的表现形式

网络暴力主要表现在网民对未经证实或已经证实的网络事件，在网上发表具有伤害性、侮辱性或煽动性的失实言论，造成当事人名誉损害；在网上公开当事人现实生活中的个人隐私，侵犯其隐私权；对当事人及其亲友的正常生活进行行动或言论侵扰，致使其人身权利受损。

三、网络暴力之人肉搜索

1. 人肉搜索的类型

人肉搜索是由猫扑网的提问解答形式发展而来的，如今已形成多种类型。

(1)友好帮助型。主要是网友们自发对政府无法或来不及救济的个人提供安全或利益帮助，或者是需要帮助的个人在网络平台上发布自己的信息，从而得到帮助。比如某网民得了高血压，想知道吃什么药效果好，就可以把自己的问题放到网上，便会有人回复。

(2)监督型。指网友对政府官员或国家领导人的收入、资金投放、权力行使以及道德行为等的监督。

(3)伦理批评型。主要是指网友集合起来，对一些违背道德人伦的事情进行调查抨击。如虐猫事件中，网友因不满动物被虐待，对当事人进行疯狂的人肉搜索和猛烈的人身抨击。

(4)犯罪调查型。主要是指网友在网上对犯罪分子进行人肉搜索，调查事实真相，声讨违法犯罪的行为。比如在北京宝马车撞人案中，网友迅速查找出犯罪分子的身份资料。

(5)娱乐恶搞型。主要是指网友在网上发布一些与事实相悖的文字恶搞他人，比如“小月月事件”。

(6)恶意报复型。这种类型的人肉搜索主要是网友为了报复他人或赚取不义之财而实行的。

2. 人肉搜索的积极作用

(1)在大的社会活动或灾难中体现集体力量。回顾汶川地震，我们不能忘却伤痛，但是，我们同样不能忘却的是国人团结的力量，给汶川人民带来了无限希望，这其中，网络也发挥了重大优势。地震过后，网民在网络上建立了汶川地震寻人吧，此时的人肉搜索，不仅使许许多多的人获得了亲友平安的消息，还组织捐款，为生者祈福，为亡者哀悼。

(2)揭露社会阴暗面。人肉搜索之所以让人“害怕”，原因在于它的“搜索”功能。在互联网通向家家户户的同时，很多个人信息都能在网上找到，通过网友们的“不懈努力”，当事人对于不道德的妄想、对于逃脱追查的侥幸心理几乎是无法实现的。

(3)帮助司法部门侦破案件。人肉搜索应用最普遍、最凸显其社会积极效应的当属此类情况。公安机关在网上发布案件情况，通过网民们的帮助，可以很快找到犯罪分子的相关信息，使得他们无处遁形。

(4)维护社会公义，填补法律漏洞。对社会上一些不道德不文明的行为进行披露，对官场职场的腐败行为进行监督，这都是人肉搜索的强大力量。人肉搜索不仅仅是一种网上娱乐，它还是一种责任，能够在很大程度上弥补法律体系不完整的缺憾。

3. 人肉搜索的消极作用

作为一种新型的社会暴力问题，人肉搜索带来的危害不容小觑。

(1)破坏网络和谐，阻碍网络正常运行。利用各种网络上的交流空间，针对某个事件或个人进行群体性的抨击甚至辱骂，使得网络和谐遭到破坏。也许大部分网民的初衷是好的，但是，由于网络的开放性和强大的传播力量，“通缉指令”一旦发出，事情的发展趋势就很难控制，比如“虐猫女事件”“铜须门事件”“最毒后妈事件”等，一连串的网络暴力事件，让我们真正体会到了人肉搜索的恐怖之处。而参与人肉搜索的网民中，还不乏追求刺激、恶意诋毁他人的人，这就使得网络社会更加混乱。

(2)侵犯个人隐私权，影响他人正常生活。网民们仅凭网上的一张照片或留言等简单的个人信息，就可以找到当事人的 IP 地址、上网痕迹等，也有通过网民之间的相互交流，得知其真实身份和居住地点，甚至不乏找上门威胁、骚扰的。这一切已经远远超出了正义的底线，不仅给当事人的生活带来了极大的困扰，也危及了其家人和朋友，置社会道德、法律于不顾，置人们的隐私权、人身安全权于不顾，久而久之，必然会影响、破坏正常的社会秩序，并诱发一系列社会问题。于是，人肉搜索开始被认为是一种窥视个人隐私、实施网络暴力的手段。

四、网络暴力之网络谣言

(1)造谣。目的有三：希望被大量转发而提升自我影响力或满足自身虚荣心；营销账号为了扩大影响；达成某种诉求或目的。通常带有“白岩松说”“人人网五周岁了”“柴静报道这事失踪了”“转发一年走鸿运，不转不是中国人”“不转发你全家×××”“这个社会怎么了”“政府已经封锁了消息”“你不知道的××冷知识”等吸引眼球的字眼。

(2)误传。如“八百国军抗战投江”“美国斥资 1780 亿建免费 Wi-Fi”等。

(3)钓鱼。如“八尺协定”“高铁辐射”“谢尔夏夫力”“九三一大海战”等。

(4)假辟谣。如“李刚儿子原话说的是：先打 120，救人要紧，我爸是李刚，我跑不了的”“雷政富：网上的事都是假的，你们不要信”“上海丢钱农民工只丢了 7600，已经全部找回，银行证实 17600 不存在，完全是他骗人”等。

(5)误导。如“采用最新技术”“本罐头不含防腐剂”等。

(6)夸大。如“放了一颗大卫星，亩产达到×××”“转基因食品可致生化危机”“苏联大清洗枪决三千万”。

(7)真假相混。99%的真话，加上 1%的假话的谣言，让大家难辨真假。而实际上，即便是 1%的真话混合 99%的假话，照样威力巨大。

五、网络暴力产生的根源

中国网络暴民的出现，与中国网民年轻化、网络的商业化运作以及中国民主环境都有极大的关联。

1. 网民的非理性是网络暴力形成的主观原因

网民的非理性，是指网民在互联网中所表现出来的建立在非理性或非逻辑基础上的心理倾向和具体行为。网民的非理性与网民的构成结构密切相关，根据中国互联网信息中心发布的中国互联网调查报告显示，青少年网民在中国网民总数中的比例超过半数。此外，此报告显示，中国网民群体表现出了明显的特点：网民整体趋于年轻化，学生和无业下岗人员成为网民的主体，低收入者成为了网民的大多数。而这些特点，与网民的非理性是密切相关的。网民整体趋于年轻化，会导致互联网的环境整体上陷入狂热的氛围中；学生和无业下岗人员成为网民的主体，低收入者成为了网民的大多数，势必会导致互联网中反主流等对现实社会不满情绪的泛滥和蔓延，从而造成网民在互联网中更倾向于采取以暴制暴的极端措施。

2. 网络的匿名性是网络暴力形成的客观原因

互联网在为人们提供便捷信息服务的同时，不能否认的是，互联网具有的匿名性，客观上导致了网络暴力的发生。网络的匿名性，是指网民在互联网中可以采取匿名的方式进行言论和活动，也可以换名、取昵称等利用非本人真实信息进行言论和活动。网络的匿名性，既能促使网民自由地发表见解和言论，也会导致网民肆无忌惮地对事主进行侵权，他们作为无名的大多数中的一员，不必为自己的行为承担任何责任，危险更是趋近于零。在这种背景下，现实生活中的道德底线甚至是法律底线都被匿名性轻易地冲破了，网络暴力便自然而然地产生。

3. 网络传媒把关人①的责任缺失是网络暴力形成的重要原因

1947 年，社会心理学家库尔特·卢因(Kurt Lewin)②在《群体生活的渠道》一文中，明确提出了信息沿着含着门的某些渠道传播，传播能否顺利进行，总以把关人的意见作为依据的观点，他认为信息传播网络中布满了把关人。1950 年，传播学者怀特将社会学中的这个概念引入新闻传播，发现在大众传播的新闻报道中，传媒组织成为实际的把关人，由他们对新闻信息进行取舍，决定哪些内容最后与受众见面。互联网中，把关人的角色是指网络中形形色色的传播媒介，既包括各大新闻或综合门户网站，也包括天涯、猫扑等草根社区，甚至还包括个人网站和博客。网络传播的时效性，决定了各种互联网传播媒介把第一时间发布新闻放到首要位置，对新闻的真实性进行审查却被轻视甚至是忽略。网络传媒把关人的责任缺失，是网络暴力形成的重要原因。

总之，网络暴力的根源很多，除了以上所说原因外，还与缺乏网络制度和道德

---

① 把关人是大众传播媒介内部的工作人员。因为大众传播的一切信息，都要经过这些工作人员的过滤或筛选，才能同公众见面，所以，他们是信息传播的把关人。最早是由美国社会心理学家、传播学四大奠基人之一库尔特·卢因 1947 年在《群体生活的渠道》一文中提出的。卢因认为，在研究群体传播时，信息的流动是在一些含有“门区”的渠道里进行的，在这些渠道中，存在着一些把关人，只有符合群体规范或把关人价值标准的信息才能进入传播渠道。

② 库尔特·卢因(Kurt Lewin，1890—1947)，德裔美国心理学家，拓扑心理学的创始人，实验社会心理学的先驱，格式塔心理学的后期代表人，传播学的奠基人之一。他是现代社会心理学、组织心理学和应用心理学的创始人，常被称为“社会心理学之父”，最早研究群体动力学和组织发展，对现代心理学，特别是社会心理学，在理论与实践上都有巨大的贡献。

约束、网民素质参差不齐、社会不公以及法治与精神文明建设滞后等因素相关。

六、网络暴力的防治

网络是一个虚拟的世界，同时，也是一个和真实世界并行、交融的现实世界，互联网的开放性、交互性、匿名性，很容易使有些网民不负责任的言行演化为“网络暴力”，侵犯当事人的隐私权等合法权益，给他们造成极大的精神伤害和心理伤害，必须引起全社会的高度重视。防治网络暴力必须疏堵结合，综合防治。要通过行之有效的宣传教育，提高网民特别是广大青少年的道德自律意识，增强他们的分辨能力、选择能力和对低俗文化的免疫力，培养健康的心态和健全的人格，在全社会倡导文明、负责的网络行为。相关职能部门应加快对个人信息保护的立法研究，尽快出台相应的法规和制度，加大依法惩治的力度，通过法律手段规范人们的网络行为，净化网络环境。

第四节　网络围观

关于网络围观，目前学界尚无人给出学理上的界定。分析发现，网络围观是一种发生在依据网络逻辑构建的虚拟社会场景中的常见现象，从本质上讲，它是一种自发的网络群聚，是一种心灵参与的视觉围观。在网络匿名性、“集体潜意识”的影响下，网络围观通常会显现出道德与责任的缺失，进而对社会和个体产生不良影响，但在中国的特殊情境中，有时也会彰显其积极的建设作用。

一、网络围观概念的提出

蓬勃发展的互联网不仅为我们现有社会的转型提供了基础的物质架构，而且，事实上建构了一个“超真实”的“虚拟社会”。人们通过延伸的感官，投入真实的情感，积极参与到这个新社会场景的建构之中，演绎出各种新兴的网络现象，网络围观即是其中最常见、最有影响力的一种。

近年来，诸如“孙志刚事件”“芙蓉姐姐”“虐猫女事件”“铜须门事件”等一些网络事件冲击着网络和现实社会，引发了人们多维度的思考。通过分析，我们会发现这些事件有许多共同的特征。首先，这些网络事件均发生在网络媒体构建的虚拟社会场景之中；其次，在这些网络事件中，网民是以一种延伸的视觉参与围观，同时，发表言论表明自己的立场和态度；再次，有些围观这些事件的网民会在现实生活中以实际行动表达自己对事件主体的态度，比如，对当事人的声援、救助或是恐吓、骚扰等，进而对当事人的生活造成影响。

例如，在“孙志刚事件”中，围观者以极高的热情表达对正义的追求，由于事件主角的平民角色和悲剧基调，围观者中坚持正义的理性支持者取得优势地位。他们不仅在虚拟世界的围观中表达对孙志刚及其家属的同情与支持，而且，将这种情绪延伸至现实世界中，最终促成了该事件的解决，并迫使一部法律被废止。在这场“拔刀相助”的侠义式围观中，围观者及其言行表现出的建设性作用最为充分。这种围观，超越了传统现实的围观表象，实现了围观者心灵与行动的双重互动，并最终汇集成一股改变事态发展的力量，形成了虚拟世界的一种奇妙景观。

二、网络围观的界定及分类

网络围观是建立在互联网物质架构和网络化逻辑的基础之上，以延伸的视觉形成的虚拟围观现象。围观者在网络空间对被围观者进行话语评判，有时围观者的行为会延伸至现实世界，从而对被围观者产生直接影响。网络围观现象可以划分为三个层面：

第一个层面的主要特征是围观者观而不语，我们将其归为虚拟静态围观。比如，平时网上看新闻、泡论坛、看影视视频等均属于这一类型的网络围观，在这种围观中的围观人数一般较少，围观者大多不发表或极少发表言论。这种围观由于不会产生激烈的话语论争和现实影响，很少引起人们的关注。

第二个层面的主要特征是围观者既观且评。在这一类围观中，围观者通常会在一定的虚拟场景内(通常是 BBS 论坛)针对客体展开激烈论争，但这种围观只停留在虚拟的网络世界之中，围观者的行为不会延伸到现实生活，我们称这类围观为虚拟动态围观。

第三个层面是影响最大的一类，其主要特征是围观者既观又评且行。换言之，围观者不仅在围观客体的过程中发表言论，而且，其情绪会跨越虚拟的网络世界，以现实世界的实际行动对围观的客体造成影响，我们将这类围观界定为动态围观。在动态围观中，一部分产生破坏作用的围观被人们称为网络暴力。

网络围观的三个层面可以相互转化。一般的网络围观都会有一个静态的过程，随着围观人数的增多，围观形势越来越严重，虚拟的静态围观逐渐转化为虚拟的动态围观，并在可能的情况下，进一步转化为动态围观；同样，一个动态围观也会随着时间的推移而逐渐冷却，并最终演变为虚拟的静态围观。

三、网络围观的特性

网络围观并不是现实围观在互联网上的简单重现，而是伴随着网络的出现和发展而产生的网络社会景观。综合分析近年来所发生的网络围观现象，我们可以看出其具有如下相互联系和相互作用的特点。

1. 自发的虚拟现场围观

网络围观发生在以互联网为物质基础的虚拟的网络场景之中，围观者没有切身直接参与，而是以延伸的视觉和情感参与围观。然而，这种参与通常会表现出更强烈的心灵互动，因为，在网络中围观者的内心是敞开的，想法是有形可见的(通常表现为围观者的跟帖)。这种内心想法的可见性，能够促成相同意见者的呼应和聚集，进而产生内心认同与集体感，形成声势和舆论压力，这在传统的“安身立命”“明哲保身”“少管闲事”思想占主流的现实围观中很少出现。

网络围观具有自发性，网民参与网络围观是一种没有明确目的和计划的行为。这种自发性，首先源于有着围观基因的中国传统文化，正是这种文化基因为网络围观提供了心理营养和惯性，使得围观、“看热闹”成了中国的一种社会常态。位于不同节点的个体，闲暇的时候会在网络中游走挖掘，自发寻找那些足以引发兴趣的围观客体，一旦发现便会参与其中。

此外，网络相对安全的话语表达环境也为人们自发参与围观注入了无限的热情。网络的匿名性，提供了自由真实表达的背景和平台，放大了(或在心理上实现了)渴求自由的内心追求，压抑的自由表达欲望得以释放，这也是自发围观的一个重要动因。

2. 无组织的群聚

有组织的行为应该是有目的的，成员之间存在明确的分工与合作，而自发参与围观的网民，大多是彼此无关的个体，在散场后便四散而去，消失于茫茫人海。网络围观是以网络为平台的无组织群体聚合，通常，一个事件就是吸引那些分散于各个节点的网民聚拢在一起的磁石，而这些围观者则如吸附在磁石上的铁屑，彼此孤立，互不相关。

这种非组织的群聚，有时也会彰显出强大的力量，其原因是这种群聚中存在多个“心理群体”。围观者虽然分布于网络的各个节点，但也具有心理群体的特征，这些心理群体大多比较感性，易受群体精神统一支配而急于行动。因此，当网络围观中的这些“心理群体”面对同一事件时，常常会表现出心理和行动的高度一致性，这是网络围观有时产生破坏作用的重要原因。

网络围观个体的情绪性不仅会引发虚拟空间的语言暴力，有时也会推动虚拟的动态围观转变为影响客体现实生活的动态围观，甚至直接导致网络暴力的发生，从而显现出网络围观破坏性的一面。在“虐猫女事件”“铜须门事件”和“姜岩事件”中，少数围观者出于对当事人的不满，直接对当事人进行骚扰、恐吓，不仅侵犯了当事人的权利，而且对当事人造成了精神伤害。

3. 短暂性和复发性

网络围观的生命周期是由围观者决定的，一旦失去了围观者，网络围观即告终结。短暂性是流动网络与浮躁心态等多种因素共同作用的必然产物，它不同于现实围观的“一哄而散”，因为，被围观者仍然会以“展览物”的形态存在于“现场”。有时，被冷落的围观事件会引发大规模的后续围观。网络围观的复发性显现出网络的张力和弹性逻辑，重新排列组合的信息，有时会激起网民新的兴趣，时空得以延伸，网络事件的影响深度和广度得以拓展。

4. 非主流的哄客心态

哄客心态，即怀着一种事不关己的旁观者心理，围绕在围观客体周围的起哄、看热闹的心态。哄客心态并非所有网络围观的主流，但却是常见的围观心理，特别是在一些具有娱乐性质的围观中，哄客心态常常会成为主流心态。学者朱大可认为，哄客是那些渴望丑角诞生的娱乐群众，他们对每一个自我献身的“呕像”做出热烈反响，以期从他们那里榨取最大的娱乐价值。他进一步将哄客划分为三类：笑客、赞客和骂客。笑客是以娱乐自己为特征，赞客则对围观客体报以欢呼和掌声，这两部分群体不会对围观客体造成任何伤害；而以嘲笑和谩骂为武器，以自己的价值判断为尺度，用语言去斥责反对者的骂客，则是围观客体的杀手。

现实围观中，由于围观者直接暴露在现实世界中，心理负荷使围观者更倾向于做沉默的旁观者。而在网络围观中，匿名性减少了围观者的心理压力，因此，更多的个体倾向于表达真实的心态，他们或笑、或赞、或骂，从而形成了网络围观的哄客心态。

四、网络围观的作用

传统话语中，网络围观始终是消极的和破坏者的形象。应该承认，网络围观无论是对被围观者还是对社会，都会造成冲击和影响，然而，其积极的建设作用亦不可低估。

1. 网络围观的建设作用

网络围观对社会进步的推动作用不容忽视。在中国法制尚不健全的当下，网络围观起到了道德维护和推进制度完善的积极作用。在“孙志刚事件”中，围观者话语关注焦点随着事件的发展，逐渐从“孙志刚事件”本身转移到收容遣送制度，论争过程把原收容遣送制度的种种弊端暴露无遗。围观者对法律更新迟缓表现出的愤慨，最终导致一部法律的废止，推动了社会进步和法制完善。

网络围观是网民了解社会动态并从话语论争中汲取营养的重要途径。较之传统媒体，信息更加丰富的网络媒体，已经成为网民了解社会的重要窗口，一些在传统媒体上无法被关注的内容，可以在网络中出现，使人们更客观、全面地了解真实的社会。不仅如此，围观中许多民间精英的评论充满智慧和才气，在“真理”与“谬误”的论战中彰显了理性的力量。

2. 网络围观的消极作用

网络围观中，被围观者不仅面临隐私可能遭到暴露的危险，而且，还必须承受围观者的激烈话语带来的精神重荷；而当虚拟动态围观演变成动态围观之后，被围观者更要承受现实的种种不可预知的影响。“姜岩事件”中，被围观者的隐私信息被网民公开，被所在单位暂停工作后被迫辞职，生活受到极大影响。不仅如此，来自网民的恐吓和威胁也使此事件的当事人因承受了巨大的精神压力而出现精神抑郁，最终，只得拿起法律武器来抵挡围观者的进攻。

大规模的围观如果得不到正确的引导，必然引起民怨的积聚而给社会稳定埋下隐患。特别要注意的是，围观中存在各种心理群体潜流，如果任由情绪在这种群体中扩散，流言在这种群体中传播，很容易导致虚拟的心理群体演化为现实的社会集合行为，从而对社会和谐与安定产生破坏和影响。比如在“海艺事件”中，愤怒的围观者直接来到当事人所在单位进行抗议，影响了该单位正常的工作秩序。

网络围观是一种发生于虚拟世界，并可能延伸到现实生活中的特殊现象。我们既要看到其积极的建设作用，也要重视其可能带来的消极影响，加大监管力度和立法，进行正确的舆论引导，使之有益于社会稳定与发展。

第五节　网络现象的启发

网络现象已经成为了一个我们不得不面对的新生事物，而且，随着社会的发展和大众需求的不断演变，新的网络现象必将层出不穷。网络现象广泛存在，甚至有些还产生了非常明显的效应，它们的作用不容小觑。对现有的以及未来即将出现的各种各样的网络现象，我们要正确对待、认真研究，把不足控制在最小的范围内，同时要最大程度地发挥其正面作用。

对于网络现象，要做到充分关注，及时发现，开放对待，正确处理，要充分发挥其无可替代的引导作用。做好了，不管是对社会管理、危机管控还是市场营销，都会产生事半功倍的良好效果。下面，就以网红现象对电子商务的影响为例，介绍其带给我们的启示：

(1)首先是流量入口的改变，流量入口从平台转向人格化的 IP。过去购物看的是淘宝、天猫和京东这样的平台，平台才是流量的分发入口。对于很多网店店主或是传统企业而言，如何获得流量一直是一个很大的问题。微商基于微信的流量分发方式，虽然可以通过社交展开运作，但也引发了很大的困扰，很多人对微商存在很大的心理抗拒。正因如此，营销需要在内容层面上展开思索，以网红为代表的网络现象正是这样的内容。我们所谓的网红不是那种穿着暴露的女主播，而是一个个具有人格和特色，在垂直领域有影响力的人。

(2)其次是展示方式的改变，展示方式从标准化走向多样化，过去的电商平台都是干巴巴、冷冰冰的，在电商网络上展开销售，需要平台方的推荐。这种商品大多是以标准化的形态存在，每个品牌和产品之间差距不大，很容易造成马太效应。但网红的存在，使得商品的展示方式出现了变化，网红本身可以赋予产品一些不一样的价值或是意义，成为重要的投放渠道。

(3)产品的文化内涵的重要性甚至超过产品。研究现有的电商案例会发现，现在的销售内容虽然依旧没变，但其内涵有很大的变化，其文化内涵、社会内涵或是心理内涵往往成为很多人购买的重要原因。

第四章 网络语言

2010年11月10日，网络语“给力”一词登上了《人民日报》头版头条，网友惊呼“太给力了”。从最初的“火星文”到而今的流行语，网络语言越来越被大众接纳。网友把这一事件看成是网络语言被认可的一个大事件，更有网友提出：报纸“给力”能否带动网络语言“转正”？网络语言已不再属于小众语言，而变成与人们生活密不可分的一部分，已有少量网络语言被词典收录。然而，这只是其中很小的一部分，我们期待着大部分网络语言能够“转正”。

冯小刚于2013年2月26日晚和27日凌晨连发两条微博，炮轰“屌丝”，批评媒体大量用这个词语不以为耻反以为荣，而且用屌丝自嘲属于自贱行为；在第二条微博，进一步解释了屌丝的性质：“称自己是草根是自嘲；称自己是屌丝那是自贱。分属两个不同群体：一个是弱势群体，一个是脑残群体。”此言一出，立即遭到微博网友炮轰，有网友表示，“你就是屌丝哄起来的纯屌丝”；但也有网友表示了对冯小刚的支持，直言“屌”字带有侮辱性。专家们也纷纷跳出来发表看法……由“屌丝”一词引起的争议，迅速波及开来，形形色色的网民纷纷加入战阵，好不热闹。

这两件事，把人们的目光引向了网络语言。那么，网络语言到底是什么？我们应该如何对待这一快速发展的新生事物？

网络是语言的一个新载体，载体的变化往往造成语言风格和语体的变化。语体是语言的环境变体，网络催生了语言的新语体——网络语言。我国自20世纪90年代大力发展网络研究和应用后，活动在网络虚拟空间，具有自主、开放、包容、多样和创新特点的网民群落逐渐创造和形成了中国的网络语言——在网络这种特殊环境中(如BBS、OICQ、e-mail)，网络语言是传递和交流信息的载体，也是社会语言的变体。

第一节 网络语言概述

网络语言是从网络中产生或应用于网络交流的一种语言，包括中英文字母、标点、符号、拼音、图标(图片)和文字等多种组合，往往在特定的网络媒介传播中表达特殊的意义，于20世纪90年代诞生。最初是网虫们为了提高网上聊天的效率或诙谐、逗乐等特定需要而采取的方式，久而久之就形成特定语言了。进入21世纪以来，随着互联网技术的革新，这种语言形式在互联网媒介的传播中有了极快的发展。目前，网络语言越来越成为人们网络生活中必不可少的一部分。但是要注意的是，部分网络语言并不符合我们现代汉语的语法规定，因此并不具备教学意义，不能引进语言教学领域。

网络语言是伴随着网络的发展而新兴的一种有别于传统平面媒介的语言形式。它以简洁生动的形式，一诞生就得到了广大网友的偏爱，发展神速。如果那些充满活力的网络语言，能够经得起时间的考验，约定俗成后，我们就可以接受。网络语言的传播主要依存于网络人群，还有为数不少的手机用户。

一、网络语言的定义

广义来说，网络语言分为三类：一是指与网络相关的一些专业术语。如：“拨号上网”“平台”“接口”“个人主页”“服务器”“附件”“访问”“点击”等。二是聊天室以及BBS等平台上网民的交际用语。三是指网络新闻、网络广告、网络文学等方面的用语。

本书采用的是第二个定义，即狭义的网络语言。仅指在网上交际所用的语言，也就是所谓“网民”们说的话语，如“伊妹儿”“霉女”“恐龙”“猫”等。

二、网络语言的特点

网络催生了语言的新语体——网络语言语体，在网络语言语体中，完全病句、数字、符号、拼音、汉字、英文字母杂糅表达成了正宗语言，成为网民的习惯用法，规范汉语却变成另类表达。这种语言表达形式有如下特点：

1. 创新性

具有革命意义的创新性是网络语言最大的特点。网络是一个在推崇个性、追求方面走得有点极端的世界，它为网民们提供了充分发挥想象力和创造性的最自由的空间，这种空间因缺少了传统社会生活中无所不在的“监督”而显得更加自由、更加珍贵。与传统的书面语言相比较，网络语言减少了外在束缚，发挥了作者的自由性，往往在构思上更为巧妙，语出惊人，从而最大限度地激发出每个人在语言上的创造力。如：“灌水”原指向容器中注水，在网络中则表示在网上发表长篇大论而内容空洞、“水分”含量高的文章。

2. 形象性

在网络中，网民们还充分利用键盘上的符号，象形创制了许多极为生动形象且风趣幽默的表情和动作的图形，用以表达自己的喜怒哀乐，来模拟现实交际。如：“(-_-)”表示神秘笑容；“：-”表示平淡无味的笑；“^-^”表示眯着眼睛笑等。这些网络符号在电脑屏幕上构成了一张张卡通式的脸庞，不仅形象传神，而且使网络聊天具有了“可互视、可互听”的近距离交际效果。网络符号是一种特殊的语言成分：它没有语音形式，书写形体也不同于文字形式，但可以表达一定的含义，它给虚拟的网络生活增添了许多生气和实在感、即时感。

网络语言的形象性还表现在一些形象的网络词语上。如把网民称为“网虫”，于是初级网民是“爬虫”，高级网民是“飞虫”。再如，把“这样子”连读为“酱紫”，既有视觉效果，又隐含了味觉效果。这些词语往往给抽象、平淡的概念赋予了具体可感的生动的形象，形成了网络语言形象性的风格特点。

3. 诙谐性

诙谐性是网络语言更为吸引人主动使用并进行传播的又一特点。网络常为有闲、有情人士所光顾，网民的相对年轻化更使网络语言充满活力，他们苦心构思出许多生动有趣的网络语言，营造出轻松幽默的阅读氛围。如“菌男”“霉女”是指相貌丑陋的男女，这两个词与“俊男”“美女”谐音，反其意而用之；另一方面“菌”“霉”能立刻使人想到过期、变质的食物，具有很强的反讽效果。再如“斑竹”(版主，指网络管理员)、“瘟都死”(Windows)等词，都是用风趣幽默的语言命名平淡的事物，充分体现了网络语言的诙谐性的特点。

4. 简约性

与现代汉语相比，网络语言更追求文字表达上的简约性，具有明显的经济性的特点。网络语言是通过计算机屏幕与键盘得以实现的，这就决定了网络语言与思维的同步性不如一般的语言，因为打字没有说话快。为了克服这一缺陷，以最短的时间传递出最大的信息量，网络语言呈现出明显的简约特征，许多网络语言所表达的意思如果用现代汉语传统方式来表达会麻烦得多。

5. 粗俗化

在网络语言不断追求个性、不断创新的滚滚洪流中，还悄然涌动着一股小小的浊流：语言的粗俗化。如今的网络可以说充斥着粗俗、轻佻的语言，通过雅虎的搜索引擎进行搜索，含有被鲁迅先生当年讥讽为“国骂”的网页高达 63988863 个之多。如今，网络语言的粗俗化有愈演愈烈之势，并开始向传统媒体渗透，甚至有些粗话登堂入室成为传统主流媒体的新宠。这不能不引起我们的注意，也亟待有关部门制定相应的管理规范，以引导净化网络语言，形成文明、清洁的语言风气。

三、网络语言的发展趋势

汉语的发展经历了一个相当漫长的过程，这是人类语言发展进程中的一个正常现象，网络语言也不例外。随着网络的普及、网民的增加，网络语言还会发生很多变化。

(1)网络语言的流行将导致新词汇和新用法越来越多。网络语言新的变化将突出体现在词语方面，主要表现在简略化、图形化、符号化和时尚化等方面。简略化影响网络语言的词语和句子；图形化和符号化的趋势也将影响脸谱(emoticons)符号和数字符号在网络语言中的运用；时尚化对流行文化因素进入网络词语有很大影响，如“雷“”囧“等词语。

(2)随着通过语音而不是键盘输入信息的技术的实现，网络语言的输入方法、内容、形式将会发生很大的变化。

(3)网络语言对语言生活将产生影响，将有一部分词汇进入日常交际，甚至有一部分词汇可能进入汉字的常用和基本词汇库，如“伊妹儿”黄页“等网络词汇已被现代汉语大辞典收录。

(4)从现阶段来看，网络词语已经有了“走出网络，走入生活”的趋势，网民们把网络语言带入生活已成为普遍现象，到处都可以发现网络语言的痕迹。

(5)网络语言将会引起越来越多语言研究者的关注，会成为应用语言学研究的一个热点。越来越多的学者把网络语言作为应用语言学的一个重要部分来研究，此方面的学术专著也纷纷面世。

(6)立法规范网络语言将会逐步展开。网络语言的发展，最终会随着网民人数的不断增加以及构成的多元化趋势而逐渐得到规范。

第二节　网络语言的创新与变异

网络语言的创新与变异主要体现在词汇、语法和语义三个方面。

一、词汇的变异与创新

词汇的变异与创新，具体表现在以下几个方面：

1. 英文字母缩略语

以英文开头字母简写，约定俗成。如：BTW 是英语”by the way“的首字母缩略词，是“顺便说一句”的意思；而 HAGO、HHOK 和 MYOB 分别是“have a good one(祝过得愉快)”“ha，ha，only kidding(开个玩笑罢了)”和“mind your own business(不关你的事)”的缩略语；在表示对某个玩笑或幽默的欣赏时，常常会用到 ROFL，是“笑得在地上打滚(rolling on the floor，laughing)”的意思。

使用英文字母仿英文常用语之谐音，如：IC(I see，我明白了)；ICU (I seek you，我找你)；ICQ(I seek you 之谐音，ICQ 本是最早的网络寻呼软件名)；C—YA (see you again，再会)；BBL(be back later，过会回来)；BRB(be right back，马上回来)；DL(download，下载)；FAQ(frequently asked question，常见问题)；FT (faint 的简称，晕倒)。

2. 汉语拼音化

GG、MM、DD、JJ、LP，即哥哥、妹妹、弟弟、姐姐、老婆，都是亲昵的称谓。平时让人觉得酸溜溜的哥哥妹妹，此时用GG和MM代替，立刻就会拉近聊友之间的距离。从这个层面上来说，网络简化了现实社会中复杂的人际关系，也缩短了人们之间的距离，让原本冷冰冰的虚拟数字网络空间平添了一份温馨和亲昵。

3. 符号化

本身并无任何意义的符号叠加在一起，表达出各种各样的实在意义，成为情感符号。例如："：-P"表示吐舌头；"；-)"表示使眼色、抛媚眼；"(^@^)"表示幸运小猪猪；"<@ -@ >"表示醉了；"zzzZ……"指睡觉的样子等。

4. 数字化

在日常的社会生活中，阿拉伯数字在网络语言的体系中代表新的意思，这些语言不仅输入方便，而且诙谐幽默，为网络的交流提供了便利。例如：9494(就是就是)、584(我发誓)、5871(我不介意)、8807701314520(抱抱你亲亲你一生一世我爱你)、04551(你是我唯一)、8147(不要生气)等。

5. 汉字谐音化

今天的年轻一代，使用拼音输入法者占主流，故出现了许多谐音字词。由于"大虾"先于"大侠"出现，且诙谐幽默，故以谐音称之；"酱紫"也作"绛紫"，是"这样子"的快速省事读法。

汉语同音谐音词语被网民们用来彰显自己的个性。在网络语言中，汉语同音谐音字词的借用比比皆是。例如：闻到死酒屋(Windows 95的谐音)、斑竹(版主，电子公告板管理员)、点心局(电信局)、打雪丈(打雪仗)、粉发涂强(奋发图强)、表(不要)、酱紫(这样子)、竹叶(主页)、偶(我)、伊妹儿(指电子邮件，来自于e-mail)，等等。

6. 翻译型

例如：伊妹儿=e-mail。

二、语法的变异与创新

网络语言是虚拟世界的语言，根据使用环境的特点，网络语言在使用上具有不受语法制约的随意性，有语法的创新使用，但也出现了语码干扰，即汉语词的超常转类。

1. 不受语法制约的随意性

网络语言的开放性，为大众提供了无比广阔的虚拟空间，人们在网上可以自由发表自己的观点，也可以自由进行网上交际，在一定程度上摆脱了传统书面语的规范。只要不妨碍交流，各种材料尽可信手拈来，为我所用，任意组合，标新立异，表现出很大的随意性。

比如，把“下载”称为“当”或“荡”，是取“download”(下载)的前一半的英语发音。还出现了汉英混用，由于英语在网络中的优势，汉英混用在网络语言中越来越频繁。如“有事给我发 e-mail”，有的甚至干脆说成“有事 E 我”。不少英语词及其缩略词，已经成为网上常用的词汇，成了网虫们的习惯用语。如“R U there?”(你在那里吗?)、“SEC…”(等一会儿)之类。有时，网民们也会使用汉语拼音，这些完全取决于个人的习惯或技术，不受语法的制约，带有很大的随意性。

2. 语法的创新

(1)使用反传统语法规范的语句。如汉语中副词“很”一般不用来修饰名词，但在网语中，“很+名词”很常见，如“很女人”(很有女人味儿)、“很男人”(很有男人味儿)、“很军人”(有军人风度)、“很克林顿”(很不诚实)、“很书本”(书生气十足)。又如“强”“巨”“狂”“严重”等形容词，在网语中常改用作副词，表示“特别”，起夸张、加强语气作用，例句：我对你的说法严重支持!

(2)借鉴外来语言的语法予以创新。如借鉴英语的“ing”形式来表示进行时，例句：无限郁闷 ing。而“……的说”则来自日语语法“……といいます”，表示认为、觉得，例句：似乎他态度老强硬的说。

(3)使用方言语法。如：难过得死掉了(很难过)、累死掉了(很累)、走先(先走)、我倒(表示晕倒)……

3. 语码干扰——汉语词的超常转类

语言的各个层面不是彼此隔离或相互独立的，因此，英语对汉语的影响不会仅仅局限于词汇。网络上使用的汉语在英语的影响下，出现了部分语序变化或变异，进而造成了汉语词的超常转类现象。

(1)名词作动词。在网络语言中，名词作谓语、带宾语随处可见，例如：“今天你微博了吗?”微博是典型的名词，可后来被网友们效仿英语，用作了动词，并且在网上广泛传播，受到了大家的认可。

(2)形容词用作动词。汉语形容词一般不能带宾语，更不能用于被动结构，可是，网络语言中如下的例子屡见不鲜：“我的电脑被黑了……”“一旦被黑，不要轻易放弃，什么手段都应用一下……”。

以上两例中的形容词“黑”均被用在了被动句里，而汉语句子中，被字也多由“被+动词”构成，而非形容词。显然，这里“黑”已转为动词，这与用法的来历是分不开的。这个意义上的“黑”来自“黑客”一词，是英文“hacker”的音译。而在英语中，hacker 是由“hack”加“er”构成的，hack 是动词，本义是“砍伐、毁坏”之意，因此，形容词“黑”就带有了动词意味，指代黑客们的作案方式。这里需要指出的是，“黑”用作动词的情况似乎限于“被黑”用法，而其他情况下多转为名词，如“谈黑色变”“遇黑小记”等。

三、语义的变异与创新

1. 传统词汇在网上常被赋予新的含义

一些传统词汇，在网上被赋予新的含义，例如：妹儿(电子邮箱)、打铁(贴帖子，在BBS上发表文章)、机车(不上道、自以为是)、孔雀(自作多情)、隔壁(相邻的论坛)、大侠(超级网虫，网络高手)、楼上楼下(帖子中的上下部分)、楼主(发起该主题的人)、顶楼(指第一个贴)、隔壁(论坛中的另外一个主题)、灌水(在网上发表长篇大论而又内容空洞、“水分”含量高的文章)、天才(天生蠢材)、神童(神经病儿童)、潜水艇(没水平)、化妆(意指粉发涂强，转意奋发图强)等。借用动物名称，使得上网好像是到了动物世界，让网络语言显得风趣幽默。例如：猫(调制解调器，MODEM)、老鼠(鼠标，mouse)、大虾(超级网虫)、菜鸟(网络新手)、恐龙(丑女)、食肉性恐龙(长相丑陋的泼妇)、食草性恐龙(长相丑陋但稍温和的丑女)、青蛙(丑男)等。

2. 给现实生活中的事物赋予新义

例如：水母(指在BBS上极能灌水的女性网民)、爬虫(初级网虫，有点水平的网络新手)、小虫(中级网虫)、大虫(副高级网虫)、飞虫(高级网虫)等。

网络语言中还有一部分是从校园、剧情、聊天工具中引入的。例如：露露(看一看)、偶像(呕吐的对象)、蛋白质(意指“笨蛋+白痴+神经质”)、“元芳，你怎么看”(源自古装侦探系列电视剧《神探狄仁杰》，后被网民恶搞而流行)、潜水(隐身)等。

综上所述，网络语言不仅是语言上表意、表音或表象的一种简单替换，而且基本上涵盖了网民对自身、对社会、对时代的一种态度。开放和虚拟的互联网络，数以亿计的网民，决定了网络语言发展的多元化。时间和历史终将淘汰与时代脱节的语言，也必然会顺应时势产生大量新的词汇和语句。

网络语言拥有着如此多的创新点，真实反映了人们对现实生活的超越及理想。它独特的体裁引起了广大网民的兴趣，也促进其自身的蓬勃发展。

第三节 网络语言的发展与规范

针对互联网网络用语泛滥的情况，多位专家发出呼吁，抵制粗鄙、低俗的网络语言，还网民一个纯净的互联网环境。

网络用语之所以能够传播，在于它被人们认同，能反映某种现实，一些网络用语能够生动形象地体现网民们当时的心情。也许，在网络用语发展的青春期里，会出现许多不好的词，但是这些词能存活多久，就要画上一个大大的问号。

一、网络语言的根源

1. 提高效率

网络语言产生的一个重要原因是为了节约时间和上网费用。一些网民为减少开支，或是在打字时没有耐性，于是创造了不少网络语言。在网络语言中，数字、符号、拼音、汉字、英文字母杂糅在一起，看上去似乎没有任何规律，但事实上无论是谐音语、同音字词、简缩略语、借用还是叠加，都比原来更加简单易用，更节省时间，更节省上网费用。

网络语言新词汇的诞生，另一个重要根源就是中文的语音输入方法。由于输入法上面的字词或者不是按照网络使用频率排列或者根本没这个词，所以，在追求速度的网络上，网民就没有耐性保证打字的准确，从而大量使用同音字词代替，直到形成公认的新词汇。例如没有“版主”，就用程序生成的“斑竹”代替；没有“主页”，就用“竹叶”代替；“你才”代替要选择的“你猜”；“点心局”代替“电信局”等。

在网络聊天时，为了提高文字录入速度，节约上网时间与费用，网民们对一部分汉语和英语词汇或句子进行改造，创造出英文极简缩略语、拼音极简缩略语、数字代码谐义语等。因为在网上交流时，如果文字输入速度太慢，就无法调动别人与你聊天的兴趣。

2. 崇尚创新

由于网民大多数比较年轻，他们蔑视传统、崇尚创新、喜欢创新。年轻人特有的激情和追求特立独行、时尚，是年轻人用以自我表达的方式。因此，以年轻人为主体的网友，不仅主动使用网络语言，而且积极创作网语，这也是网络语言具有旺盛生命力的重要原因。真正的网络高手是不屑于徘徊于已有网语的，他们经常让一些传统词汇在网上被赋予新含义，如“斑竹”“大虾”等，最有创造力也最为传神的是新造词语，“美眉”“东东”等都是其中代表。

3. 张扬个性以引起关注

网络给了每个人张扬个性、释放自我的独特空间。网络语言的出现，是网民们发挥想象力和创造力的结果，网络新词语的简洁、趣味和随意，是它相对于传统语言的优势和特色。成千上万的网民在使用着网络语言，这是一个不容回避的现实，一味地鄙视，只能让语言研究脱离实际而曲高和寡。网民会故意显得另类，来张扬自己的个性，以引起别人的关注与重视，因此，创造出一些奇奇怪怪的词汇和网名。随着这些个性张扬的人在网络中生存的时间不断延长，他们种种与现实生活存在着差异的性格会得到更多人的认可，他们所使用的语汇也就自然而然地被“爱屋及乌”了。

4. 掩饰个人信息

在网络世界中，网民往往试图掩饰个人身份、年龄、性别和语言习惯等信息。

在网上，所有人都希望自己是大侠，而不是菜鸟。如果你想在网上混，你就不得不学习网络语言，并且，还要学习在恰当的时间恰当使用；只要你愿意学或者只要你心态年轻，就可以像年轻人一样神侃。网络空间是虚拟世界，大家相互不见面，因此，可以随意改变自己在网上的身份。别人不知道自己的真实身份，可以借机满足各种奇怪的或在其他地方难以满足甚至不可能满足的愿望，网络语言就是为满足人们这种需要而生的。

网络语言最大的支持者就是年轻人，在电脑普及的年代，他们接受新事物更多、更快。上网时，字母简写和 QQ 表情两种网络语言是年轻人经常使用的，因为简便又不单调。令人佩服的是网络语言的创造者，因为，每个新词汇和新符号的出现，背后总有一个闪亮的创意，让人意想不到。

在语言的交流过程和对传统媒体的阅读过程中，人们有一种追求新奇的心理预期，这使得年轻人难以坚持使用固定完整的语言本义。同时，汉语本身就有一字多义、一词多义的特点，是适用语境非常宽泛的领会式语言，于是，在交流的过程中，网民们把汉字中的词语信手拈来、随意改造，或是与一些英文字母和网络符号交织在一起，形成一种新词表新意或新词表旧意的极富个性色彩的新词汇。

伴随着社会新事物的出现，这些极具原始生命力的网络新词汇一经出现，即因符合人们追求新奇的心理而迅速被反映到网络媒体上。网民不受传统语言语法或语义的规范、标准的约束，创造出一种方便网络上应用的语言变体——网络语言语体。

二、网络语言的文化价值

网络词语是自我意识的自然流露，是对社会现象的发问，是民意的体现。目前，网络语言的文化价值主要包含以下三个方面：

1. 对事实真相的追求

网络热词的出现，最初源于网民对事实真相的追求。如“周老虎”一词成了“蓄意造假和欺世盗名”的代名词；“躲猫猫”，源自云南省晋宁县被拘押男青年李荞明意外死亡事件，当地警方称该狱犯是在与同监狱友玩躲猫猫游戏时，不小心撞到墙壁而身亡，此解释一出，一时“躲猫猫”成为继“俯卧撑”之后，又一个可致人死命的吊诡词汇。之后的“欺实马(70 码)”“楼脆脆”“洗脸死”等，这些热词都折射出网络舆论对于不靠谱结论的不信任，想了解事实真相的急切心情。网友乐此不疲地运用这些网络热词，既是对社会热点事件的关注，也是一种意见表达。

2. 对民生热点的关注

随着电视剧《蜗居》的热播，“蚁族”“蜗牛”“杯具”“餐具”等网络热词成为众多网民喜欢的网络新语言。蚁族群体广受关注，深度报道屡见报端，“逃离北上广”成为一些白领热捧的网络流行语，反映出北京、上海、广州这三大城市的生存压力之大。又如“房姐”“房叔”等新词的出现，都反映了网民的真实心声。

3. 对不良现象的批评

例如，在各种调查中，屡屡“被代表”的网友，通过“被××”句式的传播，诉说出无奈和委屈，但一定程度上也折射出其权利诉求。“我爸是李刚”事件发生后，网民蜂拥跟帖，戏仿“我爸是李刚”的诗词、歌曲、顺口溜等铺天盖地，显示了网民对恃权作恶、违法乱纪行为的义愤。尽管这些表达不无偏激、过激之处，但其主流意识还是文明理性的：权力再大，也是公民，也得守法做人。

三、如何对待网络语言

随着互联网的发展与普及，网络作为“第四媒体”，受到越来越多的青睐与关注。网络语言正日益显出它强大的渗透力和影响力，已经有了“走下网络，走入生活”的趋势，表现有三点：首先，网络语言已走进了大众媒体；其次，网络语言已经开始渗透到年轻人的日常交际用语中；最后，网络语言已引起了一些语言学家的关注，一门崭新的语言学科——网络语言学将应运而生。网络语言“非文字符号”的趋势将更为明显，网络语言被使用的频率也将越来越高，也将更加规范和文明。

网络语言的实质不是黑话，对不同语体的语言有不同的规范要求，交际值(交际到位的程度)是衡量语言是否规范的唯一标准，求稳和求新是语言既能用来交际又交际得好的要求。如果一种语言不能发展了，那才是最大的不规范。

网络语言是汉语语言在网络环境下的一种语言变体，是汉语词汇的外围部分，它可与内核部分的基本词语相辅相成，互不取代。网络语言中的一部分词汇，在经过长时间考验被人们接受后，也可以进入基本词汇。在当代汉语中，每年大约出现1000个左右的语文性新词语，这也是时代的产物，是人们创新使用的结果。

生动形象、能体现网民个性的习惯用语，无碍于社会的进步和发展，反而能丰富、活跃我们的文化生活。如“啃老族”：并非找不到工作，而是主动放弃了就业的机会，赋闲在家，不仅衣食住行全靠父母，而且其花销往往不菲。“啃老族”年龄一般指在23~30岁，有谋生能力，却仍未“断奶”，得靠父母供养的年轻人，社会学家称之为“新失业群体”。

已经有相当一批内容健康、富有生命力的网络语言进入了基本词汇。2011年，新版《新华字典》新增了诸如“学历门”“房奴”“和谐”“晒工资”等网络热词；“奴”字新增了“为了支付贷款而不得不拼命工作的人”的注释，如房奴、车奴；“门”字新增了“事件，多指负面的事件”的注释，如学历门、考试门等。

对待网络词语，应该像对待其他的新词新语一样，不急于进行这样那样的规范，更不应该敌视，而应采取一种宽容的态度。毕竟，网络兴起的时间还很短，随着时间的推移，符合语言规范的词语会留下来，成为经典语言，而那些不符合规范的，则会在“约定俗成”的过程中自然而然被淘汰掉。对于一些体现网民聪明才智、有创造性、网友之间都能心领神会的特色语言，不但不应禁止，还要鼓励其发展。只有这样，才能够推动汉语网络用语的发展，由此形成一个良好的、符合网络社区特定规律的语言环境。

网络作为一种虚拟世界、新兴的第四媒体，它的出现，势必会引起我们对现有语言有关问题的深入反思。网络语言的构成特点以及所蕴涵的社会文化、心理因素，将是今后社会变革、文化发展、信息传播等方面必然关注的重要课题。

语言是一种文化、风俗和习惯，语言的使用是一定文化、风俗和习惯的行为表现。毫不夸张地说，网络语言正在带来一场新的语言革命。对于网络用语言，我们要采用宽容和接纳的态度，要认真研究、正确引导，取其精华、去其糟粕，才能用好网络语言。

四、网络语言存在的问题

(1)少数网民在网上存在不道德不文明的言行，主要表现在：一是不守口德，随意谩骂和进行人身攻击；二是有些人为使自己在网上受到别人的重视，故意表现出另类性格和反调言论，与现实社会的行为规范存在明显冲突，污染了网络环境。

(2)网络语言存在一些粗话、脏话和嘲讽人的词语。这是网络语言中的糟粕。

(3)目前，网络语言已不甘心于只在网络上生存，开始走出虚拟的网络，进入现实生活。

(4)网络语言过于求新，在求新度方面有些过头，常常是一种创新还未定型，又有一种创新出现。

(5)新词、变异词冲击母语。

(6)低龄网民不分场合使用网络语言。

五、网络语言的规范

在网络语言通行的电子邮件、聊天室等空间里，它的运行有一点像民俗民歌一样自由、无拘无束、半隐蔽(因为它更多时候属于上网的人，对于不上网的人来说，它们处于“地下”状态)、全松散(完全没有规范，随心所欲，规范起来难度非常大)。但是，只要我们关注它、研究它，就一定能将其引导到正确的道路上来。

网络语言存在的一些粗话、脏话和嘲讽人的词语，都是网络语言中的糟粕，应该坚决淘汰。对网络语言进行规范是一项复杂的工程，网络用语规范宜采取以下五条原则：

1. 自发规范和自觉规范相结合的原则

自发规范是社会在语言运用中自然的调节行为，是比较消极的规范形式；自觉规范是人们对语言应用有意识地采取某些措施，进行必要的干预，以维护语言的纯洁性，促进其健康发展，便于社会应用，这是一种积极的规范形式。

由于网络媒体具有虚拟性、个性化强和难以监管等特点，因而易于采取自发规范和自觉规范相结合的原则。首先，大力引导网民认识到网络交际中使用不规范词语的各种弊端，提高大家的认识水平，自发规范自己的语言。同时，倡导广大网民自觉使用规范词语，抵制不规范用语，在网络交际环境中自觉维护民族语言的纯洁。

2. 逐渐规范的原则

语言发展变化的一个重要特点就是约定俗成，对网络用语同样具有指导作用，而约定俗成是需要一个过程的。网络本身还是新生事物，仍处于成长之中，网络词语也是一种新兴社会方言，需要一个约定俗成的过程。广大网民有创造词语和选用词语的自由，对待富有个性和独创性的网络词语，不宜采用行政命令的方式，而应根据网络交际的独特语境，持续调查词语应用的实情，分类别、分层次、分阶段逐步进行规范。

3. 分层规范的原则

网络词语内部成员的地位是分层的：有些词语已经进入了全民用语的核心层；有些词语比较常用，已进入全民用语的通用层；有些词语通行面窄，只处于全民用语的边缘层。对网络用语进行规范要有宽容的心态，应该采取分层规范、动态跟进的原则。

人们在日常生活和网络交流中使用一些有欠规范却很生动的网络语言，应宽容对待，在未来的语言实践中，这些富有表现力的网络词语随着网民的高频使用会逐步规范，甚至进入全民用语的核心层。

4. 道德规范和语言规范相结合的原则

网络用语的不规范很多是由交际内容和交际方式在道德上不规范所引发的，同时，语言中的不规范也总是容易引发道德的争议。因此，对待网络词语，宜采取道德规范和语言规范相结合的原则。倡导文明上网，提倡良好的网络道德，把网民网上道德自律和网络语言监控有机结合起来，全方位提高网络词语规范的水平。

5. 国民教育规范和社会用语规范相结合的原则

依托国民教育体系，抓好青少年的规范用语教育(学习规范语言、规范书写、规范用字、规范表达等)，培养用语规范的未来网民。当今，网民大多数是年轻人，他们才是未来社会的言语主体，他们今日的用语极有可能成为未来社会的通用用语，这就是网络词语的强未来发展性特征。因此，必须抓好青少年的规范用语教育；同时，还应加强宣传，严格贯彻《中华人民共和国国家通用语言文字法》等相关法规，做好社会用语规范的宣传、指导和督察工作。

第五章　网络口碑传播

第一节　网络口碑传播概述

与传统口碑传播相比，网络口碑传播具有波及范围大、传播速度快、超越时空性、信息储量大、沟通成本低等优点，正在发挥着越来越重要的影响。

一、网络口碑的概念

要理解网络口碑，首先要清楚传统口碑的内涵。表5-1汇总了多位具有代表性的学者对传统口碑和网络口碑的定义。

表5-1　学者对传统口碑和网络口碑的定义

主要代表学者	定义内容
阿恩特(Arndt J.，1967)①	口碑是传播者和接收者通过口头的、面对面的方式，就某种产品、口碑或服务进行非正式信息沟通的行为，属于无商业目的的人与人之间的影响
利特温等人(Litvin S. W.，et al.，2005)②	口碑最主要的特征是消费者所感知的信息来源的独立性，即不受商业目的的影响和干涉
董大海和刘琰(2012)③	口碑是具有强关系的消费者之间所进行的双向互动的、非商业性的口头沟通，其内容是关于产品(或服务)等与消费者行为相关的、具有一定效价的评论

① Arndt J.. Role of product-related conversations in the diffusion of a new product[J]. Journal of Marketing Research，1967：(1).

② Litvin S. W.，Goldsmith R. E.，Pan B.. Electronic word-of-mouth in hospitality and tourism management[J]. Tourism Management，2008(3).

③ 董大海，刘琰，等. 口碑、网络口碑与鼠碑辨析[J]. 管理学报，2012(4).

续表

主要代表学者	定义内容
巴特尔(Buttle F.A.,1998)①	网络口碑通过在虚拟社区里发帖的方式进行交流，使得口碑的内容可以追踪和记录
亨宁-瑟鲁等人（Hennig-Thuru T., et al., 2004）②	网络口碑是通过互联网，由潜在的、现实的和先前的顾客所发表的关于产品或者公司的正面、负面的评论。主要通过在线论坛、新闻组、BBS 等方式公开传播
里格纳(Rigner C., 2007)③	网络口碑是属于 Web 2.0 时代的用户创造内容(UGC)的范畴，使用博客、论坛、聊天室和社交网络等沟通工具，就产品或服务等内容进行评价，对消费者的购买决定产生影响

基于对上述定义的梳理，本书认为：传统口碑是消费者之间以口头方式所进行的非商业目的的信息交换，其内容是产品或服务的相关评论。网络口碑则是指消费者主要以文本为媒介，以信息公开的方式所进行的沟通，并具有一定效介的产品或服务的评论。④

网络口碑传播与传统口碑传播存在共性，比如，相对于其他信息传播渠道而言，二者都具有较高的可信度和互动性。但是，其不同也是显而易见的：网络口碑既可以以语音形式出现，也可以以图片、文字等形式存在，只要发送者在网络上公开要传播的信息，其他人就可以不受时空限制，自由、反复地接收。尤其不同于传统口碑的是，网络口碑信息可以长久保留，随时可见。由于网络口碑可以运用复制、转载等数字技术手段，因而，传播速度极快，传播范围极广。

互联网改变了现实中人与人之间以一对一为主的交流形式，实现了人与人之间的一对多、多对多的交流，从很大程度上降低了信息不对称所带来的各种风险。由于网络的匿名性，网络用户与他人的交流较少受到现实观念、规约的影响，可以尽

① Buttle F. A.. Word of mouth：understanding and managing referral marketing[J]. Journal of Strategic Marketing，1998(3).

② Hennig-Thuru T.，Gwinner K. P.，Walsh G.，Gremler D.. Electronic word-of-mouth via consumer-opinion platforms：what motivates consumers to articulate themselves on the internet?［J］. Journal of Interactive Marketing，2004(1).

③ Rigner C.. Word of mouth on the web：the impat of Web 2.0 on consumer purchase decisions[J]. Journal of Advertising Research，2007(1).

④ 杨爽. 虚拟社区环境下网络口碑采纳行为的研究[M]. 北京：经济科学出版社，2016：11-13.

情地传递信息，其他使用者互动。

总之，网络口碑传播的内涵更加广泛，传播的形式更加多样化，在传播程度、传播环境、传受关系等方面都与传统口碑传播存在不同。①

表 5-2　传统口碑传播与网络口碑传播的差异

	传统口碑传播	网络口碑传播
传播方式	口耳相传，人际传播，只能借助语音语言及肢体语言表达	非面对面，支持群众间传播
传播动机	非商业目的，非功利性	商业与非商业、功利与非功利目的并存
传播速度	较为缓慢	适用梅特卡夫法则
传播广度	熟人之间，十分有限	适用乘法效应，极为广泛
时间维度	仅支持同步传播	同步、异步传播均可
口碑信息量	有限，甚至不足	极大，接近无限
参与者间关系	强关系	强关系与弱关系并存
重复使用情况	不支持	支持

二、网络口碑传播的主要方式

网络口碑传播的目的就是以口碑传播形成关注热点，扩散品牌知名度，影响受众态度，促进某种理念的传播或者某种产品的销售。其主要的传播方式如下：

1. 网络社区

利用网络上的社会关系引爆一个点，把信息迅速传递出去，在用户的互动中实现快速爆发。网络社区上的传播主题特定，网民的参与性和心理归属感都比较强，便于信息快速扩散。尤其是社交网站，是传达信息的有效手段，正在成为一种行之有效的品牌传播途径。网络社区在网络口碑传播中的作用逐渐显现，越来越成为一种重要的传播利器。

2. 专业的口碑整合网站

一般的口碑网站会包含餐饮休闲、房产交易、汽车买卖等与网民日常工作生活紧密相关的主要板块。其中，地图找店和品客点评是口碑餐饮休闲的特色功能，易赁房产则为网民提供出租、求租及二手房发布、查询和交易等服务。通常还会有分

① 寇紫遐. 网络社区营销传播的路径与模式研究[M]. 武汉：武汉大学出版社，2014：158-159.

类完善的诚信体系，以便用户选择。如一些餐饮网站会提供文字、图片、客户点评等相关信息，好评越多，排名会越靠前。对消费者而言方便快捷，可以简单浏览后直接点击选中；而对于商家而言，客户的好评则可以为其引来源源不断的客源。

3. 门户网站下的导购频道

其实质属于网络社区。不论传统的消费论坛，还是新兴的社交社区，都有一个非常重要的特点：在信息的议程设置上都是网民自发的，企业对于目标意见领袖很难掌控。而门户网站的导购频道则更倾向于以企业树立的议题为中心，向消费者扩散品牌优劣的信息，有一定的方向性引导，是更具目的性的传播源。如门户网站中的汽车、房产、家居、团购、美容、时尚等，很多已经具有了一定的市场影响力。

三、网络口碑传播目标群体设定

表 5-3　目标群体分析

分类	20~35 岁男性为主		25~35 岁女性为辅
身份	学生和职场新人	较成熟男性	有稳定男友或已进入婚姻的女性
特征	追求时尚，崇尚个性，具有一定盲从性	相对务实，追求舒适的感觉，重视生活工作环境	关心、主导男友或丈夫的穿着，对时尚有要求，对男性衣着选择缺乏清晰的认识
共同特征	对网络有较高认知，有网络购物经验，敢于尝试新的事物		
敏感信息	职场规则、个性、有趣	舒适、质地、场合、品牌	购物习惯、质量、服务
再传播能力	高	中	高
传播价值	高	中	高

四、网络口碑传播的原则

要激发用户口碑传播的主动性，就要提供超乎用户期望的体验，即提供的比用户期望的还要多，用户感动了，就会主动进行口碑传播。例如，在淘宝网上，店家激发用户进行主动口碑传播的方式主要有两种：

其一是用钱。无论是好评返现，还是好评送抵用券，或者是好评送积分，都是用直接的经济利益告诉顾客，买了产品的，在基本满意的前提下，能够给好评并再写些好话，可以获得利益奖励。

其二是用力气。很多店家尤其是小店家，往往用大力气花心思来让顾客满意。无论是手写感谢信(更常见的是印刷版)，还是售中、售后的“甜言蜜语”，或是经常用短信、旺旺发些节日、生日祝福，附赠小赠品等，都是为了激发客户进行好评或传播口碑的欲望。

网络口碑传播有难度，但也是有方法可循的。网络口碑传播的管理，如果能够遵守以下几个原则，将会起到事半功倍的效果：

(1)不要将口碑传播等同于一夜爆红。

互联网是创造奇迹的地方，口碑传播尤其如此。很多人、企业或者产品，依靠网络口碑病毒式的传播，可以快速红遍整个互联网。但是，那些短时间口碑爆红的品牌，很多是有其天时、地利、人和及运气的成分的。从本质上来说，只要是口口相传，10人的认知和10亿人的认知，都是口碑传播的效果，都应属于口碑传播管理的范畴。基于人的共性，产品质量好、服务到位、设计创新、体验出人意料，都会产生口碑，哪怕只有10人的口碑好评，也会给企业增加10个传播源。每次积累一定数量的口碑，长线经营，效果会积少成多。如果将口碑传播定位于一夜爆红，毕其功于一役，给予很高的期望与投入，基本是要被所谓的“互联网思维”吃掉的。所以，企业口碑传播的认知定位要基于长线运营，勿自乱阵脚。

(2)在产品的外延部分做点口碑设计。

产品是用户口碑激发的核心模块，但是，要创造令客户耳目一新的产品，却是一件越来越困难的事情。解决办法就是拓展产品的外延，即附加产品、延伸产品和服务，在非核心的产品部分做到体验良好，毕竟外延部分的创意和创造比产品核心部分的创新难度要低很多。

(3)用互联网搜索的方式找准口碑点。

口碑点的设计可以多处着力，但资源有限，不可能全面铺设。那么，如何找准大多数人群感兴趣的口碑点，聚焦引爆？

☞案例

某公司关于杂粮的口碑传播点选择：杂粮的口碑点很多，如种植、安全、健康、品牌、环保、营养、口感、烹饪、包装、配送、特色服务等。通过百度指数①

① 百度指数是以百度海量网民行为数据为基础的数据分享平台，是当前互联网乃至整个数据时代最重要的统计分析平台之一，自发布之日便成为众多企业营销决策的重要依据。百度指数能够告诉用户：某个关键词在百度的搜索规模有多大，一段时间内的涨跌态势以及相关的新闻舆论变化，关注这些词的网民是什么样的，分布在哪里，同时还搜索了哪些相关的词，帮助用户优化数字营销活动方案。

分析，发现和“杂粮”相关度最高的是“杂粮如何做”，这说明，多数受众关注的是“如何烹制杂粮食品”，因此，“烹饪方法”就是很好的口碑切入点。由此，公司设计了“烹饪”的口碑点，并沿着“烹饪”深入到“杂粮食谱”“杂粮和米其林大厨”“杂粮与大V”等子话题，达到了非常好的传播的效果。

(4)口碑路径的广泛测试与重点培养。

仍以上述的杂粮案例为例说明：该公司刚开始在“烹饪”“安全”“品牌故事”“服务特色”四个模块设计了五个口碑切入点，通过“企业自媒体+大V”的方式进行初步测试，发现受众对“烹饪”这个口碑点的评论和转发更好，于是就重点投入资源，围绕“烹饪”来做口碑传播的深入。与第三个原则的选择相互印证，形成双重确认，大大增加了口碑传播引爆的可能性。

(5)让口碑点和品牌进行有效关联。

口碑点设计好了，需要对口碑点进行管理。管理需要做的工作比较复杂，涉及接触点管理、接触点映射管理、口碑传播路径及核心路径管理、口碑传播的互动和引导预案等。一般企业做口碑传播管理不需要这么复杂，但有一件事很容易做，就是让口碑点和品牌进行有效关联。而易关联的前提就是根据口碑点模拟消费者传播的场景，从而进行顺畅关联。关联要不露痕迹，越自然越好。

(6)一定要服务好关键意见领袖(KOL)。

互联网最大的优势就是能够快速、低成本地接触到客户，但用互联网方式成功的案例，基本上都是定位于中低端人群。最重要的原因是这个群体感动成本低，爱分享，而高大上人群则大多理性严谨，见多识广，感动成本高，很少分享。

设计口碑点需要更多的投入，但是，从客户管理上讲，把有限的资源更多地放在关键意见领袖身上，收益远比泛泛地投入要高。与其在1万个粉丝身上每人投入1元，不如在100个关键意见领袖身上每人投入100元。100元可以有很多种选择，让意见领袖获得超出预期的体验，从而进一步引爆网络口碑。

(7)做有性格的内容。

这是一个信息泛滥的时代，每个人每天都会接收到海量的信息。不要让你的信息四平八稳、非常官方，这基本没有人愿意看，更别说转发。如果你的定位是讨好所有人，这样的结果就是所有人都不理你。要让内容变得有性格，有槽点，即使可能会得罪一部分人，但至少能吸引符合自己风格定位的那一部分人。性格的背后就是真实，用真实的人格去跟粉丝互动，无论博客、微博还是微信，这也是个人号的吸粉率普遍高于企业号的主要原因。粉丝宁愿听一条即使语言有些粗鄙，态度有些偏激，但真实有态度的信息，也不愿意瞄一眼所谓的逻辑严密、滴水不漏的官方说辞。

(8)让企业所有的人都参与传播。

这是一个多元的时代，去中心化是这个时代一个非常重要的特征，一个传播源很难覆盖更多的受众。面对信息海量，人们更愿意接受一些个性化的内容，而一个传播源是无法覆盖全部个性需求的，试图迎合每个人的个性的结局，就是人人都不喜欢。

每个自媒体都拥有一个天然的真实人格，可以覆盖跟其脾气秉性相投的客户群体。企业可以用多个自媒体号跟受众去传播和互动，激发口碑，以调动网民参与的积极主动性。一些传统商业巨头也这样做，鼓励员工微信开店。一个店拥有 100 个粉丝，那么每天只需要在朋友圈中分享一下对某件商品的看法，附上商品链接，这其实就是一次简单的口碑传播，只不过这个传播源是店员。如果顾客继续分享了这个链接，那么顾客之间的口碑传播也就被激发了。

五、专业网络口碑传播服务

随着科技的发展和社会的进展，专业分工越来越细，专业化要求越来越高，网络传播也不例外，专业的人做专业的事。一支专业的网络口碑传播队伍，其基本的分工、构成和职责如表 5-4 所示：

表 5-4　口碑传播专业服务团队分工明细

<table>
<tr><th colspan="2">服务项目</th><th>职责</th><th>人员</th><th>职务</th></tr>
<tr><td rowspan="10">服务团队</td><td>项目总控</td><td>项目总体协调</td><td>1 人</td><td>客户总监</td></tr>
<tr><td>客户服务接口</td><td>客服、监测与日报提交</td><td>1 人</td><td>客户执行</td></tr>
<tr><td>文章撰写</td><td>原创论坛话题撰写</td><td>2 人</td><td>资深文案</td></tr>
<tr><td>病毒设计</td><td>病毒与炒作设计</td><td>1 人</td><td>高级策划</td></tr>
<tr><td>方案策划</td><td>推广方案策划</td><td>1 人</td><td>策划经理</td></tr>
<tr><td rowspan="5">网络炒作</td><td>炒作培训与管理</td><td>1 人</td><td>项目经理</td></tr>
<tr><td>论坛操作与管理</td><td>1 人</td><td>专职督导</td></tr>
<tr><td>论坛炒作</td><td>8 人</td><td>兼职人员</td></tr>
<tr><td>文章发布操作与管理</td><td>1 人</td><td>专职督导</td></tr>
<tr><td>媒体协调</td><td>2 人</td><td>全职人员</td></tr>
<tr><td>总计</td><td colspan="2"></td><td>19 人</td><td></td></tr>
</table>

六、网络口碑传播的后续推广

一个成功的网络口碑传播策划启动后，要想让热度延续，并尽可能增长其发酵的时间，就要在主导传播的同时，注意论坛中有关话题的讨论过程，实施跟踪，及时回答相关问题，进行有效的论坛舆论维护。同时，要找到人们感兴趣的话题，为之后的活动推广寻找最有利的武器。

第二节　网络口碑传播的发帖及回复

一、论坛选择

在所有推广渠道中，网络论坛是最重要的口碑传播渠道。选择网络论坛时，要根据目标需要及网络论坛类型、特点等因素进行综合评估后确定，如生活类、购物类、时尚类、女性类、娱乐类论坛，针对不同受众完成设计，进行口碑传播。

下表为网络论坛示例，具体网络论坛选择将根据实际执行策略进行选择。

表 5-5　网络论坛选择指南

类别	名称	网址	简介
门户类论坛	搜狐	http://club.sohu.com	生活社区精品折扣类版块
	新浪	http://bbs.sina.com.cn	生活时尚类版块
	网易	http://bbs.163.com	管理营销类版块
本地论坛	上海人论坛	http://www.shanghaining.com	翻翻行头类版块
	都市客	http://bbs.metroer.com/	Shop-In 类版块
	19 楼	http://www.19lou.com/	服饰搭配类版块
女性论坛	OnlyLady	http://bbs.onlylady.com/	跳蚤市场类版块
综合论坛	天涯	http://www.tianya.cn/	时尚咨询类版块
团购论坛	我爱打折	http://bbs.55bbs.com/	市场/专卖店类版块
C2C 论坛	淘宝论坛	https://index.bbs.taobao.com	时尚搭配类版块
精品导购	名品导购	http://www.mplife.com/	名品服饰类版块
杂志官方论坛	时尚论坛	http://bbs.yoka.com/	品牌服饰类版块

二、发帖步骤

(1)选论坛：根据目标需要和各个论坛的特点，选择人气流量较高、容易注册的论坛。

(2)注册马甲：要持续在一个论坛中发表自己的意见，建议最好注册“马甲”，不要让版主一看到你的ID就想删除。

(3)仔细阅读版区规则：认真学习本论坛的相关规则，要想在一个论坛中待更长的时间，第一要务就是不要犯规。

(4)内容选择：论坛是一个同质性很高的地方，之所以长期待在一个论坛中，“趣缘”起到了很大的作用。要达到更好的传播效果，内容的选择至关重要。

(5)精编标题：标题既要抓住用户的眼球，激发网民的好奇心，又要有一定的深度，让帖子的热度保持更长的时间。

(6)顶帖技巧：在一个论坛中，顶帖是建立朋友关系圈的一种特别有效的办法。

(7)版主关系维护：保持和版主的良好关系非常重要，尤其要加强和版主的互动。如果能够得到论坛中版主的理解甚至支持，将会省去很多不必要的麻烦。

注意，发帖与回帖的要求：观点明确，语言文明；可用一些特殊效果，如：表情图片、心情图片、字体大小、上传本机图片、粘贴网络图片、网站链接地址、视频地址文件等。

三、发帖技巧

再次强调，进入一个论坛的第一要务，就是要掌握网络论坛的内部制度。每个论坛都有自己的制度和规范，仔细阅读论坛制度，该发什么样的帖子，不该发什么样的帖子，什么样的帖子可以进入精华，等等，一定要搞得清清楚楚。掌握论坛的规则和制度，坚持依规行事，这样即使没有成为精华，大家仍然会欢迎你发的帖子。

要掌握论坛里网虫们的“嗜好”。进入一个陌生的论坛，刚开始最好的选择就是“潜水”，先认真了解这个论坛的基本情况，并尽可能做到全面。尤其是了解这个论坛中的网虫们的“嗜好”，尽量和他们协调好关系，以免唐突行事，莫名其妙“惹火烧身”。

不管是哪个论坛，帖子基本的“生理结构”是一样的，而要成为一个好的帖子，要求也是相同的：标题——吸引眼球的工具；内容——引发讨论的关键；流量——效果评估的依据；回复——检验成果的标准。具体发帖技巧包括：

1. 选择“主题标题”

在一般的网络论坛上，其不二法则就是：原创更受欢迎。同时，要选择有利于突出帖子的标识。一个好的帖子，其标题首先要满足如下条件：

(1)标题要有神秘感：看完标题，要让读者有想去揭开真相的欲望，这往往也是引导读者阅读到底的动力，不是望眼欲穿的标题不用。

(2)标题要有诱惑力：看完标题，能让读者产生浓厚的兴趣，满足读者强烈的猎奇心理，不够揪心的标题不用。

(3)标题要有震撼力：看完标题，要让读者万分震惊，不点开都不行，不能让读者睁大眼睛的题目不用。

2. 帖子内容

标题是外包装，大家更关心里面是什么，内容要有“真材实料”，不能让打开的人失望。正文的主要方式有如下四种。一问一答：提出一个问题，然后自己解答，在解答的同时，不经意间提到要推广的产品。假引名言：在说明一个问题的时候，把几句话用引号引起来，然后说这句话是某人或者某网站说的。情感动人：软文的情感表达透彻，信息传达量大，针对性强，更可以叫人心灵相通。极度恐吓：恐吓软文属于反情感式诉求，情感诉说美好，恐吓直击软肋。

写作过程中，还要善于运用新闻报道惯用的一些词汇，来增强正文的“新闻性”，比如“近日”“昨天”“正当××的时候”“×月×日”“在我市”“××商场”“家住××街的××”等。这些时间和地点的概念，可以引导读者产生与该时间、该地点相关的联想，加深印象，淡化广告信息。比如“据调查”“据了解”“笔者还了解到”“在采访中了解到”“据××说”“笔者亲眼看到”等，这些词汇让读者更能感到信息的真实与有据可查。

3. 发帖

要坚持长帖短发。一般论坛中看帖的人都是没有耐性的，太长的帖子，不管有多大吸引力，都很少有人能够把它看完。所以，一定要长帖短发。长帖短发并不是把帖尽量缩短，而是把一帖分成多帖，以跟帖或连载的形式发，就像电视剧连载一样。但一般情况下不要超过 7 帖，并且，可以每隔一段时间再发一帖，让人有期待的欲望。这种发帖方式也便于发广告，在第一帖中不发广告，可以躲过版主的审核，一般审核过的文章版主不会注意太多，在发第二帖、第三帖时再穿插广告，这样发的广告存活率比较高。

论坛发帖效果的检验方法：首先，选材有趣、感人，内容健康，能引起共鸣；文章要有趣味性，可读性；帖子内容要有真知灼见；帖子能引起共鸣，回帖率高。其次，回复是镜子，一看就知道哪有问题，用回复的数量和质量检验帖子的效果。数量少则内容不够好，压根就吸引不到人来引起共鸣。最后，检验帖子效果的终极标准——点击量，如图 5-1 所示。

图 5-1 好帖子的要求

什么样的帖子能引起读者兴趣，吸引更多人?

(1)要多写原创帖：论坛崇尚原创，原创是一个人将自己所看所想分享给会员，以引起共鸣，增强与会员之间的交流。原创能赢得更多的关注，曝光率高，后期潜力大，这是热帖的影响力。

(2)多写商业帖子：商业论坛中，大多数人最关注的还是商业，写点商业文章能集聚人气。在文章中不经意地提到产品信息和服务，容易让人接受。帖子不要是纯商业广告，以讨论的形式展开，更容易让人接受。

(3)发帖质量第一。发帖的目的就是让人观看，变相宣传自己的观点、产品、服务或者网站，最终达到宣传或销售的目的。发帖要专注，这样可以节省精力，获得较好效果。帖子质量好，很容易让人转载。主题明确、短小精悍的帖子，可以让大家认真读完。

(4)文章不宜过长。帖子的排版要美观，长度应控制在 1000 字以内，看帖人没有耐心看完长贴，所以，一定要长贴短发。

(5)发帖不宜过频。每天发帖不要超过 7 帖，帖子太多会造成大家不重视，产生随便读一篇就可以了解全部的想法。真正花心思写的帖子，一段时间内不可能写得很多。再说，发帖太多不可能全部加精。一般情况下，每周发帖以 2~3 篇为最宜，让大家有时间和精力完全消化。

(6)文章要精简，故事和观点要新鲜。好帖子不需要什么文采，只需要把道理和观点讲清楚即可。故事和观点是否新鲜，是否值得大家关注和讨论，能否让大家有所触动，这才是最重要的。只要言之有物，就会有人捧场。

(7)尊重别人也尊重自己。尊重别人从回帖做起。作者看到你的回复，相信他会很高兴回复你的文章。同时，授人玫瑰，手留余香，在自己的帖子里面回复别人的回复，同样可以增加关注度。

(8)利用好你的签名档——设置。签名档中的个性签名和照片，是展示自己风格、增加关注度的重要方式，一定要善加利用。

(9)把握论坛走向和时间、季节等重要因素。发现论坛帖子不多，就写点新鲜的帖子；在论坛气氛沉闷时，多写点娱乐搞笑的帖子；根据不同时间和季节，写一些与时间或季节相对应的帖子。

(10)加入适当的图片。加入适当的图片可以使文章形象生动，增强可读性，使文章图片并茂。

(11)突出重点。帖子中文字的大小、颜色都可以改变，重点的地方要突出，以增强吸引力和影响力。

(12)添加链接。在需要添加链接的地方可以附上链接，以引发更多关注。

(13)坦诚相待。大家聚在一起就是缘分，从发帖中结交一些志同道合的朋友(客户)，是我们最重要的也是最需要的收获。

四、推广技巧

1. 发帖要求质量第一

发帖不在乎发帖的数量多少，发的论坛多少，而是帖子的质量特别重要，为什么呢？因为发的多，但总体流量不多，实际意义不大。发帖关键是为了让更多人看，变相地宣传自己的网站，追求的是最终流量。所以，专注发高质量的帖子，可以花费较小的精力，获得较好的效果。

2. 借助于他人的热帖

要想创造出受欢迎的帖子，并不是一件容易的事情。但我们可以在论坛上寻找那些回帖率很高的帖子，再拿到其他论坛进行转帖，并在帖子末尾加上自己的签名或广告进行宣传。

3. 内容要有争议性

内容没有争议性，人家只会一看而过，很少会留下一言片语，所以，内容要有争议性。当然，这里的争议不是指产生不好结果的争论，是指能够引起网民们讨论和辩论的争议。

五、回复

帖子，是论坛的存在形式，论坛不但要有高质量的主题帖，也要有高质量的回复贴。一般情况下，帖子的回复情况可以分为四个层次：

第一个层次，叫做游离帖。你问我早饭吃了没有，我回复说太阳是红色的；你问我今天天气如何，我说某某长得不漂亮，而且，非常丑。这叫游离于主题帖子之外，是最低层次的回复。

第二个层次，叫做可有可无帖。这种帖子最大的特点是可有可无。对于做论坛的人来说，开始的时候，最多的就是自己回复自己的帖子。回复多了，会产生一种麻木的情况，使用“顶”“支持”“好帖子”“不错”“说得好”“同意”等回复，这些都是可有可无的。

第三个层次，叫做参与性讨论。你问我早饭吃了没有，我回复说吃了；你问我今天天气如何，我说今天阴天，估计会有雷阵雨，而且，明天也会阴天。

第四个层次，叫做激发他人讨论。你问我早饭吃了没有，我回复说吃了，并且说，不吃饭会增加患胃癌的几率，你怎么看？你问我今天天气如何，我说今天阴天，估计会有雷阵雨，而且，明天也会阴天，你这两天有远行的打算吗？

我们在顶帖的时候，应尽可能采用第三个和第四个层次的回复。

利用好回帖，也可能达到增加推广效果的目的，可以从以下几点着手：

(1) 如果要在回帖中发广告，一定要争取在前 5 位回帖，这样被浏览的概率要高一些。这时，你就要搜寻那些刚刚发表的帖子。

(2) 在论坛里，有时候为了帖子的气氛和人气，你可以适当地找个托儿，帮你顶一下。当然，你也可以自己注册几个账号，用不同的账号回帖，带动气氛，吸引更多的人参与。

(3) 多回一些和自己的产品无关的帖子，灌点水也行，但是也不能泛滥，可以发挥签名的作用，这样不容易被管理员屏蔽掉。尤其要增加和论坛中大 V 的互动，争取他们的支持与理解，增加自己的人脉，这样能吸引更多人的关注。

第六章 网络社区典型应用与管理

网络社区是指包括 BBS/论坛、讨论组、聊天室、博客等形式在内的网上交流空间，同一主题的网络社区，集中了具有共同兴趣的访问者，由于有众多用户的参与，不仅具备交流的功能，同时，也成为一种营销场所。

第一节 受众调查

网络媒体中的受众互动打破了过去由信息传播者进行单向信息传送的状况，使得信息传播者与接收者之间的交流更加容易，接收者参与新闻传播的可能性也得到增强，并增加了接收者之间的交流。网站需要了解受众的意见与看法，从而更好地为网民进行服务。受众调查是网站了解网民的一种常见方式，也是网站建设中一个重要的互动性项目。

一、网络调查及其特点

网络调查，亦称网上调查，是传统调查在新的信息传播媒体上的应用，它是指在互联网上针对特定的问题进行的调查设计、资料收集和分析等活动。网络调查既有自己的优点，也存在着一定的局限。

1. 网络调查的优点

(1)被调查者是主动的。在网上进行调查，被调查者对调查题目感兴趣才会主动填写调查问卷。

(2)网络没有时空、地域的限制。网络调查活动完成的幅度和范围是一般传统调查所达不到的。

(3)网络的交互性使网上调查周期缩短。传统的调查方式需要耗费大量人力与物力，周期比较长。

2. 网络调查的局限

(1)受众分布不均。我国目前上网的人群多为年轻人，并以公司职员和学生为主，受众分布不均，使调查结果缺乏普遍性和权威性。

(2)当前与网上调查相关的法律和管理规定非常匮乏，很多研究和评估公司可以自己决定网上调查的方式和内容，从而使不同网站对同一内容的网上调查结果不同，这就影响了调查的科学性和可靠性。

(3)分析调查结果阶段，需要对得到的数据加以论证分析、辨别真伪。

(4)网络调查结果容易造假，影响了其真实性。

二、受众调查的意义

受众调查是网站了解、参与网络建设，把握、延续网站的存在与发展的重要手段。受众调查的意义主要体现在以下几个方面：

(1)受众调查是网站了解网民的一个基本渠道。网站需要对这些问题进行调查：网民构成情况、网站上的活动习惯、网民感兴趣的网站内容、网民需求等。

在网站做出有关定位或调整的战略决策之前或之后，受众调查的意义尤其重大，受众调查可以为具体的战略步骤提供第一手的信息。例如，在网站改版之前，受众调查能够让网站进行明确的定位；网站战略实施阶段，受众调查能够跟踪受众的反应；网站调整之后，受众调查能够及时了解受众的反馈。

(2)受众调查为受众提供一个表达自己要求的渠道，使受众的趣味在网络信息传播中得到重视。在受众调查中，可以得到网民感兴趣的内容，了解受众欢迎的新闻。

(3)在重大新闻事件发生时，通过受众调查可以迅速了解受众的认识与反应。让网民的意见成为社情民意的一部分，有利于新闻传播机构更好地了解、把握舆论走向。

(4)受众调查也是新闻报道的一种手段，有时也为新闻报道提供资源。新闻报道可以引用受众调查中的数据，以便更好地阐释新闻现象与事实。

三、网络及受众调查的内容与方式

网络调查有不同的目的，无论开展哪一类调查，首先要确定调查的选题，并在此基础上确定调查的具体项目。

1. 网络调查

(1)网络调查一般包括四个方面的内容：

网上受众的意向调查：可以是网站对网民需求、对网站的看法和意见进行的调查。

网上舆论调查：网站就最近发生的新闻热点和重大事件收集网民的反馈意见。

企业调查：网站接受企业的付款委托，对某产品或市场需求进行的调查。

娱乐休闲调查：针对网站的休闲项目进行调查。

(2)网络调查的方法包括：

电子邮件调查。以较为完整的 e-mail 地址清单作为样本框，使用随机抽样的方法发送问卷，然后，再用电子邮件催请受访对象回卷。这种方式用于对网民多方面行为与思维模式、网络广告效果、心理特征的研究。

网上小组(焦点团体))座谈。直接在网上受众中征集与会者，并约定时间举行网上座谈会。这种方法适用于需要进行深度或探索性研究的主题。

主动浏览访问。在高访问率网页设置调查专项，访问者按照个人兴趣选择是否访问有关主题。这种方法主要用于对某些问题的参考性态度进行研究。

网络问卷调查。问卷调查是网上受众调查最常用的手段。

2. 网上受众调查

网上受众调查主要包括网上受众的意向调查和网上舆论调查两种。

(1)网上受众的意向调查。

网上受众的意向调查的项目通常可以分为以下方面：①了解本网站网民的构成情况：如年龄、职业、受教育程度、地区分布状况等。②了解网民的网上行为特点：如网民上网时间分布、上网地点、上网费用等。③了解网民对本网站内容与服务的意见：如网民最喜欢的频道或栏目、网民最不满意的频道或栏目、网民最满意或最不满意的服务等。④了解网民对网站表现形式的意见：如网站对网页整体设计的评价、对某个具体频道的栏目设计的评价等。

除了网站可以进行这样的网民调查外，网站里的某一频道或某一栏目也可以根据具体情况，针对自己的受众开展调查，但相对来说规模较小，受众对象更加明确。

(2)网上舆论调查。

网上舆论调查是网站为了解受众对某个社会问题或新闻事件的意见而开展的调查。网上舆论调查既显示了网站参与社会文化建设的主动性与自觉性，同时，也是为了进一步了解受众的口味，从而进行网站活动策划，吸引更多受众进入网站、参加活动的一种方法。

网上舆论调查常常可以从网民的意见与态度两方面着手，选题项目一般为：①重大、突发事件。重大的或突发的新闻事件往往是受众调查的好选题。②社会热点问题。如国家出台有关政策对房价进行宏观调控，各大网站曾设立专项调查以揭示潜在的、分散的社会意见与态度。③网民的关注点。有些话题并不是当前社会的热点问题，却是网民关注的热点，如当年明星生二胎问题引发的议论。

第二节　网络社区典型应用

一、论坛

1. 网络论坛概述

早期的 BBS 与街头和校园内的公告板性质相近，主要是利用 BBS 来发布公告、言论，刊登一些征友、廉价转让及公司产品等启事。BBS 的互动性以帖子为核心。网民进入讨论区后，可以浏览该区其他访问者留下的文章、问题和建议，也可以发表文章和对他人的回复。BBS 虚拟社区的特点：交流互动性强；高度流动性和匿名性；自由开放性；信息海量、庞杂、欠规范；公共性。

在论坛中，人们可以自由地发表自己的看法或意见，讨论各种问题，交流各种信息。CNNIC 发布的第 19 次《中国互联网络发展状况统计报告》显示，在网民经常使用的“网络服务/功能”选项中，论坛/BBS/讨论组等占到了 36.9%。把论坛作为一个窗口，网站可以及时发现并检验自己的传播效果与影响，以便妥帖反映和引导舆论，采取下一步的行动。

(1)网络论坛的概念

网络论坛是一个和网络技术有关的网上交流场所。一般指大家口中常提的 BBS，其英文全称是 bulletin board system，翻译为中文就是“电子公告板”，又称为电子公告牌系统、联机信息服务系统或计算机在线信息服务，是 Internet 上一种深受欢迎的信息服务系统。BBS 是一个发布信息的场所，用户可以从中得到信息，也可以将自己的信息发布在 BBS 上。

BBS 最早是用来公布股市价格等信息，当时，BBS 连文件传输的功能都没有，而且只能在苹果计算机上运行。一直到个人计算机开始普及之后，有些人尝试将苹果计算机上的 BBS 转移到个人计算机上，BBS 才开始渐渐普及开来，每个行业都有一个自己在网络中进行交流的一块区域。近些年来，由于爱好者们的努力，BBS 的功能得到了很大扩充。

BBS 是 Internet 上发布信息、交流信息和获取信息的重要手段，其主要功能有分类讨论、两人或多人聊天、电子邮件服务、发布信息、参加某一问题表决等。BBS 提供各种各样的服务，例如：文件下载服务(FTP 功能)、发布信息(netnews 功能)、传递信件(e-mail 功能)、网上聊天(chat)和会话(talk)等。

(2)网络论坛的功能。

网络论坛之所以受到广大网友的欢迎，与其独特的形式、强大的功能是分不开的。网络论坛的独特功能简述如下：

①留言讨论：是最主要的功能之一，包括各类专题讨论区、疑难问题解答区和闲聊区等，浏览者可以对楼主(发帖者)的话题进行跟帖、答疑、评论、提供帮助信息。

②贴图：贴图区是供用户上传图片的地方，也是目前论坛上特别热闹的地方。用户可以贴自己的个人照片，也可以贴摄影作品，还可上传漫画或卡通作品。

③文件交流：大多数论坛设有交流用的文件区，众多的共享软件和免费软件都可以通过论坛得到。

④信息布告：是论坛最基本的功能，版主往往会在自己的网站上上传各种信

息，如怎样使用论坛、论坛公告、热门软件介绍、用户统计资料等。

⑤交互讨论：在论坛中可以与其他同时上线的用户做到即时联机交谈。

(3)网络论坛的作用。

在网络互动的所有形式中，网络论坛是其中重要的组成部分，其重要作用有：

①网络论坛是网民表达个体意见的主要渠道。在论坛中讨论的内容和过程完全开放，人们的身份也是完全平等的，发言是否获得关注，主要取决于发言本身的质量，而与发言者在现实中的社会地位无关。社区论坛成为网民在网络社会表现自己存在与表达个体意见的平台与渠道。

②网络论坛为个体意见汇聚提供了一种方式。人们在论坛中可以就某个新闻事件发表自己的看法，通过论坛可以汇聚公众的意见，形成对新闻事件的进展与结局产生重要影响的社会舆论。

③为网民提供了新的人际交流平台与空间。网络论坛成为有某种特殊需要的人群网上聚会和自由表达、交流的场所，因此，形成了固定的网民群体。网民群体一方面能支持网站的建设与发展，烘托并聚集起网站的人气，另一方面，也发挥着网站的社会影响力，吸引更广泛的社会注意。另外，由论坛聚集的人群所形成的网络社群，还在现实社会中实现了一定延伸，如网络论坛成员的现实聚会与社会成就，成为网络时代一种新的社会现象与文化构成。

相对于 Web 网页，网络论坛在以下方面具有较大的优势。交互性强：随时可以发布自己的信息或与他人用文字交谈。信息量大：网络论坛可以有近万名固定成员，甚至更多；信息可以超过 10 万条或更多，同时每天还在更新。公益性：大多数网络论坛站点是免费对外开放的，不带有商业目的，是纯公益性质的。即时性：其成员可以分布在世界各地，各种信息能够迅速传递，并且提供即时交流。传输速度快：网络论坛多数基于 Unix 操作系统，以纯文本方式传输信息，占用带宽较窄，传输速率比 WWW 方式要快得多。

(4)网络论坛的特性。

网络论坛的特性体现在：交互传递、快捷反馈、游移话题、纷杂观点、匿名参与及口语应用。

①交互传递。网络论坛的互动性体现在：首先，多种传播方式并存，一人对一人、一人对多人或多人对多人的传播方式并存，同步与异步的传播方式同在；其次，体现在通过站点进行的舆论调查过程中。

②快捷反馈。论坛言论的发表具有迅捷的特点，网民把自己对某一信息或事件的态度、观点贴到论坛中，立即会有人做出回应、进入讨论。

③游移话题。网络论坛一般会为内容和栏目设置一定的主题，并引导网民围绕主题进行相关讨论，但有时还是会偏离话题，讨论漫无边际。

④纷杂观点。在网络论坛中，由于角度、立场的不同，加之思维走向与言语形

式、写作风格的不同，造就了网络论坛纷杂的局面与特点，意见观点多元化，使决策者能够从中了解民意与舆情，促进国家与社会文化的民主化。

⑤匿名参与。参与论坛活动时的隐匿性，虽然给了人们更大的言论空间，但是也导致了言论发表过程中责任的缺失，使得某些不真实或者不负责任的言论大量存在与公开，带来了信息管理以及查找责任人的困难。另外，匿名参与也造成了网络论坛中文章引用混乱，形成了有关版权和著作权的矛盾与纠纷。

⑥口语应用。网络技术具备的便捷性、实时性、视觉显著性等新特点，使语言的应用越出了书面语言的范围，并呈现出口语化的特点。有学者认为，根据使用环境的不同，网络语言可分为网络新闻语言、网络文字语言和网络社区日常用语三类。在这三种网络语言的使用中，口语化程度各不相同，其中，尤以网络新闻语言口语化程度为三者中最低，还基本保持着传统的新闻语言习惯。

(5)网络论坛的分类。

①按技术手段和内容分类。

专题式论坛：基于某个新闻事件或话题而开设的论坛，新闻跟帖是最典型的专题式论坛。其代表有新浪、搜狐等门户网站推出的专题论坛。特点：集纳性、深度性、运动性、临时性。

综合式论坛：由综合内容构成的网站，多数门户网站所采用的就是这种方式，如强国论坛、凤凰论坛、天涯、猫扑等。特点：综合性、长期性、成员构成稳定。

专业式论坛：以某些专业性较强的领域为讨论内容的论坛，如游戏论坛、科研论坛等。特点：内容专一、成员稳定、知识性强。

②按管理方式和权限分类。

有限制式：经批准后才能发言，以小型论坛为主。

半限制式：注册用户和“游客”均可发言。

无限制式：允许随意发言，可进行完全匿名式评论和回复。

③按功能性分类。

教学型论坛：这类论坛通常是一些教学类的博客或教学网站，其重点是传授和学习某一领域的知识，在计算机软件等技术类的行业，这样的论坛发挥着重要的作用。如 QQMCC 等。

推广型论坛：论坛的广告形式，比较受网民排斥。特点：属商业性质，以宣传为目的，寿命短，其成员有很多受雇佣的“托儿”。

地方性论坛：是论坛中娱乐性与互动性最强的论坛之一，不论是大型论坛中的地方站，还是专业的地方论坛，都有很热烈的网民反响。如：师大路论坛、白鸽论坛等。

交流性论坛：交流性论坛是一个广泛的大类，重点在于论坛会员之间的交流和互动，所以内容较丰富多样，有供求信息、交友信息、线上线下活动信息、新闻等，这样的论坛是将来论坛发展的大趋势。

(6)网络论坛的结构。

在网络社会中，存在着基于不同网站设置的不同层级的网络社区与论坛，比较著名的有人民网强国社区、新华网发展社区、中国网和平论坛、中国经济网论坛等。在综合性门户网站和新闻网站中，现在比较流行的做法，一是建立 BBS 频道(有的称为社区或论坛)，二是根据频道或栏目的需要设置留言板。

在 BBS 频道中，包括大量的主题论坛，如人民网的强国社区中就设有深水帖文、深度看点、观点碰撞、留言荟萃、热帖排行等，并根据不同的社会主题，设有国际、军事、坛笑风生、情感、生活、娱乐、房车、IT、文化广场、音乐、城市、体育等版块。

网络论坛具有一些基本的结构要素：帖子(post)、帖子的组织、帖子索引、版/分论坛和板块等。帖子是论坛中的基本要素，主要是表明作者对某件事情的看法或解释的一段话，包括标题和正文两部分。多个围绕某一主题进行讨论的帖子，组成一个讨论话题(topic)。而开始一个话题的帖子叫做“主帖”，其他参与的帖子叫做“回帖”。用户在阅读主帖后点击“回复”，就产生一个回帖。一个主帖通常会有多个回帖，在话题引人关注的论坛中，回帖有时可能是主帖的数十或数百倍。论坛通常会把同类的帖子话题集中到一起，形成“分论坛”或“版”。有些论坛在版/分论坛的上一层，还有“板块”的设置。论坛的结构要素即为：板块→版/分论坛→帖子索引→主帖→回帖。

(7)BBS 的操作。

①远程登录 BBS 站点。

通过 Telnet 协议①，用户可以登录到远程服务器上并使用其资源。远程登录的使用分为注册用户的使用和非注册用户的使用两种情况，注册用户在远程服务器上有用户名和密码，可以使用远程服务器的大部分功能；非注册用户在远程服务器上没有用户名和密码，只能使用远程服务器提供的有限的功能。

不少 BBS 站点也同时提供 Web 浏览的访问方式，但是，由于 Web 方式本身的限制，有些 BBS 的功能(如聊天、发信息等)难以在 Web 下实现。因此，大部分使用者还是喜欢使用 Telnet 方式。

---

① Telnet 是 Internet 的远程登录协议，用户可以用自己的计算机，通过 Internet 网络登录到另一台远程计算机上，这台计算机可以在隔壁的房间里，也可以在地球的另一端。登录上远程计算机后，用户的电脑就仿佛是远程计算机的一个终端，可以用自己的计算机直接操纵远程计算机，享受远程计算机本地终端同样的权利。可以在远程计算机启动一个交互式程序，也可以检索远程计算机的某个数据库，还可以利用远程计算机强大的运算能力对某个方程式求解。

②登记并注册新用户。

为了便于管理，BBS 现在实行实名制注册，用户须按其要求，输入个人信息并提供身份证、军官证等证照，经审核批准后才能成为正式成员。成为正式成员，用户才可以使用该 BBS 的大多数功能。

③阅读文章。

成为 BBS 成员后，就可以阅读该论坛上的文章了。当然，“游客”也可以阅读，但在很多 BBS 上，正式成员能够看到更多的信息。

④发表文章。

成为 BBS 成员后，就可以在该论坛上发表文章了。大多数论坛规定，只有正式成员才能发表文章。下面以阿里巴巴旗下的“商友圈”为例介绍发帖子的过程：

进入论坛首页，根据你所要发表文章的内容属性，找到最适合的论坛发表。

点击进入某一论坛，点击右边的发帖按钮输入标题和内容，按“发表”即可。

如果出现如图 6-1 的提示页面，则表示文章已经发表成功：

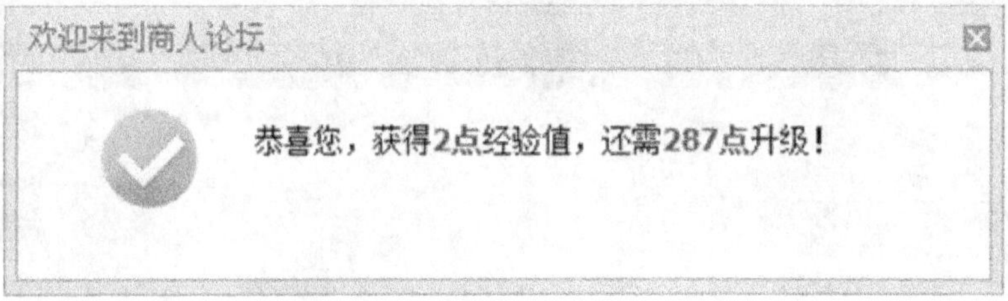

图 6-1　商友圈—发表成功回复

在 BBS 上发帖子，一定要遵守其规则。除了必须符合法律法规的规定外，一般 BBS 会对标题及正文的字数等有详细的规则与要求。如商友圈规定：标题的字数大于等于 2 个汉字，小于等于 60 个汉字；版主和管理员可以使用 HTML 语言，普通网友如输入 HTML 语言，则作为普通字符来显示；帖子内容的字数应大于等于 2 个汉字，小于等于 5 万个汉字。

⑤回复文章。

阅读完文章后，用户可以发表自己的观点，也可以向作者提出意见。用户可以查看别人给自己的留言，并进行回复。如在天涯论坛登录成功后，进入自己的个人中心，在左上角点击“论坛”按钮，进入论坛页面中。在此窗口中，选择自己想要查看的类目，点击打开后，找到自己想要查看的帖子。拉动帖子窗口，可以看到下面的一些网友回复，进行详细查看。

⑥删除用户自己发表的文章。

发完帖子后，用户可以删除自己发表的文章。但是，有的 BBS 规定，用户发帖子后不能自己删除，必须要经过审批。下面以天涯论坛为例，介绍如何删除自己发的帖子。

登录账号，打开论坛首页，在帖子上面找到我的帖子，并打开我的帖子，见图 6-2。

图 6-2　天涯论坛—我的帖子

在信息列表中找到自己的帖子，见图 6-3：

图 6-3　天涯论坛—我的帖子

打开帖子详情页，然后，打开帖子所在主题进入列表页，见图 6-4：

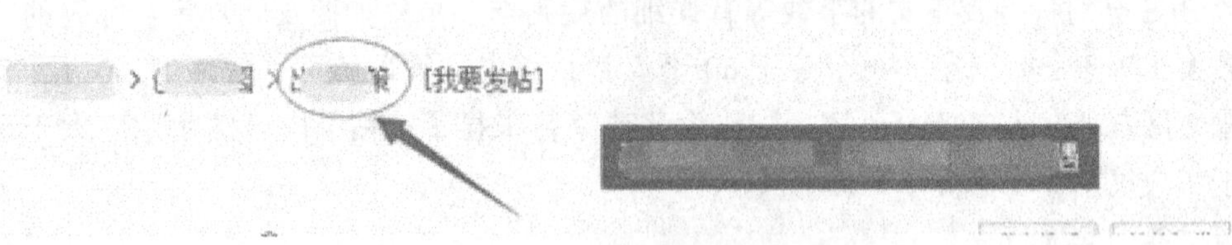

图 6-4　天涯论坛—我要发帖

打开帖子，在列表页的上方找到版主，然后和版主进行联系沟通，说明原因就可以了，见图 6-5：

图 6-5　天涯论坛—和版主交流

⑦保留喜欢的文章。

点击“收藏”就可以保留自己喜欢的文章。

⑧收发邮件和信息。

这里的邮件收发与我们普通常见的 Internet 邮件收发是不一样的，这种邮件收发工作只限于 BBS 之间的相互通信。也就是说，在用户首次成功登录某个 BBS 服务器时，BBS 服务器分配给用户的电子邮件账号，只能用于本 BBS 系统之间的内部交流，不能与 Internet 上的邮件账号进行交流。不过，在有的 BBS 上用户可以与外部的账号通信，这样的 BBS 服务器叫做 WWW BBS/Internet BBS 服务器。

⑨投票和表决。

各个论坛基本都能提供投票和表决功能，用户按照其规定流程提交投票帖子，完成投票时间、投票人条件及投票内容等设置，经批准，就可以在网上组织投票了。

(8)网络论坛的管理与评估。

①论坛的管理结构。

论坛的管理结构包括创建者、超级管理员和版主，如图 6-6 所示：

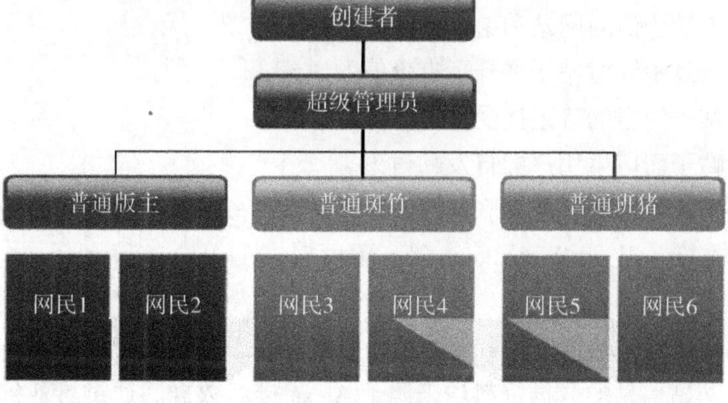

图 6-6　论坛的管理结构

②论坛管理的职责。

官方标准信息统一发布。有如下两种形式：客户提供产品稿件——广告提供给论坛——监测媒体发布——收集整理；客户提供官方标准信息——广告安排记者原创——监测媒体发布——收集整理。

活动炒作。客户提供需求——广告策划活动——客户确认——落实文稿——强势传播——监测发布——论坛炒作。

论坛的长期维护。长期建立对客户有利的议题设置——月计划；发现网友提出问题——解答；专人负责在论坛长期议题灌水。

监测管理。监测论坛——发现不良信息——删除；提供标准信息——监测信息发布——收集整理——整理提交报告；发现错误信息——及时更正；发现负面帖子——与客户沟通处理方式——冷处理/封贴——新贴。

BBS 的管理。提供 BBS 服务的公司(以下简称本公司)，其 BBS 管理主要负责如下工作：帖子不被删，不被封，不被沉底；帖子的跟帖中没有违反国家法律和法规的内容；帖子的跟帖中没有损害本公司的信息；帖子的跟帖中没有明显损害本公司竞争对手的信息(针对出现损害本公司的信息或者出现损害竞争对手的信息做出不同预案并及时响应)；引导帖子的浏览者针对帖子内容进行有价值的讨论；及时关注回帖者中对帖子内容感兴趣者。

③论坛管理评估标准。

对论坛管理水平的评价，主要有如下几个指标：

浏览量。一般论坛在首页都会显示会员总数、在线会员数、总发帖量、日发帖量、浏览量等指标。目前，浏览量比较大的论坛有：中华网军网论坛、百度贴吧、天涯杂谈、网易论坛、新浪论坛、凤凰论坛、腾讯论坛、搜狐社区等。

回帖量。

通过一个帖子访问网站和参加活动的人数。

是否在回复中针对帖子展开了有价值的讨论。

用户对帖子内容的普遍接受程度。

是否因帖子而衍生用户的自发帖讨论。

以如上指标为基础，在互联网行业里，一些权威机构专门提供专业的行业排名及网站排名服务，比如 iWebchoice 等。下面对 iWebchoice 和 Alexa 排名做简要介绍。

iWebchoice 为艾瑞集团旗下网站，是一家专注于互联网行业网站排名和行业排名的网站，网站信息的数据资料均来源于 Alexa 排名数据。通过行业细分分类、可视化的数据排名展示以及多维度的网站数据对比，给用户提供第一手的行业发展趋势和现状。其受众主要是关注网络经济发展的人以及互联网、移动互联网、电信等相关行业从业人员，其中市场决策、数据研究、广告媒体等从业人员占据相当大的比例，对于互联网市场认识具有很高的商业价值。

Alexa 认证机制：通过安装在用户浏览器上的工具栏(toolbar)和插件(add-on)，形成一个用户统计样本，通过该样本对用户访问的网站进行数据统计。Alexa 的排名积分主要计算参数有两个：reach(到达)和 PV（页面浏览数），reach 是在一天内，每百万 Alexa 活跃用户里访问网站的数量；PV 是平均每天 Alexa 用户访问的页面数量。Alexa 排名系统追踪了世界范围内 30 万个网站，为了解网站的数据和相对排名提供了可以信赖的数据参考。

Alexa 的统计规则：同一台机器当天内访问同一个页面只能算一次 reach，比 GA 的统计标准要严，从一定程度上降低了网站的流量。Alexa 的数据监测样本是基于 PC 端的浏览器插件，因为移动端浏览器不能安装插件，这将使一些移动端流量来源较大的网站排名数据出现偏差。

Alexa 的不足：Alexa 对中国互联网环境和文化的了解有限，使得 Alexa 排名数据拘泥于传统的欧美网站排名方式，而不能直接反映中国互联网网站的新变化和新形势。

图 6-7、图 6-8、图 6-9 为社区论坛排名相关数据示意图。

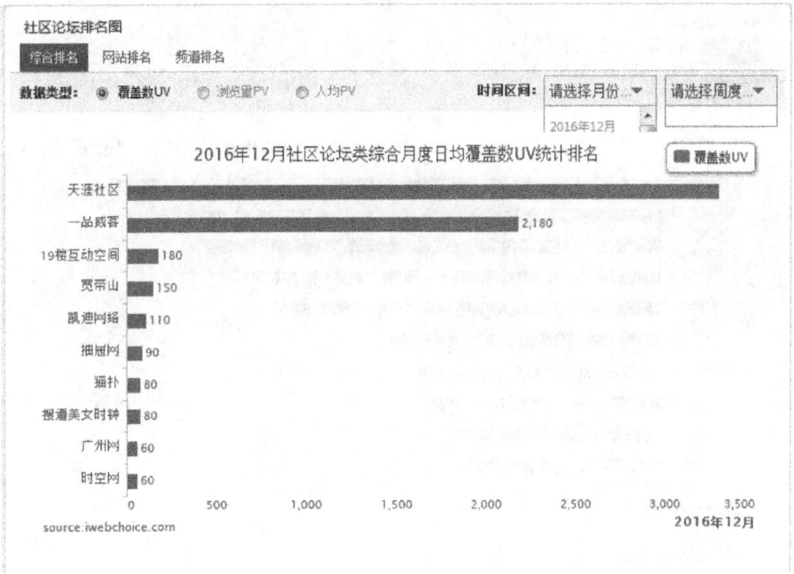

图 6-7　社区论坛排名—覆盖数

注：覆盖数 UV=平均每百万名 Alexa 安装用户中的访问人数(人/百万人)。

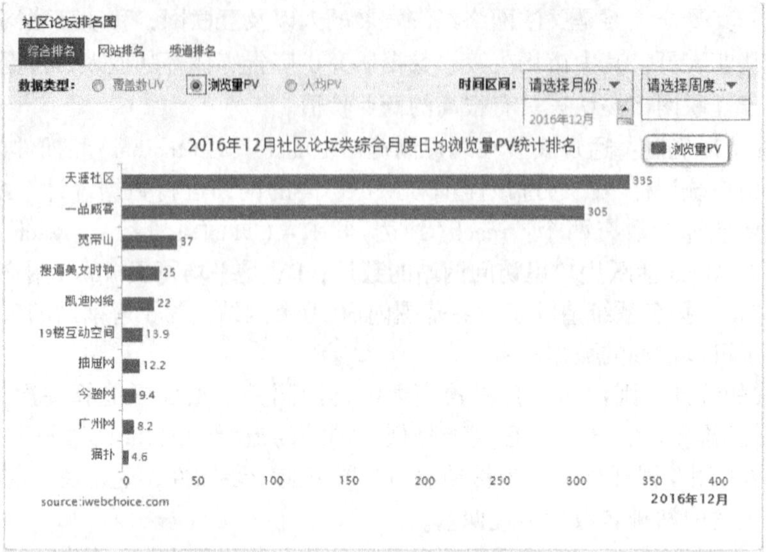

图 6-8　社区论坛排名—浏览量

注：浏览量 PV = Alexa 安装用户平均每百万次浏览页面中的访问页面数(页数/百万浏览)。

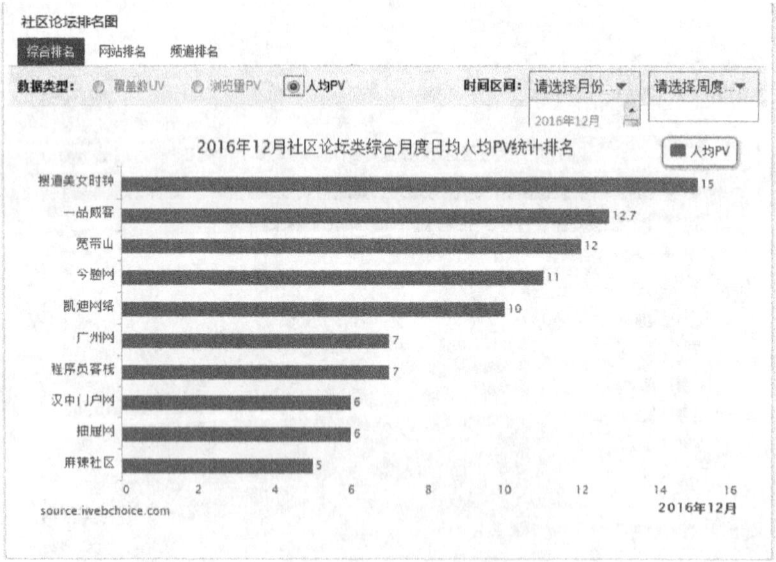

图 6-9　社区论坛排名—人均 PV

注：人均 PV = 每百万名 Alexa 安装用户平均每人日均访问页面数(页数)。

(9)国内常见网络论坛的分析

网络论坛具有以下三大特点：一是新闻的集散地，国际和国内的一些突发新闻和重要新闻都能看到；二是观点集散地，各种各样的观点都有，既有系统阐述，又有大胆设想；三是民声集散地，网民的地域分布、行业分布乃至阶层分布都很广，论坛中能够听到各种声音。用"四面来风，八方来雨"来形容论坛的热闹景象或许最为贴切。以往只有权势阶层和知识精英拥有话语权，而网络论坛这类互联网功能，则使普通公众包括弱势群体、边缘群体也拥有了某种话语权。近年来，有学者以哈贝马斯①的"公共领域"理论对网络论坛进行了深入研究，认为论坛就是"虚拟空间的公共领域"。

网络论坛发展趋势：具有一定的社会化关系网络，加上不断有内容或者服务提供商加入，其平台只会变得越来越强大，所有内容提供商都在帮助论坛平台加强其社会化关系网络。传统媒体将会慢慢失去原有的强势地位，甚至沦为单纯的内容提供商。据已有的资料和用户对网络社区的各种理解，网络社区的类型有 Usenet、BBS、MUD、博客社区、图形互动社区等各种类型。虽然这些网络社区的类型、表现形式各不相同，但其目的却非常类似，都是提供给网络用户一种纯电子化的精神归属空间及交流空间。随着网络社区开始成为人们日常生活的一部分，社区的形式也开始变得多种多样，除了上文提及的发展形式和方向外，更值得我们关注的是虚拟的图形化社区。

2. 网络论坛管理

(1)论坛管理者。

在网络论坛这个小社会中，论坛经营者会赋予一些受信任用户比普通用户更高的权利，让这些高级用户帮助自己管理论坛。这类拥有较高权利的用户，就是论坛的主持人或版主。在论坛中，主持人或者版主是主要管理者，同时也是论坛群体的象征，他们的存在，可以增强人们对一个群体的认同，也可以在人们交流的过程中，起到组织、引导和协调的作用。版主可以由网站工作人员担任，也可以由热心、有号召力的网民担任。

版主充当什么样的角色，往往取决于网站的具体规定。管理者必须正确认识论坛成员的地位，论坛中的成员才是论坛真正的主角，而不能简单地把论坛成员视作管理对象。除了实施必要的管理，论坛管理者需要通过更好、更人性化的服务，想

---

① 尤尔根·哈贝马斯(Jürgen Habermas)生于1929年6月18日，德国作家、哲学家、社会学家，批判学派法兰克福学派的第二代旗手。历任海德堡大学教授、法兰克福大学教授、法兰克福大学社会研究所所长以及德国马普协会生活世界研究所所长。由于思想庞杂而深刻，体系宏大而完备，哈贝马斯被公认为"当代最有影响力的思想家"，威尔比把他称作"当代的黑格尔"和"后工业革命的最伟大的哲学家"，在西方学术界占有举足轻重的地位。

方设法吸引、留住论坛成员，调动网友的积极性，以建设、壮大论坛。

为了对论坛进行有效管理，网络管理者需要更好地了解加入网络论坛的成员，具备一定的人际协调、沟通及化解矛盾的能力，并在与网友长期的相处和交流中，通过网络发言，了解成员们的性格和特点，体贴他们的情绪，把握他们的需求，并知道用什么样的方式来为他们排解各种困难，用恰当的语气和态度与每一个成员交朋友。特别是在新成员加入时，版主需要及时与他们联系与沟通。

(2)论坛管理规则。

论坛已经成为表达社会各阶层声音的一个重要渠道，同时，也为论坛管理者带来了一系列的问题：用户的言论自由到底可以到什么程度？如果出现不良信息、虚假信息或反动信息，谁来负责？论坛管理者删除不良信息和言论是否损害言论自由？

对论坛的管理，既不能太宽泛，也不能太苛刻，要根据论坛的特点和国家相关的法律法规，制定合适的管理规范，保证网络论坛的正常运转。由于网络论坛中网友的质与量直接影响到网络社区的声名与利益，影响到吸引什么样的及多少网友来参与论坛活动，这关系到论坛的存亡。所以，网络论坛的管理者必须采取一些灵活的方式，促进论坛稳步健康发展。

①促进论坛的开放性。论坛中，要形成让每个网民都能感觉到宾至如归、畅所欲言的氛围，不能只让少数人独霸论坛。一旦在表达和交流讨论的过程中出现违规行为，管理者即版主应该及时而坚决地予以制止。

②采取一定的激励机制。为了保证和鼓动成员能够积极参与论坛讨论，论坛的组织者可以采取一定的措施。积分制是当前许多网络论坛常用的方法，网站一般会根据一个帖子的点击次数和回帖数量来奖励帖子的创作者，即给予相应的分数。

③体现人情味。在节日或成员生日等重要日子，可以为成员送上电子贺卡或其他形式的祝福，让成员进一步感受到来自论坛的关切与温暖。

(3)论坛管理目标及方法。

仅仅从论坛动态呈现的文字语言、信息内容及意见主题上看，在网络论坛的运行中，比较常见的问题有如下几个方面：信息垃圾，违法或违规帖文，不文明帖文，歧视性、攻击性、过于偏激的讨论，不良网名。

在问题出现的时候，有一定管理权限的论坛管理员，应该根据国家相关法律法规、行业规章制度及论坛的规则，采用一定的管理手段，对网络论坛中出现的违规发言行为与语言信息，进行必要的删改、剔除或净化，对严重违规而不悔改的网友剥夺其进入论坛的权利，必要时，甚至需要做出暂时关闭论坛的决定。网络论坛的管理，主要包括对论坛成员的管理、论坛帖子的管理、论题的管理和论坛活动的组织四个方面。

①对论坛成员的管理。

按照网络论坛的规章制度，通常会对论坛成员进行如下几方面的管理：

论坛参与方式管理。不同的论坛，对于参与方式有不同的限制，有些论坛要求发言者都要注册，有些则无此限制。

成员注册。成员完成注册以获取网络论坛 ID，是知晓与收集成员基本情况的一种常用手段。

警告。对发布不健康、不文明或含有歧视性、攻击性内容信息的网友，及时出面，根据情节轻重，给予提示、警告或采取其他处理措施。

封名。对以不良网名进入论坛的成员，封闭该网名的注册或使用权。

ID 的封杀与解禁。ID 是论坛成员的标识，对于一些严重违反论坛条例的成员，网站管理者可以封杀其注册的 ID。

②对论坛帖子的管理。

对论坛帖子的管理是论坛内容管理的最主要的方式，管理员对帖子可以进行的主要操作包括以下几个方面：

过滤与改帖。即不允许违规性言语出现在论坛的网页上，可将帖文中不良发言修改后再行发布。

扣帖。一些网站的论坛，在所有帖子发布前都会进行审查，对于认为不适合发表的帖子，版主或管理员对其进行扣发是一种常见的管理手段。

删帖。将已经在网页上发布，但在内容或形式上不符合规定的帖文予以删除。

帖子分级。如强国论坛设立“专题策论区”“深水区”与“浅水区”的做法，这就是将帖子分级，区别对待不同长度或质量的帖子。

扶持重点帖子。将一些网站认为有价值的帖子或热帖放在论坛的显著位置或网站的重要栏目中，以示鼓励。各种形式的排行榜，如点击排行榜、回复排行榜、网友发帖排行榜等，也是一种较为有效的激励机制。

③对论题的管理。

虽然一般网络论坛的论题是由网民自发提出来的，但是，有些论坛会专门策划和组织一些论题的讨论，以不断地吸引和凝聚论坛人气。在选择或提供论坛论题时，需要注意如下几点：

明确具体。只有让人一目了然的论题，才能让网友们很快切中论题，进入相关讨论。

现实性强。人们总是更关心与自己和当前的社会时事紧密相关的话题，这也是为什么一些知名网站经常设置一些紧密结合新闻事件的论题的主要原因。

有讨论余地。即论题的本身有现实存在和未来发展的潜力。一个有明确结论的话题，无法让人们产生讨论的兴趣；太深奥的论题，则会曲高和寡，容易陷入无人呼应的窘境。

④对论坛活动的组织。

在论坛管理以外，还可以举办一些网上或网下的活动，例如，组织嘉宾与网友的交流、组织网友间的联谊、将论坛精华文章编辑出版、进行论坛的宣传推广等。这样，既加强了网站与网友们的情谊，同时，使得网站在设计与管理论坛时，让论坛与网站其他内容相互配合，因为论坛是网站的一个重要组成部分，它与网站其他栏目之间存在着密不可分的联系。例如，当网站推出重大报道时，在网站论坛中，可以设置相应的讨论主题，使它们彼此呼应；论坛中比较好的帖子，可以推荐到网站的有关栏目发表；而网站的相关调查，可以放在论坛里进行，比放在网站首页更容易引起关注，其效果也会更好。

为了网站的长远利益与发展，需要将论坛与网站的其他部分结合起来，使其相互之间形成良性而立体的整合互动，同时，使论坛的作用得到更好、更大、更全面的发挥。

(4)网络论坛使用。

网络论坛的使用，主要包括注册账号、账号设置、写帖、发帖、回帖等。

①注册账号。

论坛分类。门户类：新浪、搜狐、网易、腾讯、百度贴吧等；论坛类：猫扑、天涯、西祠胡同等；行业类：搜房网、中国智能家居网等；地域类：小区论坛、大洋网、大渝网等。

论坛选择。论坛选择主要遵循如下几个原则：选择有潜在客户的论坛；选择人气旺的论坛，当然人气太旺也有弊病，因为帖子很快就会被其他帖子淹没了，而且，人太多登录会比较困难；选择有签名功能的论坛；选择有链接功能的论坛；选择有修改功能的论坛。

②账号设置。

一个账号就代表一个人，每个账号代表着特定的个人形象，这将会影响成员在论坛中的活动。一般情况下，在设置账号时，需要设定如下个人信息：昵称、年龄、性别、个人签名、头像、联系电话、e-mail 等。设立账号后要注意，在发帖及回帖中所使用的语言，需要符合该账号的形象。

个人签名。比如一句代表自己个性的话，品牌的信息等。可以加入链接地址，有两个好处：既方便网友登录网站，也有利于搜索引擎优化。如图 6-10 所示的 QQ 账号设置信息。

个人图像。可以制作一张小广告图片备用，注册后，就可以上传图片，在顶帖和发帖的同时，该图片就会显示出来。看帖的朋友不仅能看到帖子，还可以了解到你是做什么的。如果有需要就能与你联系，同时，也让更多的朋友对你不陌生，这样也就等于有了广告效益。当然，也可以搜索一张有代表意义的照片，以增加吸引力。

图 6-10　QQ 账号设置

③写帖。

论坛帖子的类别一般分为以下几种：

事件帖：符合网友价值观，具备话题传播力的人物及事件。

亲历帖：讲述网友身边真实的生活故事和体验。

攻略帖：解决网友生活中碰到的疑难，给网友带来帮助。

搞笑帖：轻松、有趣，能够给网友带来会心一笑。

揭秘帖：能够满足网友的窥探欲望，不同于官方新闻角度资讯。

悬疑帖：能够引发网友好奇心，带来不断猜测和讨论。

感动帖：能够给网友带来视觉或心灵的美好和感动。

典藏帖：具备收藏价值的经典帖子，可能是优秀的网民原创作品，如文字、图片、视频、Flash 等，也可能是经典的广告创意。

二、博客

Blog 的全名是 Weblog，后来缩写为 Blog。Blog 是一个易于使用的网站，用户可以在其中迅速发布想法、与他人交流以及从事其他活动。博客是社会媒体网络的一部分，比较著名的有新浪博客、网易博客等。

博客把网页作为呈现平台，也有人把它称为网页形态的个人专栏，是一种个人网络日志，是互联网平台上的个人信息交流中心。它是一种以客观记录或报道，而不是主观的自我倾诉为特点的传播样式。博客的内容非常广泛，从评论、有关公司或个人构想的新闻，到日记、照片、诗歌、散文甚至科幻小说的发表和张贴都有。许多博客只是记录博主个人所见、所闻、所想，还有一些博客则是一群人基于某个特定主体或共同利益领域的集体创作。博客已经从小群体应用走向大众，大部分的博客内容以文字为主，一些博客专注于艺术、摄影、视频、音乐、播客等各种主题。

博客通常由个人管理，不定期张贴新的文章。博客上的文章通常根据张贴时间，以倒序方式由新到旧排列。许多博客专注在特定的课题上提供评论或新闻，其他则一般是比较个人的日记。一个典型的博客结合了文字、图像、其他博客或网站的链接及其他与主题相关的媒体，能够让读者以互动的方式留下意见，这是许多博客的重要因素。

博客可以是一个人来写也可以是由一群人来写，博客之间最常见的交流是通过留言和评论方式进行。博客一般都是比较随性随意的，它的功能不只是将博主(Bloggers)的意见和想法在网络上传播，也可以让兴趣相投的网友进行交换建议并了解彼此。

1. 网络博客概述

(1)网络博客的价值与意义。

博客与其他网络互动形式不同，网络论坛倾向于聚集网民，进行集体讨论，博客却追求更大程度、更广范围的共享。网络博客的价值与意义主要体现在以下几个方面：

①信息“生活”时空。博客为个人创造了一个信息化的“生活”时空，使人类在网络社会中实现信息化的生存。网民通过个人博客，建立起一个用口语化的文字进行自由表达的空间，并且，借助博客托管网站提供的各项社会性软件的服务功能，实现部分个人形象的网络塑造和部分人生的网络再现。“博客者”(即使用博客的人)除了在其中放松地“生活、工作、娱乐”，还可以邀请自己的朋友共同参与，开展属于自己私人圈子的“社交”，完全由网民自己决定。

②实现社会自我的新平台。作为一种网络个人日志，网民在博客中以自我为中心，常常将某些生活断面、人生感悟、私人空间予以披露，并供有兴趣的网民阅读、赏析，其文章通常会有着鲜明的受众针对性。

③博客“社交”范围扩大化。博客者在拥有更多展示自我的机会的同时，还可以通过博客托管网站的设置和安排，更充分地显现魅力，扩大“社交”范围。

(2)博客的特色功能及应用。

①模板管理。提供多个博客模板，让博客用户进行选择，用户可以根据自己的喜好，对个人博客模板开放的代码块进行自定义设置。

②博客网摘功能。博客用户可通过博客系统，手工添加喜欢的网摘信息，方便收集和访问。除了手工添加网摘以外，还可以通过安装网站的小插件，让博客用户在使用浏览器的时候，只需轻点鼠标右键，便可随时、随意、随心从各个网站摘录信息，并收集到博客对应的“网摘”栏目进行统一管理。

③博客群组。支持自主创建群组，博客用户可以自由组织兴趣爱好相同的“好友”，在圈子发布与主题相关的“话题”，进行讨论、评论及投票。

④访问统计。博客系统支持实时访问信息统计，博客用户可在管理中心即时查到目前博客的所有统计信息，包括访客信息、访问量统计等。

⑤电子杂志生成。选择指定内容，如日志、照片等，进行个性化编辑后，生成

网络电子杂志。生成的电子杂志除了可以在自己博客上显示外，也能通过博客用户的设置选择推荐，发表到网点的首页(或栏目首页)与其他用户分享，这一功能须在系统管理员审核通过后才能实现。

⑥博客搬家。“博客搬家”是指将某个 Blog 用户(blogger)的全部或者部分日志(web log)，从源 BSP(blog service provider，即博客服务提供商)搬迁到目标 BSP。博客用户只需几个简单的步骤，向本站系统提供原来博客的地址、日志数等简单信息，就可以实现原博客上的日志搬迁。搬迁后，原 Blog 的数据不会丢失，仍然保留。搬迁的范围包括日期、内容、评论、标签(tags)以及图片、多媒体文件等。当然，不同的 BSP 所提供的支持略有不同。

⑦Blog widget 功能。支持 Blog widget 功能博客系统，博客系统内预置页面各功能显示模块程序信息，博客用户只需轻移鼠标点选需要模板添加至页面模板，系统将自动引用该模块程序信息，并读取相应内容显示于页面。

(3)博客网站应用举例。

下面以 BlogBus 为例说明：

①打开 BlogBus 的首页，用户申请博客账号后即可自由发表日志，并通过用户的留言获得反馈。如图 6-11 所示。

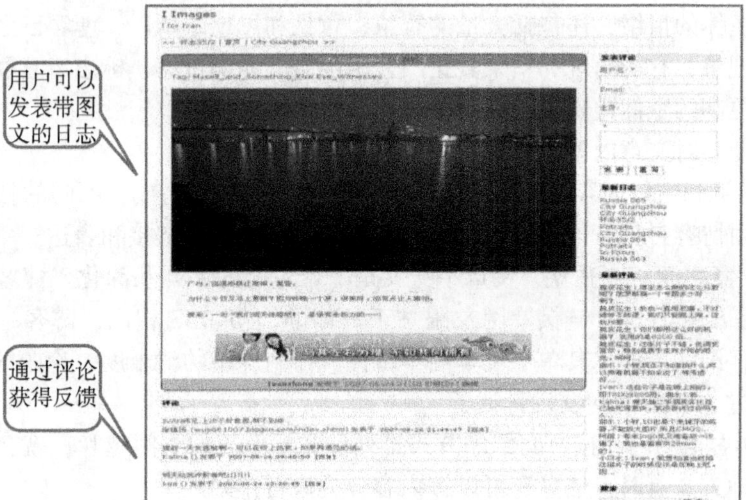

图 6-11　用户发表日志

②通过小组、标签搜索、推荐博客等方式寻找共同话题的用户。如图 6-12 所示。

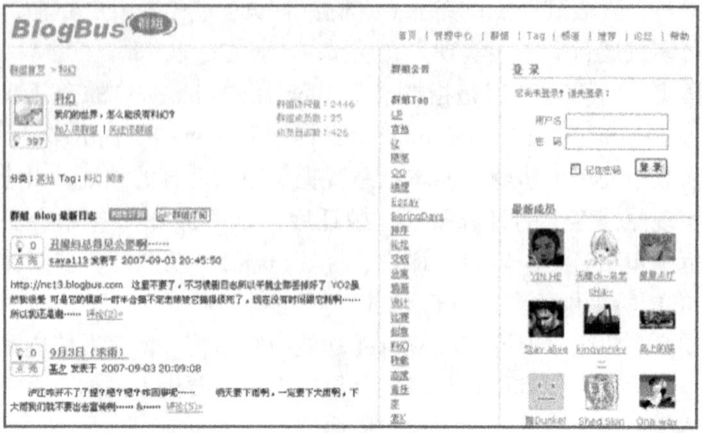

图 6-12 BlogBus 群组

2. 网络博客的特征

从信息传播的角度看，博客网站及频道的出现，对于博客个体，意味着将信息采集与发布的通道最大限度地简单化与快捷化；作为一种新的表达方式，它的传播不仅含有主体的情绪，还包括大量的智慧、意见和思想。所以，博客已经成为一种新的文化现象，它的出现和繁荣真正凸显出网络的知识价值，标志着互联网的发展开始步入更高的个性化阶段。

网络博客对文章内容的组织和结构，呈现出如下特征：

(1)网页和组织内容由不断更新、个人性的众多帖子组成，不同的帖子可以聚焦、围绕由博客者自己设定的不同主题和中心进行组织、链接和表达。

(2)文章之间相对独立，文章本身就是一个主题的展开和深化。博客文章是集原创内容、链接评价、链接及网友跟帖于一体的。与 BBS 相比，博客中的日志更加审慎、仔细和周详，其单个文本的丰富性、讨论脉络的清晰度、论题的拓展空间等，都超过了 BBS 的网友发言帖子。

(3)博客信息内容按时间倒序方式排列。文章发表的时间越晚，就会排在列表越靠上的地方。有时，信息还可以按内容分类进行排列。

(4)以超链接方式组织与表达信息内容。文章可以是各种主题、各种外观布局和各种写作风格，但以“超链接”作为重要的表达方式，使得博客者由此走向网络社会的深处、广处和密切处。

(5)博客的文化特征是个人性和公共性的结合。博客的精髓不仅仅是表达个人思想，记录个人的日常经历，而且以个人的视角，以整个互联网为视野，精选和记录自己在互联网上看到的精彩内容，为他人提供帮助，使其具有更高的共享价值。

所以，博客精神的核心不是自娱自乐，甚至不是个人表达自由，而是体现一种利他的共享精神，为他人提供帮助。

3. 网络博客的种类

(1)按大的框架，博客一般分成两种类型：

①个人网站型博客，即博客者自己购买空间和域名，拥有独立站点和属于自己的独立的域名。可能发展成群体博客，进而成为小型的虚拟社区。

②注册型博客，即博客者在博客托管网站注册后，拥有一个二级域名，二级域名是网络上让别人识别和访问自己的工具。网络论坛等形式需要注册身份方能参与互动，而博客用户无需注册即可参与互动环节，受众也能随意参与博客者发起的话题讨论。博客者还可以保留所有的发言记录，以便查找、编辑和处理。

(2)按照博客的目的、功能、形式和内容，可以把博客细分为以下几种类型：

①基本博客：Blog 中最简单的形式。单个的作者对于特定话题提供相关资源，发表简短评论，这些话题几乎涉及人类的所有领域。

②小组博客：基本博客的简单变形，一些小组成员共同完成博客日志，有时候作者不仅能编辑自己的内容，还能编辑别人的条目。这种形式的博客能够使得小组成员就一些共同话题进行讨论，甚至可以共同协商完成同一个项目。

③亲朋之间的博客：这种类型博客的成员主要由亲属或朋友构成，他们是一种生活圈、一个家庭或一群项目小组的成员。

④协作式博客：与小组博客相似，其主要目的是通过共同讨论，使得参与者在某些方法或问题上达成一致，通常把协作式的博客定义为允许任何人参与、发表言论、讨论问题的博客日志。与小组博客不同，协作式博客允许参与者修改同一篇日志。

⑤公共社区博客：公共出版曾经流行过一段时间，但因为没有持久有效的商业模型而销声匿迹了。廉价的博客与这种公共出版系统有着同样的目标，但使用更方便，所花的代价更小，所以也更容易生存。

⑥商业、企业及广告型的博客：对于这类博客的管理类似于通常网站的 Web 广告管理。

⑦知识库博客：也叫 K-log。基于博客的知识管理将越来越广泛，企业可以有效地控制和管理那些原来只是由部分工作人员拥有的，保存在文件档案或者个人电脑中的信息资料。知识库博客为新闻机构、教育单位、商业企业和个人提供了一种重要的内部管理工具。每一个知识库博客都有一定的讨论主题，如：VC 知识库讨论 VC 的相关知识。

(3)按其内容及对象的不同，又可以把博客分为：移动博客、企业博客、职业博客、营销博客、日记博客、文学博客、学术博客、音频博客、视频博客等。企业博客和职业博客，不仅弥补了传统电子商务模式中商务应用的缺陷，还大大拓展了博客的应用范围，从狭隘的个人私密生活，扩展到了个人的工作和职业以及企业的营销和管理，博客的“营销、展示和互动”功能也因此得到了极大的发挥，无论是企业还是个人都因此获得了空前的发展机会。

4. 博客发展面临的问题

(1)博客空间浪费严重是首要问题。在接近3400万的博客空间总量中，有超过70%的为“睡眠博客”(平均一个月更新不到一次)。“睡眠博客”的存在，对互联网络资源造成了巨大的浪费。

(2)BSP(博客托管服务商)服务有待提高。博客托管服务商的服务质量不够高，导致客户的满意程度不高。BSP在提供服务时，应注意以下要点：易用性：注册项目不要过于繁琐，更不要涉及太多个人隐私问题；同时，日志管理界面要尽可能清晰明了。个性化：博客作为一个个人出版和发表文章的平台，要突出的是博客者的个性，而不是托管商的个性。融合性：随着多媒体的发展，博客越来越呈现出多媒体化，出现了博客相册、图片、音频、视频及RSS等。

(3)博客流动严重也是博客市场的不稳定因素。博客市场长足稳定的发展，还需要博客托管服务商和管理机构在这些方面积极推进。

5. 国内常见博客网站分析

国内常见博客网站的特点简述如下：

(1)个人性。博客纯粹是一个自由状态的人的自发行为。个人性的行为，个人性的角度，个人性的思想，个人性的爱好和兴趣，正是博客文体能够吸引博客本人和读者的力量源泉。

(2)即时性。博客是一种习惯，就像学生时代写日记一样，博客应该成为每天的“必修课”，经常(甚至每天)更新，不断积累，是博客文体有别于其他个人文章、著作的关键。

(3)开放性。博客的开放性，是吸引广大网民的重要特点，因为网民可以用自己喜欢的方式，对自己感兴趣的议题展开深入讨论。同时，也让网民有充分展示自己个性的机会。

(4)拿来主义。博客的优势就是不断搜索提炼信息，不断学习和思考。博客的确需要很“博”，但是，博客最根本的信念就是“别人比我知道得更多”，因此，博客文体最重要的特点就是链接，链接是博客强有力的武器，没有链接就没有活力。

(5)交互性。读者比我知道得更多，比我能够表达得更多，博客与读者的交流是关键，没有互动交流的博客也没有生命。

(6)可信度。本来更准确的词汇应该是“权威性”，但是，博客与传统意义的权威实在有点不兼容。不过不能否认，要成为一名受人欢迎的博客，必须以自己超一流的水平建立长期的权威性。正是因为信任，许多人将博客网站作为自己每天补给信息与思想的第一站，没有这种可信度保证，这样的博客就是平庸的博客。要争取注意力，博客世界的竞争一点也不比传统领域轻松。

博客网站的发展趋势：商业化是博客未来的发展趋势。从商业发展角度看，博客已具备了商业运作的基础。其实在国外，博客所体现出的商业价值早已被开发。有关数据显示，全世界影响较大的博客有 5 万多个，主要集中在美国；而在日本，博客广告也已成为营销的一股新势力。

对博客的"钱"程，业内人士认为，博客已经到了实现其商业价值的阶段。博客网站提供平台，博客作者撰写博客，并持续不断地更新，获得与公众之间的交互沟通，累积人气，提升知名度；网民们关注博客，并通过不断增长的点击量，为博客平台带来持续高涨的注意力；巨大的点击量，又吸引着广告商。可以说，以博客为核心的价值链条已经逐步形成。

三、微博

微博(Weibo)，即微型博客(MicroBlog)的简称，是一种通过关注机制分享简短实时信息的广播式的社交网络平台。微博是一个基于用户关系进行信息分享、传播以及获取的平台。用户可以通过 Web、WAP 等各种客户端组建个人社区，以 140 字(包括标点符号)的文字更新信息，并实现即时分享。微博的关注机制分为单向和双向两种。博客偏重于梳理自己在一段时间内的所见、所闻、所感，微博作为一种分享和交流平台，更注重时效性和随意性，更能表达出每时每刻的思想和动态。微博也催生出了微小说这种小说体裁。微博包括新浪微博、腾讯微博、网易微博、搜狐微博等，但若没有特别说明，微博就是指新浪微博。

1. 微博的发展

最早也最著名的微博是美国 Twitter。2006 年 3 月，博客技术先驱 Blogger 创始人埃文·威廉姆斯(Evan Williams)创建的新兴公司 Obvious 推出了大微博服务。在最初阶段，这项服务只是用于向好友手机发送文本信息。

2007 年 5 月，国际上共有 111 个类似 Twitter 的网站。然而，最值得注意的仍是 Twitter，它于 2007 年在德克萨斯州奥斯汀举办的南非西南会议赢得了部落格类的网站奖。Twitter 的主要竞争对手是 Plurk 和 Jaiku。后来微博客的新服务特色陆续产生，例如 Plurk 有时间轴，可以观看整合了视讯和照片的分享；Identi、Pownce 整合了微博客加上档案分享和事件邀请。

2007 年 5 月，中国第一家带有微博色彩的社交网络饭否网诞生，2007 年 8 月 13 日腾讯滔滔上线。2009 年 8 月中国门户网站新浪推出"新浪微博"内测版，成为门户网站中第一家提供微博服务的门户网站，微博正式进入中文上网主流人群视野。随着微博在网民中的日益火热，在微博中诞生的各种网络热词也迅速走红网络，微博效应正在逐渐形成。

2009 年，微博快速成为全世界最流行的词汇。伴随而来的是一场微博世界人气的争夺战，大批量的名人被各大网站招揽，各路名人也以微博为平台，在网络世界里聚集人气；同样，新的传播工具也造就了无数的草根英雄，从默默无闻到新的话语传播者，往往只在一夜之间、寥寥数语。

2010年，国内微博迎来春天，微博像雨后春笋般崛起，四大门户网站均开设微博。中国互联网络信息中心（CNNIC）于2011年7月19日发布第28次《中国互联网络发展状况统计报告》，报告显示，2011年上半年，中国微博用户从6331万增至1.95亿，增长约2倍。微博在网民中的普及率从13.8%增至40.2%。从2010年底至今，手机微博在网民中的使用率从15.5%上升到34%。

截至2013年3月，新浪微博注册用户数达到5.03亿，得益于抢占了先机，而且，在整体的战略执行上也比较彻底到位，所以获得了重要地位。腾讯拥有近7.5亿的QQ注册用户，3亿左右的活跃用户。这部分人群很容易受潮流趋势的影响开通腾讯微博，与QQ好友和腾讯微博上的其他用户进行信息的分享。企业用户通过注册腾讯官方微博，得到认证后，能够迅速扩大企业的知名度，提高企业核心竞争力。个人用户通过腾讯微博，也能进行个人推广，很多社会事件揭露都来自于微博平台。

据中国互联网络信息中心报告显示，截至2011年12月底，我国微博用户数达到2.5亿，微博用一年时间发展成为近一半中国网民使用的重要互联网应用。

2012年第三季度，腾讯微博注册用户达到5.07亿，2013年上半年，新浪微博注册用户达到5.36亿。截至2016年9月，微博月活跃人数更是高达2.97亿，日活跃用户达到1.32亿，微博成为中国网民上网的主要活动之一。

截至2013年6月，中国微博用户规模达到3.31亿，97%以上的中央政府部门、100%的省级政府和98%以上的地市级政府部门开通了政府门户网站，政务微博认证账号超过24万个。仅微博每天发布和转发的信息就超过2亿条①。

2015年1月，微博开放微博140字的发布限制，少于2000字都可以，1月28日对微博会员开放试用权限，2月28日正式对微博全部用户开放。

第33次《中国互联网络发展状况统计报告》显示，2013年，微博、社交网站及论坛等互联网应用使用率均下降，微博用户规模较2012年底减少2783万，微博使用率比上年降低9.2%，而整体即时通信用户规模在移动端的推动下提升至5.32亿。

2. 微博平台的特点

微博有140个字的长度限制，对于西文，以英文为例，一个英文单词加上空格平均要五六个字符，而中文以双字词为主，这样，每条Twitter能够传达的信息量，就只有一条中文微博的1/3左右。如果用信息密度更低的语言（比如西班牙语）写

① 人民网，引用日期为2013年11月29日。

微博，所传达的信息量就更少了。

(1)便捷性。

微博提供了这样一个平台，用户既可以作为观众，在微博上浏览感兴趣的信息；也可以作为发布者，在微博上发布内容供别人浏览。发布的内容一般较短，可以发布文字，也可以发布图片、分享视频等。微博最大的特点就是发布信息快速，信息传播的速度快。

相对于强调版面布置的博客来说，微博的内容是由简单的只言片语组成的，从这个角度来说，对用户的技术要求门槛很低，而且，在语言的编排组织上也没有博客高。另外，微博开通的多种 API 使大量的用户可以通过手机、网络等方式来即时更新自己的个人信息。

微博网站即时通信功能非常强大，通过 QQ 和 MSN 直接书写，在有网络的地方，只要有手机就可以即时更新自己的内容。一些大的突发事件或引起全球关注的大事，如果有微博在场，利用各种手段在微博上发表出来，其实时性、现场感以及快捷性往往超过所有媒体。

(2)背对脸。

与博客上面对面的表演不同，微博上是背对脸的交流，就好比你在电脑前打游戏，路过的人从你背后看着你怎么玩，而你并不需要主动和背后的人交流。可以一点对多点，也可以点对点。移动终端提供的便利性和多媒体化，使得微博用户体验的黏性越来越强。

(3)原创性。

微博具有短、平、快的特点，促进了原创微博的喷发。微博的出现具有划时代的意义，真正标志着个人互联网时代的到来。博客的出现，已经将互联网上的社会化媒体推进了一大步，公众人物纷纷开始建立自己的网上形象。然而，博客上的形象仍然是化妆后的表演，博文的创作需要考虑完整的逻辑，这样大的工作量对于博客作者是很重的负担。"沉默的大多数"在微博客上找到了展示自己的舞台，可以随意分享自己的观点、看法。

(4)草根性。

微博客草根性更强，且广泛分布在桌面、浏览器和移动终端等多个平台上，有多种商业模式并存，形成多个垂直细分领域。但无论哪种商业模式，都离不开用户体验的特性和基本功能。

①信息获取具有很强的自主性、选择性，用户可以根据自己的兴趣偏好，依据对方发布内容的类别与质量，来选择是否关注某用户，可以对所有关注的用户进行分类。

②微博宣传的影响力具有很大弹性，与内容质量高度相关，其影响力基于用户现有的被关注的数量。用户发布信息的吸引力、新闻性越强，对其感兴趣并关注的

人也越多，影响力越大。只有拥有更多高质量的粉丝，微博才能被更多人关注。此外，微博平台本身的认证及推荐亦有助于增加被关注的数量。

③内容短小精悍。微博的内容限定为140字，内容简短，不需长篇大论，门槛较低。

④信息共享便捷迅速。可以通过各种连接网络的平台，在任何时间、任何地点即时发布信息，其信息发布速度超过传统纸媒及网络媒体。

3. 微博效应

(1)微博反腐。

网民借用微博等新媒体进行批评举报，由此涉及的核心问题是如何厘清公民自由发表言论和侮辱诽谤之间的界限。同其他形式的言论自由一样，利用微博进行反腐最终还应回到法律调整的轨道。

(2)微博打拐。

2011年春节期间，一起非常值得关注的公共事件就是微博“打拐”。网友们零碎的、非专业的行动，与公安部门、媒体等社会力量结合在一起，迅速形成舆论焦点。事件起源于中国社科院学者于建嵘教授所发的“随手拍照解救乞讨儿童”微博，该微博经热心网友不断转发，形成强大的舆论传播力量，并吸引了传统媒体的跟进与关注。

(3)微博营销。

微博营销指通过微博快跑、微博直播、微博客等方式进行营销。成功利用微博进行营销的公司有许多共同点，其中之一就是更多使用真人(有真名实姓)来做自己账号的头像。

(4)自媒体。

自媒体不能单打独斗，一般人玩不起，留下来的是精华。名人微博其实也是自媒体。

4. 知名平台

一方面，由于微博背靠新浪网、腾讯网等老牌且强劲的国内知名网媒，媒体优势得天独厚，单从基因比较，微博的媒体基因就比Twitter来得更深一些；另一方面，微博的出现，让国内网民拥有了一个可以独立自主且相对自由的发声渠道，许多一手新闻甚至猛料均来自草根。在国内监管较为严格的媒体环境之下，微博这个属性显得弥足珍贵。

(1)Twitter。

Twitter英文原意为小鸟的叽叽喳喳声，Twitter的出现，把世人的眼光引入了一个叫微博的小世界里。Twitter是一个社交网络及微博客服务，用户可以经由SMS、即时通信、电邮、Twitter网站或Twitter客户端软件(如Twitterrific)输入最多140字的文字更新，Twitter被Alexa网页流量统计评定为最受欢迎的50个网络应用之一。

(2)腾讯微博。

腾讯微博限制字数为140字，有私信功能，支持网页、客户端、手机平台，支持对话和转播，并具备图片上传和视频分享等功能，支持简体中文、繁体中文和英语。在“转播”设计上，转发内容独立限制在140字以内，采取类似于Twitter的回复类型“@”，这与大多数国内微博相同。此外，腾讯微博更加鼓励用户自建话题，在用户搜索上可直接对账号进行查询。

2010年5月，腾讯微博正式上线。在2013年一季度财报中，腾讯微博的日均活跃账户已经从2012年三季度末的9400万的最高点下降为8100万。之后，腾讯的财报中对微博描述仅寥寥数语。2014年7月23日，腾讯网络媒体事业群进行战略调整，对腾讯网与腾讯微博团队进行整合，正式宣告了腾讯微博业务在腾讯内部地位已经没落。

(3)新浪微博。

新浪微博似乎没有跳出新浪博客文化的框框，而使用了“评论”，这样显得过于正式，与轻松、随意、活力的设计不符。推广策略上，以名人效应拉动，从人气用户推荐可见：名嘴黄健翔、明星李冰冰、SOHO中国的潘石屹等。用户可以通过网页、WAP页面、外部程序和手机短信、彩信等发布140汉字(280字符)以内的信息，并可上传图片和链接视频，实现即时分享。新浪微博可以在一条微博下面附加评论，也可以在一条微博里面发送图片。

新浪微博自诞生之日起，曾先后申请“微博”“围脖”“weibo”等商标字样，其域名也经历过变动，“t. sina. com”的二级域名于2011年更名为“weibo. com”，微博的logo换装，使域名与logo最终达成一致。

2014年3月27日，新浪微博网页logo悄然换新，原来的新浪微博已经改为“微博”二字，微博从新浪分离，为独立上市淡化“新浪”品牌。

2014年4月17日，新浪微博(Nasdaq：WB)正式登陆美国纳斯达克股票交易所，微博上市首日涨19%收20. 24美元，市值40亿美元。

(4)网易微博。

网易微博无论是色彩布局还是整体设计上，都呈简约风格。交互上，摒弃了新浪微博回复提醒的繁琐功能，相比新浪微博的评论内嵌，网易微博采用了“@”的形式进行用户之间的友好交流。信息提醒方面，区别于新浪微博的右侧小范围提醒，网易微博采用免刷新设计的横条，大大扩大了可点击范围。话题搜索快捷插入功能上，单个#比如“#话题”比新浪微博的“#话题#”更考虑到用户插入话题的便捷性和易用性。同时将“#意见反馈”放到内容框下更显眼的位置，可见网易微博把用户的建议与意见放在一个相当重要的位置。

网易微博于2010年1月20日开始内测，截至2012年10月，网易微博的用户数达到2.6亿。2014年11月5日，网易微博页面提醒用户将迁移到轻博客LOFTER以保存原内容，意味着网易微博将不复存在。

(5)搜狐微博。

搜狐微博是搜狐网旗下的一个功能，如果用户有搜狐通行证，可以直接输入账号登录搜狐微博。用户可以将每天生活中有趣的事情、突发的感想，通过一句话或者图片发布到互联网中与朋友们分享。继网易退出、腾讯放手后，四大门户微博战场就剩下搜狐微博还在与新浪微博“竞争”了。

新闻发布会是发布信息的地方，而新闻发生地是指新浪微博本身的变动就是值得报道的新闻。这充分证明了麦克卢汉的观点——“媒介即信息”。从个人的生活琐事至体育运动盛事，再到全球性的灾难事件，微博已经成为全世界的网民们表达意愿、分享心情的重要渠道。多个微博平台推出的年度十大热门事件，在一定程度上反映出这一年全球民众的关注焦点，这一排名的根据是事件发生当天，每秒钟网友发布的相关微博的数量多少。

5. 微博管理

北京市2011年12月推出《北京市微博客发展管理若干规定》，提出“后台实名，前台自愿”的原则。微博用户在注册时必须使用真实身份信息，但用户昵称可自愿选择。新浪、搜狐、网易、海内网等各大网站微博都已在2012年3月16日全部实行实名制，采取的都是前台自愿、后台实名的方式。

2013年8月10日下午，在国家互联网信息办公室举办的“网络名人社会责任论坛”上，多位网络名人就如何在互联网上发挥作用、传递正能量、抵制谣言、构建健康的网络环境进行讨论达成共识，提出网友应该遵守的七条原则，又称“七条底线”。即法律法规底线，社会主义制度底线，国家利益底线，公民合法权益底线，社会公共秩序底线，道德风尚底线，信息真实性底线。七条底线是根本，不能突破；是方圆，不能逾越。要积极宣传落实七条底线，争做文明网民，净化网络空间，还网络一片“蓝天”。

四、微信

微信（WeChat）是腾讯公司推出的一个为智能终端提供即时通信服务的免费应用程序，支持跨通信运营商、跨操作系统平台，通过网络快速发送免费(需消耗少量网络流量)语音短信、视频、图片和文字，同时，也可以使用共享流媒体内容的资料和基于位置的社交插件“摇一摇”“漂流瓶”“朋友圈”“公众平台”“语音记事本”等服务插件。

微信提供公众平台、朋友圈、消息推送等功能，用户可以通过“摇一摇”“搜索号码”“附近的人”“扫一扫”方式添加好友和关注公众平台，同时可以将微信内容分享给好友以及将看到的精彩内容分享到微信朋友圈。

微信以其快捷、开放以及互动感强的独特优势，刚一推出就取得了非常巨大的市场反响。截至2016年第二季度，微信已经覆盖中国94%以上的智能手机，月活跃用户达到8.06亿，用户覆盖200多个国家、超过20种语言。此外，各品牌的微信公众账号总数已经超过800万个，移动应用对接数量超过85000个，广告收入增至36.79亿元人民币，微信支付用户则达到了4亿左右。

2013年11月注册用户量突破6亿，是亚洲地区最大用户群体的移动即时通信软件。

2016年3月1日起，微信支付对转账功能停止收取手续费。同日起，对提现功能开始收取手续费。8月，微信与支付宝同获香港首批支付牌照，意欲争夺新市场。

1. 发展历程

微信由深圳腾讯控股有限公司于2010年10月筹划启动，由腾讯广州研发中心产品团队打造，2011年1月21日推出。

2012年3月，微信用户数突破1亿大关。4月19日，微信发布4.0版本。这一版本增加了类似Path和Instagram的相册功能，并且可以把相册分享到朋友圈。2012年4月，腾讯公司开始做出将微信推向国际市场的尝试，为了微信的欧美化，将其4.0英文版更名为"Wechat"，之后推出多种语言支持。2012年9月17日，腾讯微信团队发布消息称，微信注册用户已突破2亿。

2013年1月15日深夜，微信用户数突破3亿，成为全球下载量和用户量最多的通信软件，影响力遍及中国内地、香港、台湾、东南亚、海外华人聚集地和少数西方国家。2013年8月15日，微信海外版(WeChat)注册用户突破1亿，一个月内新增3000万名用户。2013年10月24日，腾讯微信的用户数量已经超过了6亿，每日活跃用户数达到1亿。2013年第四季度，微信月活跃用户数达到3.55亿。

2014年3月19日，微信支付接口正式对外开放。2014年4月8日，微信智能开放平台正式对外开放。2014年8月28日，微信支付正式公布"微信智慧生活"全行业解决方案。具体体现在以微信公众号+微信支付为基础，帮助传统行业将原有商业模式"移植"到微信平台。2014年12月24日，微信团队正式宣布面向商户开放微信现金红包申请。只要商户(公众号、APP或者线下店皆可)开通了微信支付，就可以申请接入现金红包。

2015年3月9日，微信开放Wi-Fi入口，用户无需账号密码即可上网。

微信提供的闭环式移动互联网商业解决方案中，涉及的服务能力包括：移动电商入口、用户识别、数据分析、支付结算、客户关系维护、售后服务和维权、社交推广等。这也预示着微信再次加大商业化开放步伐，为合作伙伴提供连接能力，助推企业用户商业模式的移动互联网化转型。

通过为合作伙伴提供"连接一切"的能力，微信正在形成一个全新的"智慧型"

生活方式。其已经渗透进入以下传统行业，如微信打车、微信交电费、微信购物、微信医疗、微信酒店等，为医疗、酒店、零售、百货、餐饮、票务、快递、高校、电商、民生等数十个行业提供标准解决方案。

2017 年 2 月，Brand Finance 发布 2017 年度全球 500 强品牌榜单，微信排名第 100。2017 年 3 月 23 日晚，微信官方推出了“微信指数”功能，腾讯方面定义其为微信官方提供的基于微信大数据分析的移动端指数。2017 年 5 月 4 日，微信支付宣布携手 CITCON 正式进军美国。在微信支付正式进军美国后，赴美人群可在美国享受无现金支付的便利。通过微信支付，在美国的衣食住行均可直接用人民币结算。

微信团队在 2017 微信公开课 PRO 版上发布了《2016 微信数据报告》。报告显示，微信 9 月平均日登录用户达到 7.68 亿，较去年增长 35%，50%的用户每天使用微信时长达 90 分钟。消息日发送总次数较去年增长 67%，日成功音视频通话总次数 1 亿次，较去年增长 180%。

2. 特色功能

微信支付：微信支付是集成在微信客户端的支付功能，用户可以通过手机完成快速的支付流程。微信支付向用户提供安全、快捷、高效的支付服务，以绑定银行卡的快捷支付为基础。

朋友圈：用户可以通过朋友圈发表文字和图片，同时可通过其他软件将文章或者音乐分享到朋友圈。用户可以对好友新发的照片进行“评论”或“赞”，用户只能看相同好友的评论或赞。

公众平台：微信公众平台主要有实时交流、消息发送和素材管理。用户可以对公众账户的粉丝分组管理、实时交流，同时也可以使用高级功能的编辑模式和开发模式对用户信息进行自动回复。当微信公众平台关注数超过 500，就可以申请认证的公众账号。用户可以通过查找公众平台账户或者扫一扫二维码关注公众平台。

城市服务：2015 年 7 月 21 日，微信官方宣布“城市服务”正式接入北京市。用户只要定位在北京，即可通过城市服务入口，轻松获得社保查询、个税查询、水电燃气费缴纳、公共自行车查询、路况查询、12369 环保举报等多项政务民生服务。

微信还提供语音提醒、QQ 邮箱提醒、通讯录安全助手、漂流瓶、查看附近的人、微博阅读、游戏中心、微信公众平台、账号保护等功能。

3. 微信平台管理

(1)拦截系统。

2014 年 8 月 7 日，微信已为抵制谣言建立了技术拦截、举报人工处理、辟谣工具这三大系统。在相关信息被权威机构判定不实，或者接到用户举报并核实举报内容属实后，微信会积极提供协助阻断信息的进一步传播。

在日常运营中，腾讯有一支专业的队伍负责处理用户举报内容。根据用户的举报查证后，一旦确认存在涉及侵权、泄密、造谣、骚扰、广告及垃圾信息等违反国家法律法规、政策及公序良俗、社会公德等行为，微信团队会视情况严重程度对相关账号予以处罚。

(2)版权保护。

2015 年 2 月 4 日，微信团队在其公众平台发布抄袭行为处罚规则：第一次删文并警告，第二次封号 7 天，第三次封号 15 天，第四次封号 30 天，第五次永久封号。对于不遵守平台规则，乱使用“原创声明”功能的恶意和违规行为，一经发现和被举报，微信公众平台将永久回收其“原创声明”功能，且进行阶段性封号处理。

微信公众平台上线原创声明功能，旨在解决原创文章版权标识，推动微信公众平台产出更多优质原创文章。申请原创声明的文章在群发成功后，原创声明系统会对其进行智能比对，系统比对需要一定时间(半小时以内)，比对通过后，系统会自动对文章添加“原创”标识。如果申请原创声明失败，系统将会发送站内信通知申请人。申请人若有异议，可通过站内信的“投诉”入口直接操作，微信将会根据相关法律规定进一步核实处理。对原创文章被他人抢先进行原创声明的情况，原作者可以向微信公众平台提供相关证据进行侵权投诉。

第三节　网络互动形式与管理

网络建立的传播平台，是以自由、开放和互动为主要特征的。互动，既指网民与网站之间的交流与沟通，也指网民与网民之间的交流。

一、网络互动的方式与手段

网民参加网络互动的方式，通常有如下几种：

1. 启动式互动

即网民给网站提供新闻线索，寻找新闻报道与评论的题材，并促进新闻报道的启动。

2. 增值式互动

网络的开放性，使得网民可以从电子邮件或者网络论坛转发一些新闻，从而帮助新闻扩散，形成了新闻增值。

3. 参与式互动

在某些聊天室或 BBS 中，网民或者新闻当事人与嘉宾进行讨论，其实是一种生产新闻的过程。

4. 提升式互动

在网络社会中，网民对某些新闻及事件的关注与重视，可能形成一定的舆情民意，从而提升新闻与事件的社会关注度与影响度。受众经常通过参与网站的论坛讨论和调查的方式，生产出意见市场，可以进一步帮助新闻在网络以外的地方扩展其社会影响。

5. 资源式互动

通过网民参与网络调查获得的数据，是新的新闻报道素材或背景。网民在网络上建立的网站、BBS 中的帖子、电子公告服务系统中的言论与个人博客的信息等，极大地丰富了网站新闻报道的内容与形式，从而为社会提供了更加花样繁多的信息资源与组成。目前，网络上常见的具体互动手段包括"电子邮件""留言板""聊天室"和"电子布告牌(BBS)"等，《互联网电子公告服务管理规定》将后三者统称为"电子公告服务"。

在网络的电子邮件和电子公告服务以外，人类社会仍在不断推进发展新技术，也在提供更新的互动手段。与网络媒体密不可分的手机媒体，在以手机短信为代表的即时互动等方面，显示出人类社会在互动手段方面的广阔前景。这些更快、更好、更自由、更开放、更个性的个体、群体间互动形式的出现，也为相关管理提出了新的课题。

二、网络互动管理的一般原则

制定有关规则时，一定要考虑到鼓励网民参与的积极主动性，同时，又要在健康有序的环境下开展网络互动。所以，在具体的网络管理实践中，互动管理有一些必须掌握的基本原则。

1. 张弛有道，松紧适当

过于严格的管理，会抑制网民的参与热情及表达，不能形成社会情绪疏导通道；但管理太松，又可能使网络互动出现混乱的局面，从而影响网站及网络的未来发展。管理者需要在松和紧中寻找"度"。不影响国家、社会的问题可以适当放宽，关涉原则性的问题时绝不心慈手软。管理员需要提高自己相应的能力，在不断的应对中，不仅要找好度，还要站好位。

2. 审时度势，灵活把握

随着时势的变化，对于网络互动形式的管理，在内容和形式上都可能发生一些变化。这时，就要求管理者能够把握不同时期的管理重点，并根据实际情况调整管理的尺度，采取不同的管理策略。对社会时事与环境保持必要的敏锐与犀利，学会审时度势，这是网络编辑及其管理者应该具备的基本素质。

3. 制度化管理与人性化管理相结合

在有原则的管理过程中，网站相关管理人员还需要根据一定的环境，给予网友对象以真诚的关怀。即需要提供足够人性化的服务，和网民成为平等互动的朋友，形成网站良好的人际互动氛围，才能在一定的规矩与秩序中让网民朋友更多地互动参与，从而实现网络互动的有效性和维持网络社区的稳定性。

第七章　网络社区运营

做社区要关注两个关键点：首先，是核心产品和功能升级；其次，要尊重社区的节奏，即流量无用。如何用规模化的方式，让高质量的 UGC 内容生长起来，一直是一个难题。

社区是由人组成的，他们有自己所信任的圈子，然后，以此为中心运转。从某种意义上讲，我们所谓的社区是由无数个小圈子组成的，它们围绕各自擅长的东西和兴趣进行沟通和交流。

第一节　网络社区运营概述

网络社区的运营是有方法的，社区不像一个网站，搭建好了以后做好内容与优化，别人通过搜索引擎检索，就会有一个稳定的访问量。社区要的不只是访问量，更多的是要用户，要有质量的用户在这里互动。做好网络社区需要把用户留住，让他们愿意经常来看。还要把核心用户挖掘出来，让他们到社区发布有价值的内容。同时，也要把有价值的内容传播出去，吸引更多的用户来看。

一、网络社区版块划分

网络社区最基本的元素是 ID，ID 的基本产物是帖子和关系，网络社区的运营，要围绕着内容和关系而展开。有规律的网络社区的运营，才能产生精准的内容和精准的用户(消费群体)，从而产生商业价值。这种聚合，在 BBS 中的表现就是分版，在 SNS 系统的体现就是分组。这种聚合有两个维度：内容维度和关系维度。即根据内容(或者内容所属的行业)划分版块，同时，要兼顾根据用户之间的某种关系划分版块。

1. 不同网络社区的版块划分

(1)门户社区一般是按内容进行划分的。内容划分的原则一般是行业、喜好或者某种行为。如天涯社区，将情感天地、时尚资讯、金石书画、房产观澜、旅游休闲等作为栏目。地方社区往往也是按照这个方式进行划分，如 19 楼、合肥论坛、化龙巷等，都是将地域性的消费行业作为主要的版块，如房产、家装、婚庆、汽车等。

(2)垂直社区往往是把内容细分和关系的聚合作为分版的规则。例如业主社区类网站和师大路茶坊等，一方面将垂直内容进一步细分，另一方面也通过内容整合关系。如业主社区，在内容上与对应楼盘相关，在关系上体现邻里元素。

(3)SNS网站往往有2个维度的聚合，第一个维度是人与人的关系，第二个维度则是组，组其实是内容的聚合。如豆瓣网上五花八门的小组，绝不亚于一个门户社区；西祠胡同应该归类为SNS网站，因为，其建版的原则就是版主和网友的关系，版以版主为核心，而内容则是版主决定的某个主题；QQ群完全类似西祠胡同的这种方式，基于关系聚焦于某个内容。

2. 网络社区分版原则

其实，版(或者组)这个概念包含了内容和关系的双重元素。而分版乃是建立社区的一个基础，影响甚至决定了社区未来的运营方向。分版的原则究竟是什么呢?

(1)行业原则。一个版块对应于一个单纯的行业链，而不是纠缠不清的行业链的组合，只有行业清晰才能产生精准的客户群。例如，可以建立一个美食版，而不是一个将餐饮、娱乐、购物等纠结在一起的美食休闲购物混合体。

(2)产值原则。主力版块一定要是具有足够体量、可以持续发展的刚需行业，如汽车、房产、家居、婚庆等。商业网站应该抛弃与商业无关的版块，降低企业经营风险。

(3)价值原则。必须是用户需要、关注、喜欢并且健康的内容。需求是人气的第一生产力，离开需求，任何推广都会苍白无力。

二、网络社区运营需要做好的基本工作

网络社区运营最核心的两点是内容与用户，通过图7-1，可以简单梳理一下运营的思路。那么，网络社区的运营人员，都应该做些什么工作呢?

(1)在社区建立初期，网站运营人员要先填充一些有价值的内容，引导用户创造符合社区要求的、对社区有价值的内容，逐步塑造社区文化；社区建立后，要对用户创造的内容进行甄别、审核，对优秀或违规内容给予褒奖或处理；善于利用热点聚合社区内容，制作专题或策划增强网友互动的线上活动。

(2)用户沟通是社区的根本，网站运营人员就是社区团队与用户之间沟通的桥梁，是信息传递的媒介。无论在产品开发阶段，还是正式上线后的运营阶段，运营人员都要长期保持与用户的沟通与交流，收集用户反馈，帮助完善产品。运营人员是最了解用户的，也是社区的重度使用者。客观地讲，运营人员是产品团队的传声筒，使大量的用户反馈经过过滤后，把最有价值的部分提供给产品/开发团队，避免闭门造车。

(3)活动策划。这里所说的活动包括线上和线下的活动。作为互联网平台，网络社区要落地，这是一个趋势，几乎所有的网络社区都会组织网友进行线下互动活

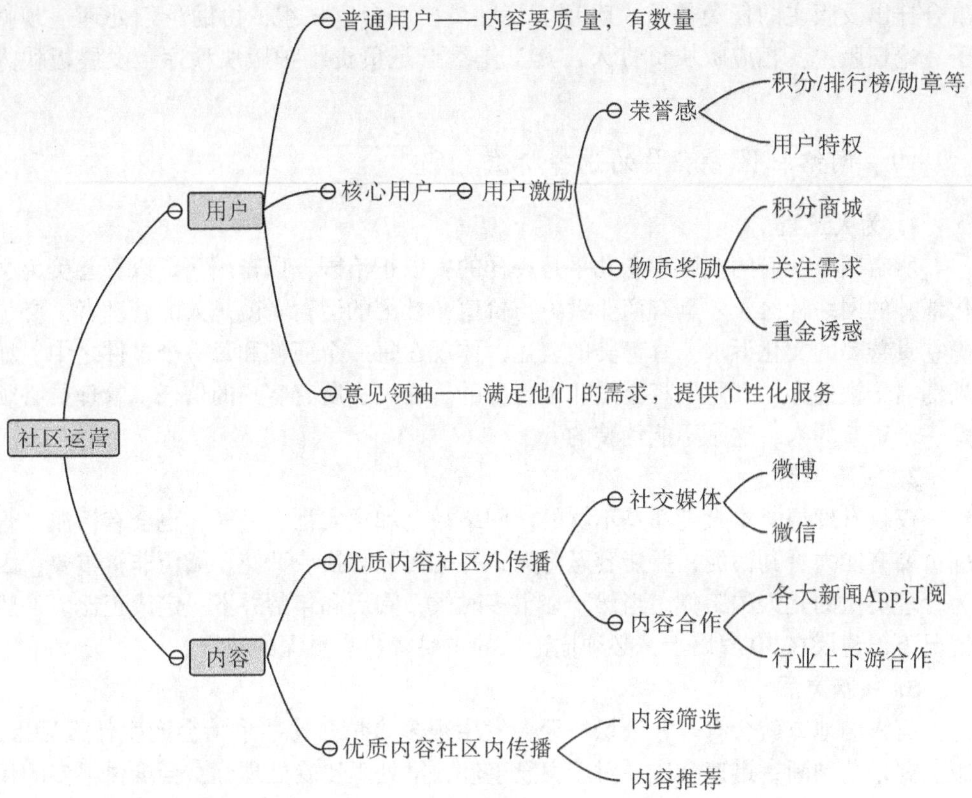

图 7-1　网络社区运营的核心

动。线下活动的策划、组织和实施应由运营人员牵头，团队其他人员配合参与。这里谈到的线上活动与(1)中的内容运营有相似之处，即要抓住社区内用户最关心的热点，去策划专题或互动内容，提高网络社区的活跃度和黏性。

(4)策划推广。推广一般属于运营人员的职责范围，即便不是事事亲历亲为，也要负责整个推广流程：撰写推广方案、带领推广团队(或个人)实施、跟踪推广效果、修改完善推广方案，最后达到指标，写推广总结。

(5)产品设计。产品设计是指运营人员要在用户的众多反馈中提取有价值的部分，将其转化成产品建议，提供给产品经理。也就是说，运营和产品是要紧密联系的，运营有协助产品经理规划产品的职责，如根据需求提供新功能或调整已有功能，或者参与产品内测等，运营人员所有和产品有关的工作都归类于此。

三、网络社区的管理人员组成

对于一个大型的网络社区如论坛来讲，其基本的管理人员主要有几下三类：论坛站长：在论坛活动中，具有最高决定权，决定整个论坛的对外宣传交流、对内人事升迁以及版主的任免等重大事项。管理员：后台审核组，协助论坛处理违规帖子。论坛版主：相应版块负责人，其工作重点是负责维护版块秩序，发展板块人员。

四、网络社区管理员的选择标准

1. 为人正直

所有国家政府的执政理念几乎是一样的：以正治国，以奇用兵。以真善美为文化精神的网络社区，才具有商业潜力与价值，社区的运营者就是人的管理者，必须确立真善美的文化诉求。真善美的表达，体现在每一个回帖和每一个事件之中，如果伪君子被揭穿，其惩罚将会是非常严厉的，会失去所有客户的信任。管理员必须是一个正直的人，这是不能伪装的。

2. 阅历丰富

仅仅有理想、本人纯净是不够的，网络社会和现实社会一样，也会有污泥。管理员要有能力看到污泥，要能容忍污泥，并把污泥转换成荷花。阅历非常重要，因为管理员做的是人的工作。当然，在很多时候，阅历和年龄并不一定成正比。一般情况下，建议在30岁以上，必须比论坛的主要客户有更深的城府。

3. 头脑灵活

有人的地方就会有事，论坛每天会发生很多事情。这些事情会产生什么后果，版主要果断判断，迅速反应。对于突发事件，早处理比晚处理好，会少付很多的代价：快速处理能够避免更多的损失。当然，处理方式由版主根据实际情况确定。

4. 乐于助人

经营社区就是经营人，能够积极帮助别人的人，更容易获得友善的回报。一个人的朋友很多，是因为他更愿意付出，更愿意帮助别人。一个与人为善的人，在网上往往也会是一个广受欢迎的人，这有利于其承担版主的重任。

5. 有知识背景和相关经验

专业的事由专业的人来做，一位优秀的管理员，一定要具备与其所负责版块相关的知识背景和经验，这样才会赢得版友的信赖与尊重。

6. 具有敬业与奉献精神

论坛管理员的工作质量很难找到恰当的考核指标，努力与否，更多的是靠自觉和对版主工作的热爱。同时，需要具有积极向上的性格。当然，对大多数人来讲，做领袖的感觉是很好的，很多人仅仅因为是领袖，就有了做好版主工作的动力。

五、网络社区的用户构成

网络社区的用户构成如图7-2所示：

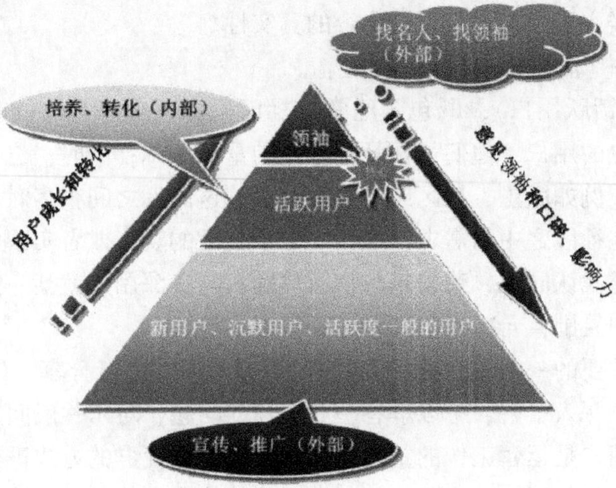

图 7-2　网络社区的用户结构

网络社区中的用户归为三类：普通用户、核心用户(活跃用户)与意见领袖。

1. 普通用户

普通用户包括站外用户、新用户、潜水用户、搜索用户等，他们会经常在社区里浏览一些内容，有的还会偶尔发发帖、回回帖，但一般惜字如金，与其他人深入分享观点的频率很低或者基本为零。这类用户在社区之中的比例很大，他们的需求有两个：浏览优质内容，获得经验上的成长；发帖提问，寻求某一问题的答案。服务好普通用户，最重要的就是要做好内容推荐。

如何挖掘用户感兴趣的内容？通常的方法，是把近期社区中回帖量排名靠前的帖子导出，然后将其归为几类，根据比重，选择两三个比较热门的领域组织活动，激励用户分享内容。这个方法适合比较大型的社区，因为社区已经有了一定的访问量基础，可以用来做数据分析。如果是运营一个新社区，可以找行业内比较著名的网站或者社区，抓取它们的数据，再做数据分析。

当然，做活动只是一个短期的刺激手段，必须要有长期的运营方案，才能把这件事做好。也可以在社区的固定推广位，每天按照比例更新内容。在做内容推荐的时候，要注意以下几点：

(1)推荐的内容要与社区的主题息息相关。

(2)内容质量优先，如果本社区人气不行，可以适当找一些站外的内容。

(3)选择内容好或者主题好的帖子进行推荐，二者必占其一。

(4)如果是主题好的帖子，要选择楼主比较爱参与互动讨论的进行推荐。

(5)如果是含有负面信息的帖子，要根据楼主的回复判断内容的真实性，必要的时候，要与楼主私下沟通，保证内容的真实性。

2. 核心用户(活跃用户)

核心用户(活跃用户)，既包含经常在社区里深入分享自己的观点，并希望与更多人进行讨论的用户，他们往往是精华帖的重要来源；同时，也包括能够协助管理社区的用户，例如版主、社区或群管理员等。这两者之间很多时候是有非常大的交集的，他们在社区之中的需求，往往是分享自己的观点或者实践经验；解答其他用户的问题，寻找认同感、荣誉感与物质奖励；与资深用户就某一问题进行深入探讨；认同社区的氛围，希望参与到管理工作之中等。

其中，最重要的一点就是让核心用户(活跃用户)进行分享，他们一般对某个行业或者领域有深入了解，可以解答一般用户的问题，对于一般问题可以给出解决方案。这部分用户是运营工作的重点，一般可以通过社群的方式进行维护，比如建立一个社区版主微信群，用于平时的日常沟通与交流。然后，再给予他们物质和精神上的激励，以合理的制度，让他们创造更多有价值的内容。按照这个思路去做，可以产生一定的效果，再按照实际的情况进行调整，最终形成一个较为完善的运营方案后坚持执行即可。

3. 意见领袖

社区之中的意见领袖，是指在人际传播网络中经常为他人提供信息，同时，对他人施加影响的“活跃分子”。他们在大众传播效果的形成过程中，起着重要的中介或过滤的作用，由他们将信息扩散给受众，形成信息的传播。

对于意见领袖的运营，要坚持个性化。普通的勋章及积分兑换礼品无法满足他们的需求，通常的做法，是公司领导或者公关人员负责对这部分用户进行维护，保持一定联系。由于这些资源是社区的核心竞争力，如果出现问题，对社区的伤害会很大。对于这些意见领袖，轻易不要要求他们去帮忙做什么，除非真的有必要。想办法和他们保持尽可能紧密的关系，搭建产品的日常使用场景，可以靠这些用户自发进行传播，将达到非常好的效果。

六、网络社区运营的内容

1. 优质内容的站外传播

优质内容的站外传播，主要可以从以下两个方面进行：

(1)社交媒体的传播。产品上只有一个简单的分享到微博或微信的功能是远远不够的，除非内容非常吸引人，否则用户是不会主动分享的。而社区信息比较繁杂，依靠社区内容质量来传播，是很难达到非常好的效果的，这个时候，就需要运营人员主动做一些工作，把这些内容传播出去。

(2)推广渠道的传播。通常，我们会在网络社区中建立一些渠道，用于推广产品，在这样一个自媒体时代，各大门户网站都会提供订阅功能，这个功能是专门给一些垂直行业的媒体或者自媒体推荐自己的内容的。如新浪新闻、搜狐新闻、网易新闻以及腾讯新闻等都可以拓展，新闻 APP 是比较大众化的渠道，只要是做内容的，都可以选择这些渠道。

2. 优质内容的站内传播

对于优质内容的站内传播，可以从产品的角度出发。一般站内传播分为两个步骤：内容筛选与内容推荐。内容筛选：建立一个内容活跃度公式，然后，通过这个公式筛选出有价值的内容，这部分工作主要通过代码实现。内容推荐：在完成了内容筛选之后，运营人员手动对内容、标题等进行编辑，再通过社区中的推广位展示给用户。

由于各个社区的产品形态有所不同，要做好网络社区的运营，最重要的是运营人员的责任心与对信息的敏感度。这需要运营人员每天花大量时间浏览社区内容，了解用户的喜好以及当前的热点。

七、围绕用户行为开展精细化运营

要打造成功一个网络社区，关键的一点就是要围绕用户的行为，开展精细化运营。简单地说，就是做好如下几个细化工作(如图 7-3 所示)：

图 7-3　网络社区的精细化管理

1. 搭建基础

包括网络社区的内容、主题、用户、表现形式、推广方式、管理人员分工及岗位设置、奖惩规则、管理制度与运营规则等，这是网络社区最基础的工作，一定要扎扎实实做好。

2. 吸引新用户

完成网络社区的基础搭建后，就要通过各种方式进行宣传与推广，让更多的新用户有意愿加入，尤其要注重吸引相关领域的高质量用户注册。

3. 留住用户

在吸引新用户的同时，要想办法留住老用户。通过社区主题内容质量的提升、各种线上线下活动的开展，让用户感觉待在这个社区是有价值、有帮助的。而且，可以通过制度设置，引导老用户成为宣传队伍的一员，积极主动地加入社区推广的行列，不断吸纳更多更有品质的新用户加入。

4. 提升活跃度

网络社区是否具有持久的生命力，很大程度上取决于其活跃度。要通过组织公益爱心活动、热点问题讨论、健身比赛、社会重大事件关注等方式，让网络社区变成用户思想及情感世界的一个家。要建立激励机制，调动或刺激更多用户参与网络社区建设。

5. 价值转化

网络社区的规模达到一定程度，稳定性比较好，而且，对一些引导性问题有了一定的共识后，就自然而然地产生了商业价值。接下来，就要采用合适的方式与步骤，逐步挖掘潜力，尽可能让其长期价值最大化。

6. 数据跟踪与分析

要参照行业规则，建立一套适合这个网络社区的系统化的评价标准和体系，让结果说话，用数据说话。在以上所讲的各个步骤中，采取的措施是否得当，效果到底如何，要坚持用标准去评价和规范。

八、新建网络社区的运营与推广

网络社区建设初期，在没有资金和关系的前提条件下，要提高站点知名度，可以采取的宣传推广方式有哪些？对于网络社区新站，发展初期最适用的推广方法主要有两种：

1. 社会化网络推广

可以充分利用百度贴吧、百度知道、爱问、天涯问答等问答平台，以开心网为代表的 SNS 平台，以新浪微博为代表的微博平台以及 QQ 群等平台进行推广。这类平台都可以通过关键词找到精准的目标人群，然后，按照“目标受众→确立目标→制订吸引策略→扎实执行→效果评估与调整”五部曲进行操作。

2. 搜索引擎优化(SEO)

要通过搜索引擎优化的方式进行推广，就要找到在该搜索引擎上传播力度更大的关键词。下面以某西安网络社区为例进行说明：

第一步，找到一些能够持续带来流量，并且相关性很强的关键词。比如，在百度搜索“西安”，会发现相关搜索中出现西安天气、西安旅游、西安地图、西安美食、西安房价等词语，初步筛选出跟网络社区的便民服务有关的西安天气、西安地图等关键词。

第二步，查看这些词的百度指数与竞争程度，通过指数分析得知，这些词的日搜索量都在5万多，有的词竞争力大，有的相对较小。

第三步，进行关键词拓展。根据西安管辖范围内的雁塔、碑林、户县等县市进行拓展。如西安市雁塔区、西安碑林、西安户县天气等。

第四步，按搜索引擎的规定，组织相应的内容及其他SEO必须进行的工作。

这样，累计几十个针对性很强的关键词，将会产生巨大的日搜索量。经过一段时间的积累，如果有一部分能做到前列，每天会固定带来大量IP。

当然，这两大方法中，有些效果来得比较慢，有些会比较快，我们需要有一定的心理预期，并在实施过程中进行组合安排。

3. 激发用户发帖

另外，吸引更多的用户参与社区建设，发布高品质的帖子，也是一种非常有效的社区推广方式。那么，如何激发用户发布原创及高质量帖子的积极性？一般用户发布帖子，通常要看有没有什么好处，这个好处可能是对自己的，也可能是对别人的，还有可能是对社会的。针对这三种不同的需求，可以分别采取对应的激励措施：

利己：新做的社区网站，对用户而言当前价值并不大，但可以用用户未来的利益，唤起其现在发帖的积极性。比如建立良好的积分体系或等级制度，达到多少积分可以兑换什么奖品，或者说达到什么级别，可以竞选未来的版主，未来版主有什么样的待遇和特权等。

利人：即用户在新的网络社区发帖对别人有好处。这类用户，通常是各行业的“专家”或者是在“吃喝玩乐”上有一些经验心得的体验用户，他们可以把关于“在夏天如何拍好结婚照”或“如何装修二房一厅”等诸如此类的问题与大家分享。如何给予这类用户更大的认同感与成就感呢？可以把这类帖子置顶，进行重点推荐或聚合成专题，产生更多的曝光，让更多的网友跟帖互动，这类用户看到火热的点击率或一朵朵“鲜花”随之而来时，自然就更有积极性了。

利社会：这个概念比较大，通常需要结合一些公益活动或本地的一些特色文化来操作。这样会产生共鸣，激发用户参与。

网站运营与活跃度是相辅相成的关系。在建站初期，针对用户的需求，建立良好的激励制度的同时，网站的编辑、运营、版主也要进行必要的引导，带动用户养成及时发布身边新鲜信息的习惯。

九、网络社区的积分系统

积分现象源远流长，比如现在的足球赛就是采用积分制度确定排名的，移动、联通、电信及各个超市的积分计划大行其道。同样，在互联网领域，也可以看到积分的影子，如社区论坛、购物分类信息等，用户每天都在接触积分网站，对于积分制度也是乐此不疲。可是，仔细研究就会发现，各个网络社区基本上都是模仿，很少有网站能够深刻理解积分的意义，并利用积分创造巨大价值。

网站积分系统是网络社区的基础，必须在开始建设网络社区的时候就要考虑好，而不能一边做一边想。在网络社区中，有些东西可以边做边改，但有些东西必须在网站开工前就要设计完成。积分体系就得提前设计好，不能轻易修改，否则，会影响用户的积极性，并造成不可预估的后果。

1. 积分等级体系

(1)积分体系中，最简单的就是给用户的正向操作加分，比如发帖、回复等操作；给用户的负向操作扣分，比如被删帖、被屏蔽就会扣分。这种积分体系，在网络社区里用得最多。同时，可以采用评比“社区大富翁”等方式，使用户的正向行为得到鼓励，使整个社区更加活跃。

(2)积分体系也会升级，积分体系上升一级，就是虚拟币系统。用户可以购买这种虚拟的积分，然后用积分完成一定的操作，享受一定的功能或者是购买会员服务。会员积分体系可以与虚拟币系统同时存在，虚拟币系统作为收费的形式存在，积分系统作为补充的形式存在。在虚拟币系统中，QQ 的体系做得非常好，各项无不达到极致，若想研究虚拟币系统的设计，就要去研究 QQ 的体系。但这种体系中货币只流入不流出，即可以使用人民币去买 Q 币，但无法用 Q 币换人民币。

(3)然后，就达到第三级，即虚拟币和真实币可以相互兑换，比如美国的第二人生林登币和美元可以相互兑换，直接把虚拟世界和现实世界进行对接，这是积分体系的极致。从最初级的积分操作，到最高级的与货币互换，这就是整个积分体系。

2. 积分体系的意义

(1)鼓励用户正向的行为。网站使用积分来告诉用户，什么是网站希望的行为，什么是网站不希望的行为。对希望的行为就加大积分，比如发布主题好的内容被推荐，可以获得加分；若发布了不良主题，就进行删除，同时扣除积分，这样用户就会有损失，也会停止这样的操作。用户的积分行为可以相互进行比较，会更加刺激用户的行为，排在用户排名榜的最前面也是一种荣誉，对用户也是一种正向引导。

(2)创造用户交易的行为。比如，用户可以使用自己获得的积分，购买网站的一些虚拟道具或者服务。用户之间的积分可以相互交易，这也是一种交易行为。用户的交易将带来两个好处：一是培养用户付费的习惯，为将来收费做准备；二是可以鼓励用户更加活跃，以获得更多积分。

(3)让网站创造了看不见的现金流。这是最重要也是最隐蔽的，通过网站建立起来的虚拟币体系，网站实际上已经获得了一笔无中生有创造出来的钱。使用这笔虚拟的钱，可以交换各种服务，并能够让用户帮助网站发展用户、扩展业务；同时，也可以与其他公司互换服务。这对于网站特别是创业期的网站来说，是一笔非常重要的财富。

3. 如何设计积分体系

(1)首先，要确定哪些操作可以获得积分。一般来说，正向操作可以获得积分：增加类的，如增加帖子、增加活动、增加内容等；分享类的，分享了一个信息。还有，在线时间及每天登录次数，或邀请朋友参加社区的操作，都可以获得积分。

(2)得到这么多的积分如何消耗掉呢？积分的消耗一般有两种：一种是惩罚类，比如被网站发现并删除了不良内容等；另一种是消费类，购买了一种服务或功能，比如让自己的帖子置顶，花费一些积分，向别人请教问题等。

(3)如果在同一个网站内，存在着不同的积分体系，比如网站文章体系中的积分系统和论坛中的积分体系，一般还会有个转换积分的比率，这需要在网站的后台设置，用户可以据此把自己的积分进行转换使用。网站积分体系设置的重点在于比率：需要了解用户的行为，看用户什么样的活动会产生多少积分，同时，也要让他们消耗掉“通货膨胀”。如果用户的积分都很少，花费都很高，结果必然是怨声载道，甚至可能和网站对抗；如果用户的积分很多，没处花，则贡献动力就会下降，导致整个网站活跃度下降。积分体系如果用好了，将是网站最大的赚钱点之一。比如，网游里面的经济体系，可以算是最复杂的积分体系，做网游的都知道，免费游戏比收费游戏还能赚钱。

(4)积分体系往往是和会员等级结合在一起的。一定的积分可以升至对应的会员等级，表明这个会员在这个社区里所贡献的价值，特别是在问答类社区和论坛社区里。最简单的会员等级制是模仿军队设置，从士兵到士官一直升到将军。

用户为什么需要积分？因为，用户需要用一种东西证明他们在社区里投入的时间和精力。了解一个会员，看他在这个社区里到底是不是很重要，是不是做了很多事，看他的积分就知道了。把用户为网站做的事情一点一滴汇总起来，表明他们的工作没有白做，对于很多用户来说，这一点非常重要。

(5)设计积分系统时，要注意积分名称要有个性。比如说社区/论坛金币，这是所有社区/论坛默认的名字，如果能有一个有个性的、有趣味的名字，就会大大增强其吸引力。

(6)接下来最重要的一点，就是一定要赋予积分作用。只有这些虚拟的货币有作用了，其价值才会体现，而且，赋予的作用越大，用户想得到的欲望就会越高。用户有了想得到的欲望，积极性才会被调动起来。就好像腾讯的Q币，为什么Q币能影响到现实中的货币系统？原因就是它的作用很大。

4. 具体设置方式

在设置积分体系时，要注意什么问题？采用什么方式？下面举例来说明，在一般的社区/论坛都可以用：

(1)把积分与等级挂钩。积分越高，等级也就越高，这是最基础的用法，积分减少，等级也降低。比如说金币多了，等级就会高，而一旦花了金币，就会掉级。从心理学上说，得到的东西再失去，肯定会很痛苦，就会想重新拿回来。这样，金币的作用就体现了，即使这个金币不能做其他任何事，但是其本身却能支撑用户的等级。

(2)网络社区一般都有勋章系统，可以把勋章和金币挂钩。比如说一些非常漂亮的勋章，只能通过金币来购买；或者根据用户的需求开设资源版，发布一些用户需要的资源，设置成通过论坛金币下载；再比如，经常拍卖一些物品，可以是虚拟的，也可以是实物，通过论坛金币拍卖。总之，在设计金币功能时，只要是对用户有帮助的，或是用户喜欢的东西，都可以考虑和金币系统挂钩。金币有作用后，会发现用户的积极性大大提高。

(3)还要注意的是不要让积分来得太容易，要合理设计积分获取的渠道和方法。因为积分来得太容易，就容易产生通货膨胀，论坛的经济体系就会崩溃。要根据网络社区的特点，制定合适的积分规则。

(4)最后，要学会用积分引导用户，或者说，积分获取方法和途径要和你的目的挂钩。你想让用户做什么，那就把获取积分的方式设置成与之相关。比如说，论坛里缺少原创内容，你想让用户多发原创内容，那就可以这样设置，每发布一篇原创内容，赠送100个论坛金币，如果不够有吸引力，那就1000个；如果你想让用户多多转载内容，那就这么设置，每转载一篇内容，可以获取10个金币；如果你想让论坛多互动，那就设置成每回复一个帖子，给予5个金币；如果你想重点发展一个版块，就可以规定，在这个版块里发帖和回复，给予的金币翻倍；或者，你想让用户上传照片或是某种资源，则设置赚取金币的方式以上传资源为主。

如果能让你的积分有足够大的作用，并且，赚取积分的方式还和引导用户的行为有关，论坛怎么可能不火呢？

积分就是虚拟货币在限定的区域内进行的消费和流通，积分充分满足了人们在现实社会中无法获得的对金钱的渴望和追求，积分是对人性的利用和支配，虚拟货币就是对积分的创新。积分制度就是奖励制度，是给用户足够的获得理由的奖励制度，让用户心安理得地去获取和消费积分，增加用户的依赖度。积分反映的是网站用户的活跃程度，积分让用户获得了荣誉、自信和尊严，积分使网站获得了人气和声誉。

总之，积分可以获得忠诚。积分如果和捆绑策略结合起来，必然大有作为：积分如果可以提高潜在用户向实际用户的转化率，必然另有一番天地。有更多利用积分策略进行网站运营的思路，需要我们去思考和开发。

十、网络社区运营的前期设置

1. 版块设置在刚开始时宜少而精

许多网络社区喜欢将一个网站建成大而全的形式，什么都有，但什么都不是重点，这在社区/论坛的经营中恰恰是最致命的。可以想象，一个新的社区的版块动不动就好几十个，让用户不容易找到重点，这是不会有前景的。在开始运营的时候，版块宜少不宜多，只要保留几个访客最有兴趣参与的重点版块即可。这样，用户来到论坛的时候，操作简便，又能找到共同话题，回头率就会大大提升。版块设定要注意以下要点：

(1)版块设置不要杂乱，运营前期要集中优势，让用户或访客有战斗的阵地。

(2)灌水版块尽量要少，这些都是让访客只有浏览而没有参与的行为。

(3)版块太多容易分散人气，新开的论坛本来就没有什么人气，一旦参与的人数分散，将会更加冷清。

2. 要设置好权限等级

权限是运营论坛的一个好手段，设置好了权限，会让会员有要升级的想法，而要升级获得更高的权限，就要多进行发帖、回帖等操作，自然就提高了人气。设置权限要注意以下要点：

(1)权限要逐步设置，从访客新注册成为会员开始，可以依照能够浏览图片、参与热门话题、下载附件等循序渐进的过程，让会员一步一步深入操作。

(2)权限可以通过是否能够签名、签名长短、附件下载等形式来限制，让会员为了实现自己的需求，而在论坛努力耕耘。

(3)权限有区分游客和会员的能力，这在目前各大主流的社区/论坛上都得到了良好体现，特别是浏览图片和下载附件。可以通过会员有权自建相册，而游客却不能浏览高品质图片的方法，引导游客注册，并通过观看图片的权限设置，引导游客完成注册、参与及活跃的过程。

3. 设置合理的财务制度并促进消费

网络社区/论坛是一个小型社会，在这个社会里财务制度非常重要，是不是有稳定良好的货币基础，特别是虚拟的货币能否运用，才是最为关键的。所以，要设置合理的财务制度，要让这些虚拟货币能够有“消费”的地方，还要做消费与价值的有机结合，才能实现社区的良好运营。那么，哪些方法能够让社区/论坛的财务表现良好并促进消费呢？

(1)设置好“货币”的收入和支出，让会员的财务永远处于中等水平，这样，会员才有为了获得更多“货币”而辛勤劳动的动力。同时，也能让大家都处于具备消费能力的阶段。

(2)良好的货币基础，是社区/论坛良性运行的助力之一，要设置好获得和消费货币的途径及比率。

(3)可以规定，会员所需要的部分内容或操作要通过货币来实现，这样，更能刺激会员获得货币的动力，加快货币流转及消耗的速度。

第二节 网络社区的商业价值

随着网络技术的高速发展，互联网开始跨入网络社区时代，具体表现形式为电子公告栏、论坛、聊天室、讨论组、邮件列表、网络游戏(MUDs)或者上述部分的组合体。网络社区已经成为具有共同兴趣和爱好的网民之间进行互动沟通的重要交流平台。我国网民中，有43.2%使用论坛、BBS和讨论组。目前，我国约有79万家独立网站，80%以上的网站均拥有社区。

网络社区具有匿名性和互动性的交流特点，可以满足个性化的思想表达，不受时间和空间限制，因而吸引着数以亿计的网民，他们构成了具有相当规模购买力的消费群体。网络社区拥有社区成员的大量数据和信息，包括成员注册的私人信息和社区中公开交流的信息。对这些数据和信息加工分析，有助于准确了解社区成员的消费心理、行为和价值取向，识别消费者的需求。

网络社区是一个社会和商业信息交流传播的平台，成员可以来自世界各地，一条信息几乎可以无成本地同时传遍 Internet 触及的世界的每个角落，大大减少了信息的搜索成本。网络社区的潜在商业价值，使风险投资趋之若鹜，网络社区成为推动互联网发展的发动机。

网络经济学中所说的网络效应，在网络社区中表现得更为显著，社区数量的不断增长，带来了用户聚集的规模效应，聚集了大量用户群的地方，必然会产生巨大的商业价值。商业价值就是可以用金钱来衡量，能产生利润的一种价值取向。网络社区的商业价值，在于社区可以把用户的交流、购物、娱乐等需求转化为一种潜在的经济活动，并付诸实施，以获得经济利润。具体表现在三个方面：网络营销价值、电子商务价值和无线增值价值。如图 7-4 所示：

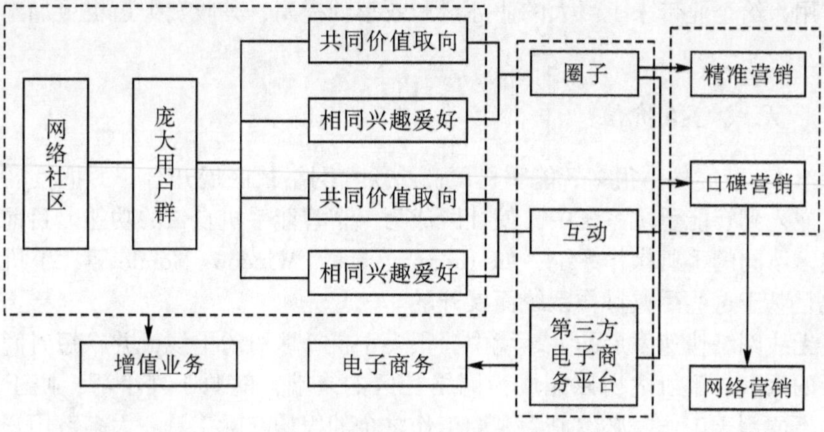

图 7-4 网络社区的商业价值

一、网络营销价值

网络营销的商业价值，在于广告商通过锁定一群关注自己产品的人，配合他们的活动节奏，根据他们的合理需要，生产和改进自己的商品或服务，从而获得商业成功。在网络社区中，发表自己的观点和想法很方便，通过标签可以找到相关的兴趣群体，通过 RSS 可以获得信息的更新，通过 SNS 可以拓展人脉，这些都会给社区营销提供很大的便利。社区营销具有圈子促进广告精准投放、互动营销成为最大亮点、众口相传凸显口碑价值等特点。

二、电子商务价值

随着网络经济的发达，人们越来越依赖于网络商业服务提供者，伴随着网络的不断渗透，网上购物消费人群会越来越多，越来越多的人开始习惯于网上交易行为。淘宝、天猫、京东等电子商务网站的快速发展说明，用户在网络上存在着强烈的交易需求，这种需求包括用户之间的交易需求、用户与企业之间的交易需求以及企业与企业之间的交易需求。

用户与用户之间存在的交易需求，体现在 C2C 商业模式中，用户以社区为平台进行商品交易，而社区可以从中收取一定的佣金；用户与企业之间的交易需求，体现在 B2C 商业模式中，企业以社区为平台，建立专业的网上商店，单个用户可以在此购买到物美价廉的商品，而社区不仅可以从中收取佣金，还有支付系统收费或者其他附加服务的收费；企业与企业之间的交易需求，体现在 B2B 商业模式中，不同的企业以社区为平台展开合作，如企业寻求供货商或者分销商的业务。还包括由于社区发展而带动的新商业模式，如企业在社区上的一系列推广活动等。社区的平台作用，给企业带来了巨大的业务量和效率的提高，其收费渠道也更加丰富更加多样化。

三、无线增值价值

除 WAP 社区外，很多智能手机厂商纷纷与网络社区展开合作，把社区的手机版直接嵌入到智能手机系统中，使社区成为一个智能手机自带的功能。目前，由于存在很多不同的手机操作系统，如 Android、Mac、Windows Mobile 等，手机社区的开发也是基于这些手机操作系统而展开的。

在无线网络快速发展的大环境中，很多手机社区纷纷上线，并在短时间内积聚了大量的人气。手机之所以能成为网络社区的终端，就源于其小巧，便于随身携带，且不便用于工作，必然成为人们工作之余的娱乐交际工具。大多数用户只有在闲暇的时候，才会通过娱乐交际来满足和充实自己的生活，社区正好满足了娱乐和交际的愿望。

第三节　网络社区的运营策略

一、网络社区成功的基础

一个网络社区要想运作成功，就一定要扎实打好如下三个基础，如图 7-5 所示：

图 7-5　成功网络社区的基础

1. 资源

要有专业的渠道，能够拿到独特的资源。同时，要具备有效的宣传渠道，既要能拿到，还要能推出。

2. 技术

要有坚强且高水平的技术团队支持，能够在访问速度和稳定性上，给用户提供强有力的支持，不仅要让用户用着舒心，还要放心。不但如此，还要能提供用户需要的功能，想用户所想，供用户所需。

3. 运营

除了前两个，还有一个更重要的基础就是运营。正确的定位，规范的管理，适当的宣传与推广，只有做好了这些，才能把前两个基础的优势发挥出来。

二、网络社区运营的核心要素

1. 机制

机制是为社区成长服务的，没有机制，社区就会无规章可循。这里所说的机制，主要指以下几个方面：

(1) 制度：规章、规则。

(2) 地位：会员的等级、荣誉等。

(3) 荣耀：勋章、荣誉等。

(4) 财富：金币、积分等。

(5) 教程：要玩转社区，教程帮助很重要。

2. 用户

要非常清楚地知道，用户就等于需求，需求也等于用户。对于用户，主要应该解决好以下几个问题：

(1) 如何关注用户。

(2) 如何关注用户成长。

(3) 如何引导用户、培养用户。

(4) 关注关联、关系用户群。

(5) 用户的进阶、分级管理（包括游客、新会员、看客、轻分享活跃分子、重分享达人、专家、意见领袖、版主、编辑、管理员等）。

3. 内容

网络社区的内容，一定要能够满足用户的需求。什么是内容？热点、话题、玩乐、问题、分享、知识、活动、消费信息、内容聚合等都属于内容。当然，活动也是内容的一部分，活动往往要解决好下面两个问题：

(1) 内容是什么？内容就是需求，对用户来讲，只有满足需求的内容才是有效的，才能抓住用户的心。

(2) 内容的评价标准是什么？一般是大众心声、娱乐至上、情感软肋、重度分享、需求痛点等。

4. 互动

持续互动产生的内容与关系，会不断创造新用户，同时也能留住老用户。

(1)互动的主要目的，是让用户的分享得到尊重和认可；营造良好的分享氛围；激发精彩观点，甚至激发创造新的内容。如果是问题，则可以尽快、尽可能地解决问题或指引解决思路。

(2)互动的形态：基础性、周期性、评估性、轻参与、重分享、基础需求、需求痛点等。

(3)互动的价值：创造内容、制造关系。

5. 关系

关系是建立在需求的基础之上的，能满足需求就能够建立关系，持续的需求满足，必然带来持续稳定的关系。

(1)关系的利用：要花时间、结党、碰撞、利益、膜拜、驾驭等。

(2)关系的摩擦：他(或他们)是谁？他(或他们)干了什么？我的响应态度？我如何响应？给了他(或他们)什么影响？我得到了什么？

(3)关系的维度：上下层级、兴趣圈子、立场派别、亲疏距离。

6. 体验

网络社区提供了一种完全开放的交流渠道，但是，要解决好虚拟性的问题，就要想方设法满足用户对产品与功能体验、对内容控制与梳理体验以及穿透需求痛点的快感体验的需求。

7. 数据

要通过各种渠道收集数据，以数据为基础，分析用户需求，检验运营效果，调整运营策略。数据反馈了运营的结果，反映了体验与产品的优秀与否，要根据指标性数据适时修正运营方案。这里所说的数据，主要指内容数据、用户数据、目标数据等对网络社区运营效果进行评价的量化指标。运营开始前，要善于抓住整体数据所反映的用户需求，同时，能够透过局部数据而洞察用户需求的本质，让需求完全显现在自己面前。

8. 渠道

主要包括合作渠道、传播渠道、营销渠道等。

9. 价值

主要包括媒体(影响力)、营销、服务三个方面。

综上所述，要做好网络社区的运营，一定要做到关注需求、关注价值。

三、网络社区的运营策略

网络社区的重点是运营，不是推广，不同于传统的 Web 1.0 网站。所谓的 Web 1.0，是以内容为主，只要推广得力，就会有流量，而且推广简单，只要能把用户想办法拉到网站来浏览就可以了。但是，网络社区不行，至少要比资讯站多五步：仅把用户拉来浏览还不够，因为只有人浏览，还是个死社区，没有意义；这就需要再完善第二步，让用户注册，但如果用户注册却不发帖，就成了“死用户”；就需要第三步，让用户发帖；但是，如果用户只是偶尔发个帖子，还是火不起来，需要用户经常发帖，也就是第四步，要让用户经常发帖；而用户如果只发一些没价值的灌水帖，也不能称为一个好社区，所以，第五步就需要用户能够发有价值的帖子，并且，能够经常参与到社区的讨论和互动中来。

在这五步中，除了第一步能够通过推广完成外，其他四步根本无法通过推广完成，得完全靠运营。所以，对于社区来说，网络推广做得好不是最重要的，只有把社区的运营做好，才会有持续的生命力。对于社区来说，最大的推广就是用户的口碑，只要运营得好，用户就会自发用口碑来帮助推广了。下面，就从八个方面介绍网络社区运营的策略：

1. 版块策略

在建一个网络社区时，首先要做好策划和定位，然后，就是策划具体的版块分类。版块分类的注意事项如下：

(1)要前期粗，后期细。建设初期，不要把版块分得太多太细。因为建设初期肯定没有人气，如果一下分太多版块，人气就会分流，谁也不愿意在一个空荡荡的社区独自游荡。很多用户上网不喜欢动脑子，喜欢看现成的、玩现成的，版块要是太多，用户就不知道如何选择、如何玩了。

(2)社区要有重点，重点一定要明确突出。很多人在设计版块时，感觉每样都是最重要的，都放不下。当把这些版块都设计出来时，设计者自己也不知道哪个应该是重点，感觉手心手背都是肉，这样是不行的。网络社区一定要有明确的几个重点版块，这几个版块应该是主打版块、特色版块、核心版块。然后，靠这几个版块聚集人气，剩下的版块作为辅助就好了。

(3)要有交流学习型的版块，也要有休闲娱乐型的版块。一个网络社区如果全是水是不行的，这样的论坛没有内涵；但是，如果全是枯燥的学习内容，肯定也不行。大部分人上网的主要内容就是娱乐，这在 CNNIC 的调查报告中早有体现。不管是学术型的论坛，还是交流型的论坛，要想有人气、留住人，就一定要有玩的东西。

(4)要有能够帮助用户解决问题或是为用户提供服务的版块。一个网络社区要想做大做强，想做出口碑和品牌，最核心的一条就是要为用户解决最急需的问题。而且不用多，你能帮用户解决一个问题就行。

2. 内容策略

内容是一个网站的实质所在，不论是一般的新闻门户网站，还是新兴的 SNS，“内容为王”的本质没有改变，只是内容的形式多样了，内容的生产、消费和传播的方式多元化了。当然，不同网站会有不同的内容策略。

很多人都认为，原创的内容就是好内容，特别是做 SEO 的，为了获得原创，甚至动用所谓的伪原创工具，结果做出来的东西大家都看不懂，完全偏离了搜索引擎的初衷。原创的内容不一定是好内容，真正的好内容，应该是用户喜欢的内容。当然，如果既是用户需要的，同时又是原创的，那就更受欢迎了。

(1)对于网络社区来说，什么样的内容算好内容？首先，我们需要了解什么是“内容”。去新浪看新闻，新闻是“内容”；去淘宝买产品，产品是“内容”；去豆瓣看书评，书评是“内容”；去开心网玩开心农场，那么，开心农场就是“内容”。这些都是实在的内容，也有一些“看不见”的内容，比如说你的关系。像现在流行的 SNS，可以说是用户通过“看不见的内容”找到“有形的内容”。

(2)什么是内容策略？内容策略是一系列关于有用的(useful)、可用的(usable)内容的创造、消费和管理的一系列计划。内容策略不仅能帮助我们知道哪些内容是我们需要的，还让我们知道为什么需要这些内容。我们为什么需要内容策略呢？在现在这个 SNS 流行的年代，还需要内容策略吗？答案是肯定的，原因如下：

①首先，很多网站内容管理混乱。相关度不高：为了追求流量，很多网站会放一些或者引导用户发一些和网站本身不相关的东西；内容碎片化：很多用户生产内容(UGC)的网站，小众长尾现象比较明显，导致用户搜寻信息的成本加大。

②其次，每个用户都是一个“出版者”。用户是网站内容的消费者，也是贡献者，如果没有一个科学可行的内容策略，每个人都能产生内容，但是，当内容量大而无序的时候，就是一文不值的垃圾，比如，可以看到很多论坛中满屏的广告帖，让用户烦不胜烦。网站的本质，是让用户有所行动，我们都是带着目的和问题去一个网站的，比如，去网易看看新闻，去豆瓣看看有没有好看的书，去 Mtime 时光网看看最近的电影，而这些问题的解决，靠的是“让用户有所行动”，网站的内容就是这个触发点。

(3)内容策略应该怎么做呢？要提高用户体验，就要给用户提供有用的、可用的内容，为用户解决问题才是关键，而不是仅仅简单地关注如何找到内容。一句话概括：按照 what、why、how、where、when 和 who 这六个关键词做：

what：哪些内容是这个网络社区需要的？用什么形式展示出来效果最佳，博客、视频、还是讨论？

why：这个网络社区为什么需要这些内容？用户为什么会关注？对于这个网络社区而言，这些内容是否具有商业价值？

how：怎么去传送这些内容？需要我们去说出来吗？要以一种什么样的语气呢？

where：内容从哪里获得？从哪里把我们的内容同步到其他地方？

when：什么时候发布内容？什么时候要更新内容？

who：谁将负责这个内容的建设？原因很简单，虽然用户自己贡献内容了，但还是需要有人去引导和管理，来负责日常的维护工作。在这个阶段，运营人员要做很多事情，如把零碎的信息系统化，通过各种方式刺激用户产生更多的内容等，因此需要明确维护责任。

以上这六个要素，即使是对于一个社区型网站也是适用的，只不过要转变一个观念：用户是内容的消费者，更是内容的生产者，运营人员的工作重点不是去生产内容，而是去引导和管理这些内容，刺激用户不断地生产更多内容，通过不断循环带来新用户，从而产生更多内容。

要成为受欢迎的内容，就要注意网络社区和纯粹的资讯网站不同，即使再牛的作者写的好文章，发到网络社区/论坛里，都不一定是好内容。因为，对于网络社区来说，好内容的前提，一定要是真实的人写的真实的文字，这样的内容才有灵魂，没有灵魂的文字，再漂亮也没用。原创内容非常好写，一句话、一句牢骚、一件生活琐事都是好内容，因为是真实的。

另外，要多发能够引导用户互动的内容，这样才能带动气氛。其实，想引导用户也不难，比如，发个帖子，标题就叫“我要娶×××”，内容大概这么写：我看了×××的照片，被她漂亮的外表和善良的内心所深深吸引，我决定要娶×××等。

3. 用户组策略

网络社区本身有一个用户组的功能，作用非常大，关于用户组，介绍以下四点注意事项：

(1)用户组的名字要充分与社区主题结合。设计用户组名字时，一定要能和社区的主题联系上，这样才亲切。

(2)要尽量增加趣味性，用户组的名字越有趣越好。因为，很多人上网主要就是为了玩，特别是网络社区，要想火就一定要好玩。

(3)要尽量满足用户的虚荣心。人都是有虚荣心理的，特别是很多人上网就是为了寻找精神寄托。为什么网络游戏那么火，甚至被很多人称为精神鸦片？就是因为很多人在现实中不如意，就上网去寻找寄托，比如在游戏里成为大哥，在游戏里建帮派等。网络社区也一样，虽然不能像游戏那么深入，但是，也要尽可能满足用户的心理需要。如用户组的名字，可以设置经理、总监、总经理、总裁等职级，那些在现实中升职无望的用户，会很喜欢这些头衔，也感觉很受用。特别是论坛里称某人为“总”的时候，他心理上可能会得到极大的满足。

(4)社区的升级方式一定要先易后难。这点和网络游戏是一个道理的，所有的网络游戏，在升级初期都非常容易，比如说头20级可能2天就升上去了，但是越往后越难。在初期，先让游客或新用户快速融入，体会到乐趣，然后再增加难度。做网络社区，应该多借鉴做网络游戏的一些理念和策略，虽然产品形态不同，但是很多理念是相同的。

4. 积分策略

网络社区想做好，运营是重点，引导用户很重要。其实，这个道理很多人都知道，但是如何引导？这是很多人所不明白的。在网络社区中，要想引导好用户，有几个关键因素一定要具备，或者说要设置好，其中，最重要、最核心的就是积分系统，或者说是论坛的经济体系。

这就像现实社会中一样，如果一个国家的经济体系是健康的、完整的，能够形成一个良性循环，那这个国家肯定会越发展越好，社会也会稳定、团结。如果一个国家的经济系统出问题了，那各种社会矛盾就会不断涌现，甚至影响到整个世界的金融体系。网络社区也一样，如果能有一套完美的经济体系，就会形成一个良性循环，会员的积极性也会被充分调动起来。

5. 任务策略

对于网络社区而言，不是说功能越多越好，程序越新越好，要想明白自己到底有哪些需求，到底要做些什么。只要够用就好，功能多了不一定是好事。有些功能或是新程序，要是使用不当，反而会让指标性数据下降。做网络社区运营，可以当成网络游戏来运营，趣味性很重要，而任务系统就可以增加趣味性。下面简单说一下任务系统的一些注意事项：

(1)任务系统要充满趣味性。

(2)任务一定要有可持续性，很多论坛的任务都是一次性的，这不利于长期运作。

(3)任务难度要适中，既要有针对新会员的任务，也要有针对老会员的任务，要照顾到不同层次的会员需求。

(4)要根据目的设计任务，比如，要让会员上传真人头像，就要设计一个上传头像任务。

(5)与勋章系统及积分系统结合，比如说有些勋章只能通过任务得到。

6. 勋章策略

要做好勋章策略，就要注意五个事项：

(1)注意勋章的多样性，同任务系统一样，照顾到不同层次和特点的会员。比如说不要只弄什么灌水勋章，因为，有很多人不灌水只潜水，针对他们，就可以考虑设置潜水勋章。

(2)勋章要漂亮，要显眼，要突出勋章会员的地位。如果勋章没有什么作用，大家就没有要的欲望了。网上勋章和现实中的奖章一样，是一种荣誉，其作用是精神层面的。

(3)勋章的可持续性。尽量不要搞永久勋章，最好是有周期性的。

(4)与任务系统充分结合，能省不少的工作量。

7. 活动策略

在网络社区中，活动是必不可少的，活动是润滑剂，可以有效增加黏性。关于网络社区活动，有四个要注意的事项：

(1)既要有固定活动，也要有临时活动。

(2)既要有学习型活动，也要有娱乐型活动。

(3)活动要与勋章和积分相结合，如通过活动送勋章、送金币等。也就是说，前面讲的所有任务、勋章以及活动，要尽可能与积分系统挂钩。不一定是送积分，也可以是花积分，比如拍卖，要有进也要有出。

(4)活动要能给用户带来好处。如果一个活动不能给用户任何好处，就不要搞了，这个好处可以是精神上的，也可以是物质上的。比如说可以是实物，也可以是勋章这样的精神奖励；可以是让用户学到经验和知识，也可以是让用户从心理上感觉到高兴开心。

8. 团队建设策略

再好的策划，都要靠严格执行去实现，这就涉及团队的组建与管理。网络社区的管理，和公司的管理有很多相似的地方。很多网络社区前期做得不错，后期却不行，就是管理跟不上，或是管理团队出了问题。网络社区的管理和创始人很重要。创始人的性格、喜好和管理水平，决定了团队能建成什么样子，甚至决定了网络社区能做多大。网络社区的团队建立要注意如下事项：

(1)要有明确的准入机制。

适不适合做版主，不是看名气或是吹嘘，要看行动。基本上，所有的论坛版主都是让用户自由申请，有的用户在申请版主时说得特别好，一到执行就出问题。所以要有准入机制，建立考察标准，过滤掉不合格的。通过初审的人，最好有一段时间的观察，如果真的是诚心想做版主，肯定不会在乎晚一段时间。而且，如果真有能力和水平，也不是必须给版主头衔才能发挥作用。对于名人也一样，虽然其知名度高，品牌效应好，但不一定会真的来做事，而且名人往往都忙。这样的人多了，团队内部就有问题了。团队里不干活的人多了，其他人也会跟着不干活。

(2)要认同网络社区的价值观。

不同的网络社区之间最大的区别，是价值观不同，文化氛围不同。即使设置一模一样的两个社区，主题一样，版块一样，内容也相近，但吸引来的人一定是不一样的，原因就是氛围不同。这就好像两个人，可以是身高一样，穿着一样，学历、公司、收入、籍贯都一样，但是，他们吸引来的异性一定不一样，原因就在于性格。社区的价值观就是它的性格、氛围和文化，团队里的人一定要认同，才能团结一心、目标一致，把事情做好。如果大家各有各的看法，不统一甚至看法完全相反，就会出现问题。

(3)要找同类人，找能合群的人。

不是同一类人，能力再高也不要。建立团队，关键是要找同类人，能一起使劲的一群人，这样，大家才能意见一致、一起努力。如果不是同类人，肯定会有矛盾，因为在各自的认知中，对方做的都是错的。比如说最简单的，对于一个会员的处理，如果认知不同，不是同一类人，那 A 会认为对这个会员封号是对的，而 B 则会认为封号不对，肯定就会有矛盾，甚至起冲突。

(4)要建立一个温馨的氛围。

团队里的人应该是一家人，像兄弟姐妹一样和谐相处，不应该有什么等级或是上下级区分。

(5)要有完善的考核制度。

网络社区的团队和部队一样，“铁打的营盘，流水的兵”，会员一定是不停地新人换旧人，没有几个论坛能做到新会员不断，老会员却不流失。一般情况下，刚到了一个社区会很兴奋，因为都是新的，结果过了新鲜劲后，感觉没意思了，就不经常来了，甚至好久也不来了，这就是社区的特性。版主团队及管理团队也一样，大家都是利用业余时间，凭着兴趣来做，肯定不可能当工作做，时间一长，新鲜感一过，可能就走了。所以，一定要有考核制度，建立明确的奖惩机制，不合格的该劝退就劝退，朋友是朋友，工作是工作，要分开。

(6)要有核心成员。

人多了之后，一定要有核心组织和核心成员。就像一个公司发展壮大后，要有董事会、高管团队等核心成员一样。

四、网络社区的创建

运营一个社区的难度，远远大于运营一个内容站。因为，内容站以内容建设为主，辅之以 SEO，只要网站定位和内容质量以及 SEO 都做得不错的话，假以时日自然能够运营起来。而这其中大部分的工作都是有固定流程的，不需要太多的创新。而且，对内容站而言，如果在内容或者 SEO 上太过于“创新”的话，往往容易导致得不偿失。

而网络社区则不同，社区类网站不仅有内容上的维护，还要进行用户的关系维护，需要制定规则，对用户的行为进行奖惩，还要针对用户群体进行活动的设计，等等。这些工作量是非常大的，一个社区要运营起来，没有一个团队的支撑是比较困难的。或许一开始的时候，感觉一两个人就能够应付，之后只要招收版主，进行社区维护就可以了，但很快就会发现，这种想法是天真的。在网络社区的发展史上，由于版主群体和站长之间的矛盾，最终导致社区分裂的例子数不胜数。

网络社区需要极高的运营能力，有时甚至还需要一点运气。因此，在准备做一个网络社区之前，首先要考虑到的就是其运营维护难度。如果没有持之以恒、迎难而上的觉悟，光凭三分钟热度的话，必然会导致失败。创建网络社区要注意以下几点：

1. 确定目标群体

如果真打算做网络社区，第一个要问自己的问题，就是社区的目标群体是什么。在某种程度上，这和做市场的思路是一致的。在当前国内的网络环境下，选择做综合社区是非常不明智的，中小规模的团队，基本没有挑战成功的可能性。即便是选择做垂直社区，由于国内互联网发展也有很多年了，大的垂直领域基本都有对应的社区了，在选择的时候，也只能选择一些当前没有权威社区的领域。

当然，如果有足够的资金实力和运营能力，对领域权威进行挑战也不是不可以的。但是，从效率的角度讲，除非这个领域特别有盈利预期，否则不推荐这样的行为。这就像在星巴克对面开咖啡店一样，空有浪漫却略显无谋。

有的站长会认为，自己手里有一批用户，可以将他们导入到自己的社区中。但这样是不能长久的，如果只是将社区作为维护用户关系的手段倒也无妨。作为社区运营，到最后还是会面临社区定位的问题，毕竟，在网络社区的运营中，长期用户只是相对稳定的，终归是“铁打的营盘，流水的兵”。

2. 寻找核心会员

在确定了自己的目标群体之后，就可以针对目标群体和内容特性，对网站进行改造和“装修”了，在社区网站规划和建设完成之后，就可以进入下一个步骤了。

接下来要做的就是寻找核心会员，或者称为种子会员。记得某创业家曾经说过，对于社区而言，网站的前1000个用户是最重要的。核心用户最重要的作用之一，就是创造内容以及活跃社区氛围。在这里要特别注意，就是千万不要想着只靠团队内部的几个人来创造内容，一个社区的核心成员是不可或缺的。核心成员创造的内容的量和活跃作用，也不是光凭几个人就能代替的。团队里的精英战斗力，应该投放到非团队本身做不可的任务中去，如服务器的运维、合作洽谈、SEO 建设等。

3. 规则制定与用户行为引导

在网站用户逐渐变多之后，需要的就是规则的制定和用户行为的引导。当然，社区的规则应该在建立初期就要大体确立完成，在具体的运营中，需要根据具体情况进行相应的添加和修改。用户的行为引导也是非常重要的，小到资源是否需要登录或者购买才可查看，大到对用户群体之间的仲裁，都要根据实际情况进行必要的引导与规范。社区规模一大，各种各样的人都会聚集过来，如果用户关系处理不好，就容易导致前功尽弃。但有时候坚持网站本身的原则也非常重要，这也是相当考验团队的运营能力的。

4. 持之以恒

最后，也是最重要的一点，还是要持之以恒，这不仅体现在初期热情消退之后的坚持努力，在用户群体不断扩大，导致运维成本不断上升，却没有形成有效的盈利时，就更需要坚持了。因为这个时候，为了维持社区的用户数量，不敢做太大的运营变更，却又暂时没有办法找到好的盈利方式，需要的不仅仅是坚持，还要有智慧与勇气。

五、网络社区的发展

明确了创建网络社区的基本思路之后，就要知道具体的操作步骤和操作要点了。按照马斯洛需求理论，从人们的不同需求入手：安全、社交、尊重、求知、审美和自我实现。抓住网民的从众心理、资源无限心理和凑热闹心理，社区内容建设符合二八原则，这样一个论坛，是可以做成门户网站或知名社区的。

网络社区从建成到发展需要一个过程，任何一个网络社区都不可能今天建成明天就火，如果想快，初期可以伪造一个火论坛，从板块的帖子、帖子回复、红火帖子回复等下手，也可以靠技术实现。当然，起初可以这么玩，后期还是需要用心运营维护，才能真正吸引到大量用户的关注与支持。而对于用户而言，只会给 20 秒的停留时间，在这 20 秒内留住用户，吸引其注册，才是开发网络社区的初始目的。

要增大流量，可以复制帖子，发送给 QQ 或者微信好友，让会员帮你宣传；利用 QQ 群或微信群推广你的网站；利用百度 Sitemap 做 SEO；利用专题做 SEO；长尾关键词优化；每个页面保持更新(技术实现)……要运营好网络社区，可不是一个简单活，需要大量的、扎实的工作，主要包括以下方面：

1. 创建和初始用户的获取

创建社区时，要按照系统的提示，填写相关信息，提交相关资料，并按要求上传图片，只需要按系统的引导做就行。唯一要强调的是名字，对于群组而言，一个好的名字是能够让用户产生明确预期的，它要么可以带来某种特别的感觉(比如有趣和共鸣)，要么可以带来明确的价值认知，即让用户知道他在这里可以得到什么。比如，试体会你看到一个叫做“勒布朗詹姆斯”的群和一个叫做“每天一张 LBJ 高清酷图”的群的区别；再体会一个叫做“新浪员工交流”的群和一个叫做“一入新浪深似海，从此节操是路人”的群的区别。

需要强调的是，任何一个好的网络社区，一定会有某种普世的价值观，这种价值观普遍是利他性且能得到广泛认同的，最终会体现在社区的规则上。初始用户的获取，最常见的方法就是拉身边的熟人，或者基于社区的定位，做一些精准渠道上的推广宣传。

2. 信任感与价值确立

信任感与价值确立几乎是所有群组和社区运营者都需要突破的一个环节。在最初加入一个群组时，除非盟主自身有极大影响力，否则，几乎所有用户在入群伊始的心态，都是“先看看这里有什么再说”。能否打破这种观望心态，在社区与用户之间建立起信任感，让用户对社区产生明确的价值诉求和依赖，决定了这个社区能否走向活跃。

信任感通常产生于网络社区提供了超出用户期待的服务和回报之时，例如，很多早期加入群组的朋友，本来只是想看看，结果发现真的每天都有很多“牛人”“大神”在这个群组内各种喷，让自己眼花缭乱，大开眼界。这一过程，就是从“不确定在这里可以得到什么”到明确知道“这里可以给我提供什么价值”的过程。这一步产生后，那些原本只是观望的用户，会开始愿意在社区内去产生更多行为，例如发言提问和吐槽等。

当然，任何事情都有正反两面，有了信任感和价值后，用户也会开始对社区有期望，假如他们的期望持续得不到满足，这些用户们必然会选择离开。

3. 去中心化

截止到第二步为止，这个网络社区的人际关系网络，应该仍是一个以社区创办者、管理员或明星用户为中心的状态，它意味着较大的风险，即社区的存活与发展将取决于少数的几个人。一旦这几个人不堪重负，或者是明星用户离开，这个网络社区很可能会毁于一旦，事实上，这样的场景在很多社区的发展史上都曾反复出现过。要解此结，需要去中心化，把一个高度中心化的网络，变成一个几乎无中心化的网络。去中心化的常见方法有两种：

一是培养和发掘追随者。假设你的社区拥有一个能够被大家所认可的普世价值观，并且已经与用户群体建立起信任感，这个时候一般会逐渐冒出来很多积极分子。他们对社区存有较强的热情和投入感，你需要去观察、鼓励和发掘他们，让他帮你在社区中做事，甚至，本来是创建者们扮演的一些重要角色(如精神领袖、话题发起者等)，需要大胆让这些追随者们来完成替代。当原本的一个中心变成了多个中心时，社区的生命力和可持续性都会得到加强。

二是通过引导，帮助社区内的用户之间建立起关系。社区的本质是由众多个体构成的一个信息关系网络，而 QQ 群、豆瓣小组、论坛等只是这个网络的载体而已，只有当组织中的众多个体彼此之间产生连接时，一个社区才能真正成型。如果仔细观察就会发现，在所有活跃的 QQ 群或微信群里，用户之间的关系都是多元化的，并且，这种关系会随着时间的推移，逐渐沉淀到产品中。促成用户建立关系的方式，主要有依靠讨论互动和依靠共同行为两种。

4. 社区的“自生长”

当社区中的多元化关系链被建立起来后，一个社区就具备了“自生长”的能力。这个时候运营人员就会发现，自己对社区已无法完全掌控，会有很多事件、话题和关系，在社区内自然发生，这也是作为运营人员最希望看到社区内出现和发生的状态。

到了这个阶段，运营人员最应该做的只有一件事，就是基于社区的共同价值观，为社区的行为言论划出一条边界，或者制定出某些游戏规则。在规则内，大家可以完全自由地讨论和互动，但一旦触碰到规则，则应该坚决封杀。进入到这个阶段的社区，基本已进入成熟状态。此后，考验运营效果的，一是可以将社区的成熟和活跃状态维持多久，需要考虑的是当大量 UGC 产生后，如何筛选出优质的内容，进行二次传播和更精准的推送。梳理出一套基于 UGC 的内容框架和体系，帮助和引导那些零散产生的 UGC 内容，使其更整体化、更结构化也更具有黏性。二是当网络社区进入下滑衰退期时，如何减缓其衰退的速度。相比于前三个阶段而言，社区成长的最后一个阶段，对于运营人员的考验或许会稍低。

需要正视的现实是，所有社区和产品一定都有自己的生命周期，这是不可改变的。人们使用社区的需求永远存在，但对于某种产品形态的热情却可能是周期性的，并且，随着互联网的发展，会产生很多新的使用习惯(如 Web 2.0 时代诞生了社会化问答网站)。所以，我们会看到很多不同类型的社区型产品在不断出现，甚至，这种产品形态上的迭代可能会是循环的。

第四节　网络社区的运行模式

一、主要盈利模式

网络社区作为电子商务的一种商业模式，已经得到了广泛认同，但如何挖掘其商业价值，并且获取投资回报，成为网络社区经营的核心问题。网络社区要实现其商业价值，就必须选择能够实现盈利的主要收入方式。网络社区的盈利，主要来源于以下几个方面：

1. 广告费

网络社区由于聚集着企业的目标顾客而得到企业的青睐，越来越多的企业开始将广告投向网络社区。据调查，目前，网络社区的收入模式以广告最多，50.8%的网络社区网站选择广告作为其主要的盈利模式之一。

网络社区的广告收入，直接受社区点击流量的制约，流量越大，广告收入就越高。刚起步和不知名的网络社区点击流量小，广告收入就非常有限。网络社区的广告收入还受网民的特征影响，企业是否向网络社区投放广告，取决于社区网民是否属于企业的目标顾客。因此，以广告费作为主要收入来源的盈利模式，并非适合所有的网络社区。

2. 会员费

网络社区将注册会员分级，并收取不同的入会费。比如，女性交友社区 21cn 将会员分为三级：免费会员、普通会员和 VIP 会员。对免费会员不收取费用，对普通会员按 5 元/月收费，对 VIP 会员按 15 元/月收费。社区对收费的注册会员提供交友信息服务，免费会员则不享受这一服务。网络音乐社区 163888，后改名分贝网(2010 年关闭)，将会员分为普通会员、VIP 会员、黄金会员和钻石会员，实行收费制度。

会员费主要针对某种服务需求强烈的网民，一般的网民缺乏注册入会的动机，57.8%的网络社区的累计注册会员数都在 1000 以下。将会员费作为网络社区的盈利模式，受很多条件的限制。在网络社区的发展初期收取会员费，会直接抑制社区成员规模的扩大。社区的生命力来自成员的活跃程度，即人气。聚集的成员越多，成员间互动越热烈，浏览社区和进入社区注册的网民就会越多。只有当社区成员对社区产生强烈的服务需求和忠诚感时，收取会员费才比较合适。

3. 内容服务费

网络社区通过提供不同的内容服务对网民进行收费。比如，定位为“文学爱好者的网络家园”的榕树下网站，就社区的某些功能向网民收费，如每个留言板为 50 元/年；社区首页文字推荐位(每个)为 20 元/月；社区默认模板“快捷链”价格(每个)为 30 元/月；内部邮箱为 240 元/年。QQ 为了使用户在社区中获得模拟现实的感受，通过发行网络货币 Q 币，提供网络人物形象、装束、场景和网络商品等实行收费服务。游戏娱乐社区通过提供有偿的游戏服务内容向网民收费。

以内容服务费作为盈利模式，取决于社区成员的忠诚度和所提供内容的价值。如果成员缺乏忠诚度，社区内容作为一种依托于网络的服务产品缺乏吸引力，该模式就不能给社区网站带来丰厚的收益。

4. 交易费

网络社区通过为网民发布和提供交易信息收取费用，或者向交易者收取佣金。如易趣(eBay)社区按照卖主的物品价格收取物品登录费、底价设置费和交易服务费，交易费是交易社区的主要盈利模式。对于非交易社区而言，以收取交易费作为盈利模式比较困难，一方面，这类社区 C2C 的交易量不大；另一方面，社区自身缺乏有效的信任保障机制。据对社区网民的调查，66.5%的社区网民认为物品质量无法保证，64.4%的社区网民认为电子支付渠道不够安全，64.3%的社区网民认为不了解买家的信誉记录。

网络社区的盈利，从根本上讲来自网民及网民带来的附加价值。网民是网络社区的主体，主体规模越大，社区价值就越大，盈利来源就越广泛。虽然网民规模逐年扩大，但网民的时间和精力却是有限的，他们一般都会有选择性地加入网络社区。调查结果显示，社区网民经常使用的论坛数量以 3 个最多，网络社区之间必然存在吸引网民的激烈竞争，因此，网络社区在选择盈利模式时，必须同时考虑发展策略。

随着用户数的不断增多，国内 SNS 网站的营销价值得到了越来越多的重视和认可，近年来，人人网、开心网等国内主流大型 SNS 网站均获得了不错的广告收入。玩家在各大 SNS 网站上浏览时可以发现，越来越多的组件开始出现在这些网站的各种模块中，此举意味着经过一段时间的摸索，国内 SNS 网站的广告盈利模式开始趋于成熟。除了不断增长的广告收入，网页游戏也有望成为国内 SNS 网站的新盈利点。

二、主要经营模式

大多数网络社区的最终目的就是为了盈利，但只有以发展为基础的盈利才会持续长久。网络社区选择的经营模式，应该既能给社区带来盈利，又能促进社区发展。对经营模式的选择，实质是确定合理的盈利模式和发展策略。

网络社区的盈利模式和发展策略相互作用，相互制约。适宜的盈利模式，能够为社区提供充足的发展资金；合理的发展策略，则可以提高盈利模式的效果。只有盈利模式和发展策略相互协调相互支持，才能使网络社区进入良性循环的发展轨道。

当然，盈利模式与发展策略可以有多种组合方式，依前所述，每种盈利模式都有一定的适用条件。依据该适用条件，盈利模式与发展策略的优化组合主要有以下三种：

1. 综合化发展策略与广告费盈利模式相结合

综合化社区由于拥有庞大的人气，成为众多广告主的首选。为了保持和扩充人气，综合化社区不宜收取会员费和内容服务费，适宜采用以广告费为主要收入来源的盈利模式。如果社区提供 C2C 交易平台，并收取交易费，就会模糊社区的定位。

2. 差异化发展策略与会员费和内容服务费盈利模式相结合

差异化社区聚集了同类需求的网民群体，网民群体特征鲜明，只能吸引专业性的广告主，广告的投入量相对有限。差异化社区只服务于某一类网民群体的个性化需求，易使网民产生归属感和忠诚感，可以通过提供增值服务，向网民收取会员费和内容服务费。差异化社区适合采用以会员费和内容服务费为主要收入来源的盈利模式。

3. 合作发展策略与交易费盈利模式相结合

这种经营模式，适用于交易型网络社区。交易型网络社区与传统企业合作，能够凝聚商机，降低中间销售渠道的流通费用，将价值转让给买主，从而扩大交易额，收取更多的交易费。虽然，非交易型社区之间，也可以通过网民资源的交换来收取交易费，但这种交易费有限，无法成为社区的主要收入来源。

第五节　网站运营数据分析与管理

网站运营过程中的数据分析，是每个网站策划和网站运营人员的必修课，通过对这些数据指标的分析，可以准确抓住用户动向和网站的实际状况。根据网站类型的不同，采用的指标项也会不同。通常来说，网站的分析指标包括内容指标和商业指标，内容指标是衡量访问者的活动情况的指标，商业指标是衡量访问者的活动转化为商业利润的指标。在网站策划和网站规划阶段，需要充分考虑这些方面的事项，对网站设定专业的指标参数，以提高网站开发的工作效率。

一、网站分析的内容指标

1. 浏览量(PV/IP，整体指标)

浏览量，即页面访问量或点击量，用户每次对网站中的每个网页访问均被记录1次。用户对同一页面的多次访问，访问量累计。浏览量是用来计算站点上，有多少网页被个体访客来浏览。

要注意浏览量和访客量的区别。访客量(UV)指页面的访问人数，所选时间段内，同一访客多次访问会进行去重。综上来看，两者的最大区别为访客量是进行去重的，一个顾客来了多次会进行去重，而浏览量是每打开或者刷新都会记录一次。

2. 访问次数

访问次数是指访客完整打开了网站页面，进行访问的次数。访问次数是网站的访问速度的衡量标准。如果访问次数明显少于访客数，就说明很多用户在没有完全打开网页时，就将网页关闭了。如果是这样的情况，就要好好检查一下网站的访问速度了，看看到底是网站空间出了问题，还是网站程序出了问题。访问次数一般会大于访客数。

3. 浏览量(PV)

浏览量和访问次数是对应的。用户访问网站时，每打开一个页面，就记为1个PV。同一个页面被访问多次，浏览量也会累积。一个网站的浏览量越高，说明这个网站的知名度越高，内容越受用户喜欢。但是，一味地重视PV，是没有太大意义的(PV跟点击量差不多)。

PV是一个重要的指标，反映了网站内容是否对用户有足够的吸引力。对于竞价而言，只能是侧面反映，因为我们设置了访问URL①。很多用户的需求非常明

① 在互联网的历史上，统一资源定位符(URL)的发明是一个非常基础的步骤，它是对可以从互联网上得到的资源的位置和访问方法的一种简洁表示，是互联网上标准资源的地址。互联网上的每个文件都有一个唯一的URL，它包含的信息指出文件的位置以及浏览器应该怎么处理它。它最初是由蒂姆·伯纳斯·李发明的，用来作为万维网的地址，现在它已经被万维网联盟编制为互联网标准RFC1738而得到广泛应用。

确，来到网站之后，往往只会寻找自己需求的产品，所以，一味地重视 PV 是没有太大意义的，把重点内容展示给目标客户就可以了，追求转化率、跳出率、UV、转化次数等才是重点。

4. 访客数(UV)

访客数就是指一天之内有多少不同的用户访问了你的网站，访客数要比 IP 数更真实准确地反映用户数量。百度统计完全抛弃了 IP 这个指标，而启用了访客数这一指标，因为 IP 往往不能反映真实的用户数量。尤其对于一些流量较少的企业站来说，IP 数和访客数会有一定的差别。访客数主要是以 Cookie 为依据来进行判断，而每台电脑的 Cookie 也是不一样的。有些情况下 IP 数会大于真实的访客数，有时候访客数也会大于 IP 数。

5. 转化次数

潜在用户在网站上完成一次我们期望的行为，就叫做一次转化。我们可以在百度统计的后台设置相应的转化页面，用户访问这个页面 1 次，就记为 1 次转化。

6. 展现量、点击量、点击率

在百度推广后台，可以看到消费、平均价格、点击、展现、点击率、千次展现费用等数据，这些数据是全面评估推广效果、深入开展推广优化的基础。

网民搜索查询时，如果账户内符合网民搜索需求的关键词被触发，该关键词所对应的创意将出现在搜索结果页，称之为关键词和创意的一次展现。一段时间内获得的展现次数称为“展现量”，展现量体现了关键词的质量度和创意的好坏，当然，需要你的创意展现方式是优先展现。

在推广结果展现时，如果网民对推广结果感兴趣，希望进一步了解产品/服务，可能会点击访问网站。一段时间内获得的点击次数称为“点击量”，简单地说，点击量指你的创意被点击的次数。

计算公式：点击率=点击量/展现量。

指标意义：点击率体现你的创意的吸引力。

指标用法：如何用好展现量、点击率让推广更高效？展现量有助于了解推广结果覆盖了多少网民，是一个数量上的概念。通过统计报告提供的展现量数据，可以发现哪些关键词创意的展现机会较大，每天能够带来多少次曝光机会，从而估算出推广活动能够覆盖到多少数量的潜在客户。如果所有关键词每天合计的展现量一直比较少，无法让推广结果得到充分曝光，那么可以考虑提交更多的关键词，并采用广泛匹配，从而达到覆盖更多潜在客户的目的。

7. 网站转换率(conversions rates)

计算公式：网站转换率=进行了相应的动作的访问量/总访问量。

指标意义：衡量网站内容对访问者的吸引程度以及网站的宣传效果。

指标用法：当你在不同的地方测试新闻订阅、下载链接或注册会员时，可以使用不同的链接名称、订阅方式、广告放置、付费搜索链接、付费广告(PPC)等，看看哪种方式能够保持转换率上升，增强来访者和网站内容的相关性。如果这个值上升，说明相关性增强了，反之则是减弱。

8. 回访者比率(repeat visitor share)

计算公式：回访者比率=回访者数/独立访问者数。

指标意义：衡量网站内容对访问者的吸引程度和网站的实用性，网站是否有令人感兴趣的内容使用户再次访问。

指标用法：基于访问时长的设定和产生报告的时间段，这个指标可能会有很大不同。绝大多数的网站都希望访问者回访，因此，都希望回访者比率不断提高，如果下降，说明网站的内容或产品的质量需要加强。需要注意的是，一旦选定了一个时长和时间段，就要使用相同的参数来产生报告，否则就失去了比较的意义。

9. 积极访问者比率(heavy user share)

计算公式：积极访问者比率=访问超过 N 页的访问者户/总的访问数。

指标意义：衡量有多少访问者对网站内容有兴趣。

指标用法：根据网站的内容和大小，衡量 N 的大小，比如内容类的网站通常定义在11~15页左右，如果是电子商务类网站，则可定义在7~10页左右。如果网站针对正确的目标受众，并且网站使用方便，就可以看到这个指标不断上升。

10. 忠实访问者比率(committed visitor share)

计算公式：访问时间在 N 分钟以上的用户数/总用户数。

指标意义：和上一个指标的意义相同，使用停留的时间取代浏览页数，取决于网站的目标，可以使用两个中的一个或结合使用。

指标用法：其中的 N 也通过网站的类型和大小来定义，比如大型网站通常定位在20分钟左右。这个访问者指标如果单独使用，很难体现其效用，应该结合其他数据指标使用，例如转换率。但总体来说，较长的访问时长意味着用户喜欢待在你的网站，高的忠实访问率当然是较好的。同样的，访问时长也可以根据不同的需要自行设定。

11. 忠实访问者指数(committed visitor index)

计算公式：忠实访问者指数=大于 N 分钟的访问页数/大于 N 分钟的访问者数。

指标意义：指的是每个长时间访问者的平均访问页数，这是一个重要的指标，它结合了页数和时间。

指标用法：这个指数通过页面和时间，对网站进行了一个更细的区分，当然，也许访问者正好离开，去办别的事去了。如果这个指数较低，那意味着有较长的访问时间，但是，却是较低的访问页面。通常都希望看到这个指数有较高的值，如果修改了网站，增加了网站的功能和资料，吸引更多的忠实访问者留在网站并浏览内容，这个指数就会上升。

12. 忠实访问者量(committed visitor volume)

计算公式：忠实访问者量=大于 N 分钟的访问页数/总的访问页数。

指标意义：长时间的访问者，所访问的页面占所有访问页面数的量。

指标用法：网站通常都是靠宣传和推广来吸引用户的，这个指标的意义就显得尤为重要，因为它代表了总体的页面访问质量。如果网站有1万的访问页数，却仅有1%的忠实访问者率，这意味着可能吸引了错误的访问者，这些访问者没有什么价值，他们仅仅看一眼网页就离开了。这时，就应该考虑推广方式和宣传方式是不是存在问题了。

13. 访问者参与指数(visitor engagement index)

计算公式：访问者参与指数=总访问数/独立访问者数。

指标意义：这个指标是每个访问者的平均会话(session)，代表着部分访问者的多次访问的趋势。

指标用法：与回访者比率不同，这个指标代表着回访者的强烈度，如果有一个正确的目标受众不断回访网站，这个指数将大大高于1；如果没有回访者，指数将趋近于1，意味着每一个访问者都有一个新的会话。这个指数的高低，取决于网站的目标。大部分的内容型和商业性的网站，都希望每个访问者在每周或每月有多个会话；但是，如果是客户服务，尤其是投诉之类的页面或网站，则希望这个指数尽可能地接近于1。

14. 回弹率(所有页面)(reject rate/bounce rate)

计算公式：回弹率(所有页面)=单页面访问数/总访问数。

指标意义：代表着访问者看到的仅有1页的比率。

指标用法：这个指标，对于最高的进入页面有很重要的意义，因为，流量就是从这些页面产生的。所以，在网站策划和网站规划中，对网站的导航或布局进行架构设计时，尤其要注意到这个参数。总之，希望这个比率不断下降。

15. 回弹率(首页)(reject rate/bounce rate)

计算公式：回弹率(首页)=仅仅访问首页的访问数/所有从首页开始的访问数。

指标意义：这个指标，代表所有从首页开始的访问者中，仅仅看了首页的访问者比率。

指标用法：这个指标是所有内容型指标中最重要的一个，通常，我们认为首页是访问量最高的进入页面(当然，如果网站有其他更高的进入页面，那么，也应该把它加入到追踪目标中，如推广广告等)。对任意一个网站，我们可以想象，如果访问者对首页或最常见的进入页面都是一掠而过，说明网站策划有问题。如果针对的目标市场是正确的，说明访问者不能找到他想要的东西，或者是网页的设计上有问题(包括页面布局、网速、链接的文字等)；如果网站设计是可行易用的，网站的内容可以很容易找到，那么，问题可能出在访问者的质量上，即市场问题。

16. 浏览用户比率(scanning visitor share)

计算公式：浏览用户比率=少于1分钟的访问者数/总访问数。

指标意义：这个指标可以在一定程度上衡量网页的吸引程度。

指标用法：大部分的网站都希望访问者停留超过1分钟，如果这个指标的值太高，那么，就应该考虑一下网页的内容是否过于简单，网站的导航菜单是否需要改进。

17. 浏览用户指数(scanning visitor index)

计算公式：浏览用户指数=少于1分钟的访问页面数/少于1分钟的访问者数。

指标意义：1分钟内的访问者平均访问页数。

指标用法：这个指数越接近于1，说明访问者对网站越没兴趣，他们仅仅是瞄一眼就离开了。这也许是导航的问题，如果对导航系统进行改进，应该可以看到这个指数在上升；如果指数还是下降，应该是网站的目标市场及使用功能有问题，应该着手解决。将浏览用户比率和浏览用户指数结合起来使用，可以看出用户是在浏览有用的信息还是因为厌烦而离开。

18. 平均访问时长

计算公式：平均访问时长=总访问时长/访问次数。

指标意义：平均访问时长是用户访问网站的平均停留时间。

指标用法：如果用户不喜欢网站的内容，可能稍微看一眼就关闭网页了，那么平均访问时长就很短；如果用户对网站的内容很感兴趣，一连看了很多内容，或者在网站停留了很长时间，平均访问时长就很长。平均访问时长是衡量网站用户体验的一个重要指标。

19. 平均访问页数

计算公式：平均访问页数=浏览量/访问次数。

指标意义：平均访问页数是用户访问网站的平均浏览页数。

指标用法：平均访问页数很少，说明访客进入网站后，访问少数几个页面就离开了。平均访问页数也是衡量网站的用户体验的指标。

20. 跳出率

计算公式：跳出率=只访问一个页面就离开网站的访问次数/总访问次数

指标意义：跳出率是指访客来到网站后，只访问了一个页面就离开网站的访问次数占总访问次数的百分比。

指标用法：跳出率越低，说明流量质量越好，用户对网站的内容越感兴趣，跳出率是反映网站流量质量的重要指标。

21. 浏览用户量(scanning visitor volume)

计算公式：浏览用户量=少于1分钟的浏览页数/所有浏览页数。

指标意义：在 1 分钟内完成的访问页面数的比率。

指标用法：根据网站的目标不同，这个指标的高低有不同的要求，大部分的网站希望这个指标降低。如果是搞广告驱动的网站，这个指标太高对于长期目标是不利的，因为，这意味着尽管通过广告吸引了许多访问者，产生了很高的访问页数，但是，访问者的质量不高，所能带来的收益也就会受到影响。

由此分析总结：

(1)需要分析创意的展现量、点击量、点击率，判断创意是否有吸引力。

(2)需要分析关键词的转化次数、转化率，判断关键词是否精准。

(3)需要分析访问次数和访客数，如果访问次数明显少于访客数，说明很多用户在没有完全打开网页时，就将网页关闭了。如果是这样的情况，就要好好检查一下网站的访问速度了，看看到底是网站空间出了问题，还是网站程序出了问题。

(4)把平均访问页数和平均访问时长这两个指标放在一起，来衡量网站的用户体验：如果平均访问页数较少，平均访问时长较短，就要分析以下几个问题：是否需要否关键词？网站的访问速度如何？用户进入网站后能否找到需要的内容(访问 URL 的设置)？网站内容对用户是否有吸引力？

(5)网站跳出率和平均访问时长，可以反映出网站推广关键词的选择是否精准，创意的撰写是否优秀，着陆页的设计是否符合用户体验。

二、网站分析的商业指标

1. 平均订货额(average order amount)

计算公式：平均订货额=总销售额/总订货数。

指标意义：用来衡量网站销售状况的好坏。

指标用法：将网站的访问者转化为买家，当然是很重要的，同样重要的是，激励买家在每次访问时购买更多的产品，跟踪这个指标，可以找到更好的改进方法。

2. 订单转化率(conversion rate)

计算公式：订单转化率=总订货数/总访问量。

指标意义：这是一个比较重要的指标，衡量网站对每个访问者的销售情况。

指标用法：通过这个指标可以看到，即使一些微小的变化，都可能给网站收入带来巨大的变化。如果还能够区分出新、旧访问者所产生的订单，那么就可以细化这个指标，对新旧客户进行分别统计。

3. 每访问者销售额(sales per visit)

计算公式：每访问者销售额=总销售额/总访问数。

指标意义：这个指标用来衡量网站的市场效率。

指标用法：这个指标和转化率差不多，只是表现形式不同。

4. 单笔订单成本(cost per order)

计算公式：单笔订单成本=总的市场营销开支/总订货数。

指标意义：衡量平均的订货成本。

指标用法：每笔订单的营销成本，对于网站的盈利和现金流都是非常关键的。关于营销成本的计算，各个网站有不同的标准，有些把全年的网站营运费用摊入到每月的成本中，有些则不这么做，关键要看哪种最适合自己的情况。如果能够在不增加市场营销成本的情况下提高转化率，这个指标就会下降。

5. 再订货率(repeat order rate)

计算公式：再订货率=现有客户订单数/总订单数。

指标意义：用来衡量网站对客户的吸引力。

指标用法：这个指标的高低，和客户服务有很大关系，只有满意的用户产品体验和服务，才能提高这个指标。

6. 单个访问者成本(cost per visit)

计算公式：单个访问者成本=市场营销费用/总访问数。

指标意义：用来衡量网站的流量成本。

指标用法：这个指标衡量的是网站的市场效率，目标是要降低这个指标而提高spv，为此，要削减无效的市场营销费用，增加有效的市场投入。

7. 订单获取差额(order acquisition gap)

计算公式：订单获取差额=单个访问者成本(CPV)-单笔订单成本(CPO)。

指标意义：这是一个衡量市场效率的指标，代表着网站所带来的访问者和转化的访问者之间的差异。

指标用法：指标值应是一个负值，这是测量从非访问者中获得客户的成本。有两种方法来降低这个差额：增强了网站的销售能力，CPO就会下降，这个差额就会缩小，说明网站转化现有流量的能力得到了加强；同样的，CPV可能升高，而CPO保持不变或降低，这个差额也会缩小，表明网站所吸引的流量都具有较高的转化率，这种情形通常发生在启用了PPC(pay per click)的计划。

8. 订单获取率(order acquisition ratio)

计算公式：订单获取率=单笔订单成本(CPO)/单个访问者成本(CPV)。

指标意义：用另一种形式来体现市场效率。

指标用法：用比率的形式，往往比较容易为管理阶层所理解，尤其是财务人员。

9. 每笔产出(contribution per order)

计算公式：每笔产出=(平均订货数×平均边际收益)-每笔订单成本。

指标意义：每笔订单带来的现金增加净值。

指标用法：公司的财务总监总是对这个指标感兴趣的，这个指标代表花了多少成本赚了多少钱。

10. 投资回报率(return on investment)

计算公式：投资回报率=每笔产出(CON) / 每笔订单成本（CPO）。

指标意义：用来衡量广告的投资回报。

指标用法：比较广告的回报率，应该把钱分配给有最高回报率的广告，但是，这个回报率应当有时间段的限制，比如“25% RIO/每周”和“25% RIO/每年”是有很大差别的。

三、百度统计

百度统计是百度推出的一款专业网站流量分析工具，能够告诉网络管理人员，访客是如何找到并浏览网站的，如何改善访客在网站上的使用体验，以帮助网络管理人员让更多的访客成为客户，不断提升网站的投资回报率。

百度统计提供了几十种图形化报告，全程跟踪访客的行为路径，并且，帮助监控各种网络媒介推广效果，让网站管理人员及时了解哪些关键词及创意的效果最好。同时，百度统计集成百度推广数据，让管理人员及时了解百度推广效果并优化推广方案。

目前，百度统计提供给百度推广和百度联盟用户免费使用，未参加百度推广或百度联盟的用户，可以注册百度统计账号，免费使用百度统计。可以在百度统计首页登录查看，也可在登录百度推广或百度联盟后，在推广或联盟系统中直接点击进入。

百度统计适用于各种类型的网站，但使用前需要在网页上添加百度统计代码，进行数据收集与统计，因此，需要统计者对被统计网站的源代码拥有更改权限。百度统计和同类软件可以同时使用，一般情况下不会互相影响。基于百度强大的技术实力，百度统计将提供稳定、快速的流量统计服务；并且，能够精细跟踪百度推广，让网络管理员知道每个计划、单元及关键词所带来的流量情况，为提升在百度推广的投资回报率提供改进依据。

在一些特殊情况下，受技术实现方式的影响，不同统计软件可能会存在冲突，导致无法准确获取数据。在这种情况下，如果管理员需要获得准确的百度统计数据，可以把百度统计代码安装在其他统计软件代码的上方，或者仅保留百度统计代码。

百度统计的优势：系统稳定：大规模服务器集群，分布式海量存储，数据不丢失。速度快：对网页加载速度影响远低同类产品，影响近乎于零。大容量：稳定支持日千万级 PV 站点，保障流量增长时不受影响。持续改进：持续的升级和完善。

1. 开通百度统计的方式

目前，百度统计完全免费提供给百度推广、百度联盟用户和普通用户使用，经过以下两个简单的步骤，就可以查看流量数据报告了。

(1)免费开通。

百度推广用户可以在 http://www2.baidu.com 登录百度推广后台，找到“百度统计”按钮，并点击进入，如图 7-6 所示：

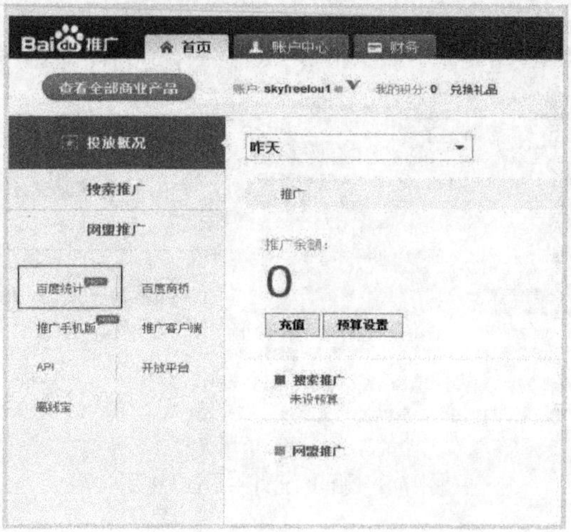

图 7-6　百度推广—百度统计

百度联盟用户请在 http://union.baidu.com/登录系统，找到“百度统计”链接，并点击进入，如图 7-7 所示：

图 7-7　百度联盟用户—百度统计

如果不是百度推广或百度联盟用户，也可以直接登录百度统计首页 http://tongji.baidu.com/。百度推广或联盟用户，可直接使用推广或联盟用户名登录，查看百度统计。

点击“立即免费注册”进入开通流程，如图 7-8 所示：

图 7-8　百度统计—用户注册

输入监控网站主域名，并确认协议，如图 7-9 所示：

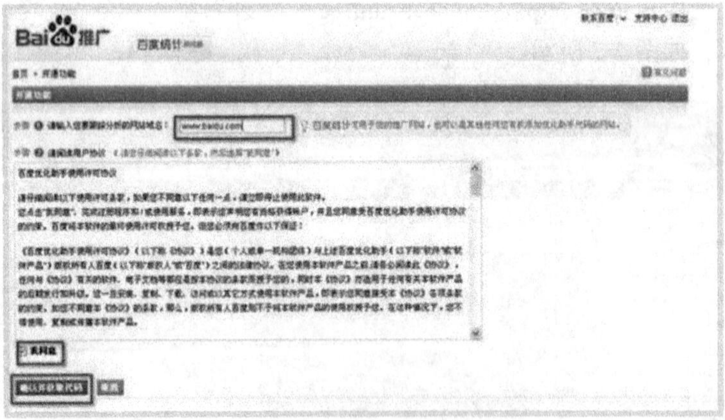

图 7-9　百度统计—用户注册

(2)安装代码。

获取安装代码，如图 7-10 所示：

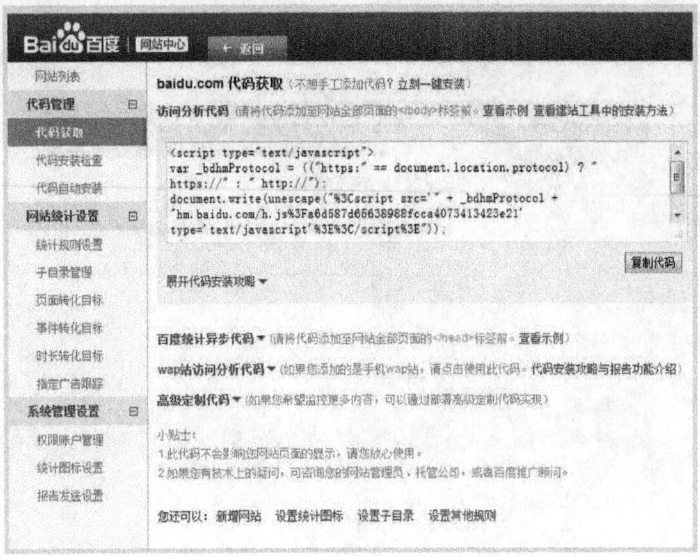

图 7-10　百度统计—用户注册

按照安装说明，在网站源代码中添加统计代码，如图 7-11 所示：

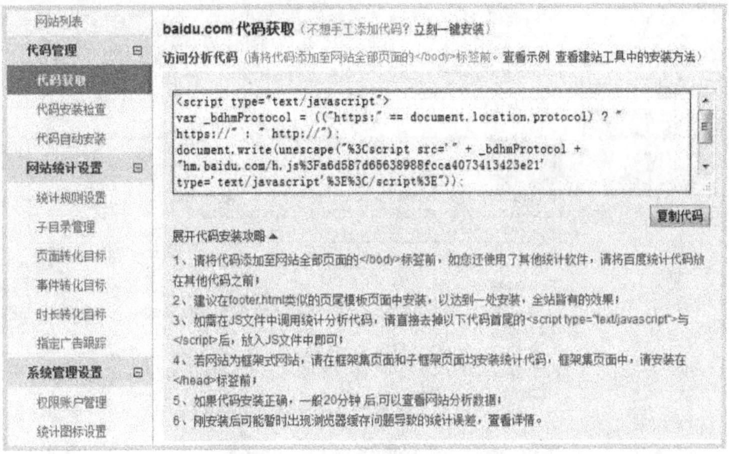

图 7-11　百度统计—代码获取

如果开通后没有立即安装，请按照以下步骤获取代码：

登录百度推广、百度联盟后台，找到“百度统计”按钮并且点击进入，或直接登录 http://tongji.baidu.com，用百度推广或百度联盟账号登录。在“百度统计”首页左侧找到“网站中心”并点击进入，如图 7-12 所示：

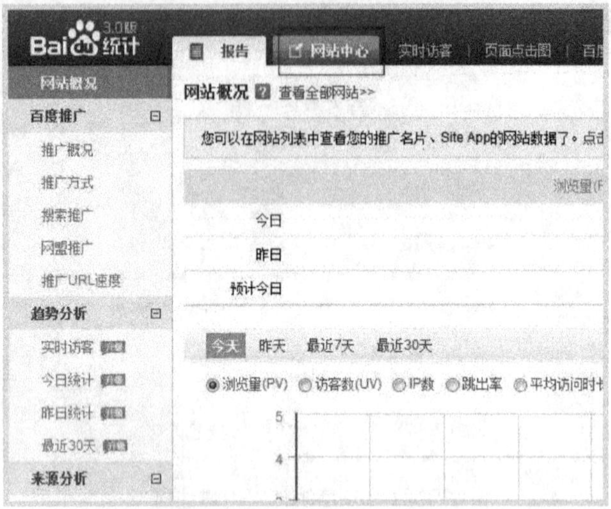

图 7-12　百度统计—网站概况

在设置页面的“代码管理”栏，找到代码获取按钮，如图 7-13 所示：

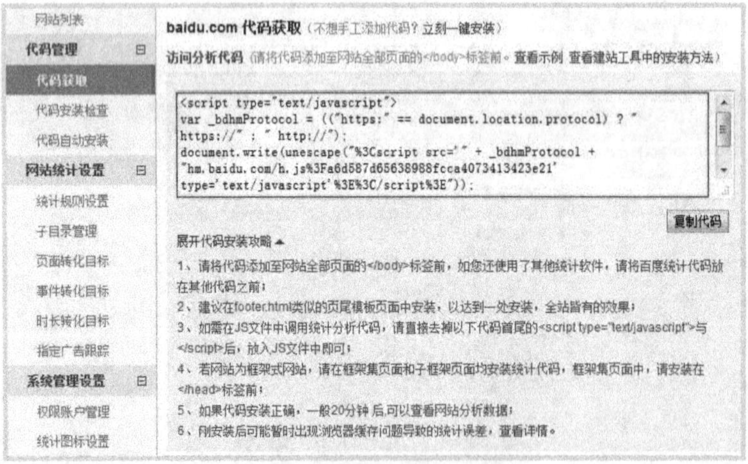

图 7-13　百度统计—代码获取

正确安装代码约 20 分钟后，便可以看到丰富的流量数据。

2. 百度统计报告

(1)百度推广报告。

可以查看百度推广给网站带来的流量及转化情况，及时了解百度各类推广方式的效果，以及这些效果是否达到了预期的业务目标，从而帮助网络管理员更有针对性地改善百度推广方案。

在百度统计中，可以通过“定制目标URL”的方式，获取其他媒介营销的数据。在设置百度统计页面和指定广告跟踪页面中，均存在定制目标URL的链接，点击此链接，可以进入定制目标URL的页面。在定制目标URL页面中，需要填写要跟踪的媒介的相关信息，包括目标URL、来源名称、媒介名称、计划名称、关键词和创意等信息，百度统计会根据填写的信息生成一个URL，将此URL作为推广的目标URL后，访客点击此URL，百度统计便会按照填写的信息，将本次访问进行归类，并显示在“指定广告跟踪”报告中。

指定广告跟踪，将提供各种其他媒介推广为网站带来的流量情况。通过对各种媒介推广给网站带来的流量进行对比，可以了解哪种媒介推广能够给网站带来较多的流量，哪种媒介推广给网站带来的流量质量较高。基于各种媒介推广带来的不同流量及流量质量，可以进一步比较分析，在各种媒介上的哪些关键词和创意更能够吸引访客，哪些还需要进一步优化以及如何优化，等等。通过不断比较分析各类媒介推广方式，可以不断提升整体的网络营销效果。

百度推广相关的消费数据包括：消费、平均点击价格、平均转化成本、收益、利益、投资回报率等。如果网站管理员授权其他百度推广账户查看网站报告时，选择“排除消费数据”，则对方查看报告时就不会看到全部消费数据。

(2)趋势分析报告。

趋势分析报告中，提供了两种数据查看方式：按小时和按天。

通过按小时查看数据，网站管理员可以及时了解网民在各个时段对网站的关注度，并且，可以用该数据作为推广时段设置的参考。例如：如果在某个时段，网站的被访问次数非常高，那就应该尽量提升在这个时段的推广排名，以获取更多的访客；如果在某个时段没有进行推广，但是网站存在流量，说明在这个时段潜在客户仍在关注这个网站，如果利用这个时段进行推广，将有机会获得更多的客户。

通过按天查看数据，可以从以下几个方面提升推广效果：

①及时掌握并改进网站质量。如果长时间内网站流量都偏低，且网民在网站上的平均停留时间很短，说明网民对这个网站内容不感兴趣或者网民无法从网站迅速获取需要的信息，就需要进一步丰富网站内容，并建立更加合理的页面层次结构。

②及时制订合适的业务推广策略。如果近期网站流量增长，就要抓住时机，在网站上增大宣传力度；如果近期网站流量降低，可以考虑增加其他的辅助推广方式。

③及时了解各种业务活动的效果。如果近期在业务上推出了某项活动，借助网站流量趋势数据，就可以及时了解这项活动是否取得了一定效果。

趋势分析报告支持“小时”“日”“周”“月”四种时间粒度的趋势数据：小时：每小时 0 分 0 秒至该小时的 59 分 59 秒；日：每日的 0 点 0 分 0 秒至该日的 23 点 59 分 59 秒；周：默认为当周一的 0 点 0 分 0 秒至当周日的 23 点 59 分 59 秒；月：当月第一天的 0 点 0 分 0 秒至当月最后一天的 23 点 59 分 59 秒。

如果选择的时间段不是某个时间粒度的整数倍，百度统计显示的数据，将以用户所选择的时间段为准。例如：如果选择的时间段为 2017 年 4 月 3 日(周一)至 2017 年 4 月 9 日(周日)，那么，选择“按周排列”时，系统会显示两周的数据，第一周包含 4 月 3 日(周一)至 4 月 9 日(周日)，第二周包含 4 月 10 日(周一)至 4 月 16 日(周日)。

最新访客报告提供最近的 500 个访问次数的详细数据，帮助了解用户在网站上的行为轨迹，包括：用户所在的地域、进入网站的时间(上站时间)、从什么站点链接过来的(来源网站)、入口页面、最后停留的页面、最后响应的时间，共查看了多少页面等。点击“查看详情”，可以了解以下信息：

用户上一次访问的时间，详细的来路、搜索词；用户浏览的轨迹，打开的页面，及停留的时间(停留时长=下一个页面的打开时间-本页面打开的时间)；用户客户端的操作系统、网络服务商、浏览器、语言环境、屏幕分辨率、屏幕颜色、Flash 版本、是否支持 Cookie，是否支持 Java 等属性。

3. 来源分析报告

可以查看各种来源的流量及转化情况，还可以选择地域过滤，查看一个地域各来源的数据。

(1)搜索引擎报告。

可以让网站管理员了解不同搜索引擎给网站带来的流量情况。根据各搜索引擎给网站带来的流量数据，可以及时了解到，哪种搜索引擎能够给网站带来更多访客，以及哪种搜索引擎带来的访客更关注网站，可以将更多推广预算分配到能够给网站带来更多访客且访客关注度更高的搜索引擎；对于带来较少访客或者访客关注度不高的搜索引擎，可以结合业务背景，进一步分析原因，并不断提高这些搜索引擎带来的流量及流量质量，以避免盲目降低推广预算，导致潜在客户流失。

搜索引擎报告会记录目前网民经常使用的几种搜索引擎，比如百度、谷歌、搜狗、中国搜索、雅虎、搜搜、中国电信 114、live. com、网易有道、迅雷搜索等，报告中仅列出了带来流量的搜索引擎。

(2)搜索词来源报告。

提供了网民在各种搜索引擎上使用的搜索词以及这些搜索词给网站带来的流量情况。通过该报告，可以得到以下信息：网民通常通过哪些搜索词找到网站？哪些搜索词可以给网站带来更多访客？哪些搜索词给网站带来的访客成为客户的可能性更高？网民更关注哪些业务内容？这些信息，均可以作为在百度推广账户或者其他搜索推广账户中，提交关键词或者设置关键词出价的参考依据。另外，通过报告中的搜索词，可以及时了解网民在不同阶段关注的主要信息，并可以根据这些信息生产产品或制订服务策略，以便抓住最好的业务推广时机。

(3)搜索词(分搜索引擎)报告。

网站管理员可以通过它，查看任意时段(跨度小于1年)从各搜索引擎来的搜索词。报告中给出了在百度、谷歌、搜搜及其他搜索引擎之和四部分的比例数据，了解搜索词在各引擎中的比重；给出了各个搜索词占所有搜索词的访次比重，了解该搜索词对网站流量的影响比重。点击列头总搜索次数以及搜索引擎下方带有下划线的数字，可以进入查看搜索词的其他数据表现。另外，该报告还整合了百度指数，提供了相关热门搜索词和搜索来路URL供管理员参考。

(4)站内来源报告。

站内来源报告于2012年11月1日新增，当主账号查看子目录时，在左侧菜单默认出现“站内来源“，点击进入，可以查看站点其他页面为该子目录带来的流量情况，可以帮助管理员更好地分析站内流量导入情况；当权限账户查看时，如左侧菜单中“站内来源”字样为灰，则主账号未赋予该权限账号查看站内来源报告的权限，需要主账号在设置—权限账户管理中，与子目录对应的报告权限中开通。开通图例如图7-14所示：

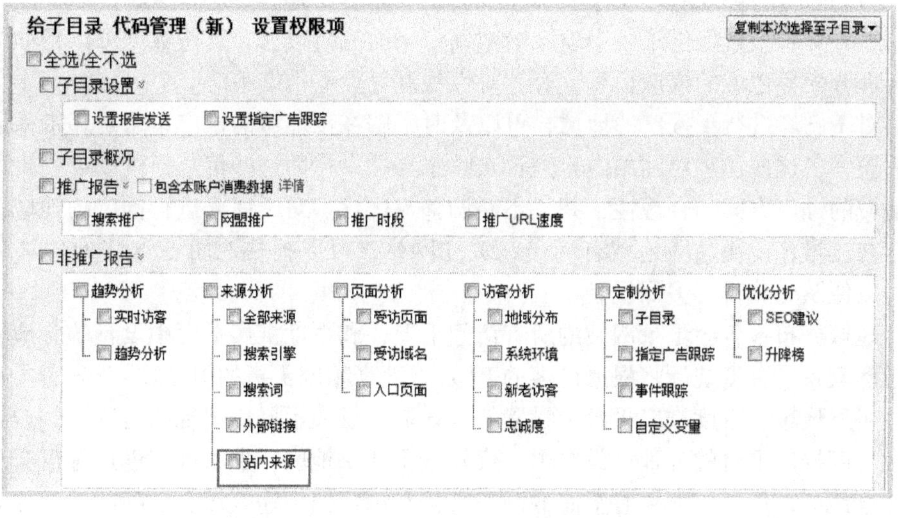

图7-14　百度统计—设置权限

4. 受访页面报告

受访页面报告提供了访客对网站内各个页面的访问情况的数据。通过这个报告，可以获得以下一些信息：

访客进入网站后，通常首要访问和次要访问的页面是哪些？这些页面是访客形成对网站第一印象的重要页面，对于访客是否继续关注网站以及最终是否选择产品或服务，起着决定性的作用。可以从界面美观性、操作方便性、内容专业性等多方面提升这些页面的质量，以促使访客保持对网站的继续关注。

访客进入网站后，对哪些页面最关心或者最感兴趣？通过这些页面，可以了解访客在网站上最关注的内容，并根据这些内容，及时更新或调整页面信息与布局，以促使访客尽快转化成为客户。

访客浏览各个页面的停留时间一般是多久？通过页面停留时间，可以了解页面是否足够吸引访客；同时，也可以将停留时间作为页面设计的参考因素，以便访客在有限的访问时间内，尽可能获取更多的价值信息，从而进一步实现网站推广目的。

访客经常会在哪些页面离开网站？除了一些特殊页面(例如：结账完成、注册完成页面等)的退出率高是正常现象外，其他页面的退出率高，说明页面可能存在一定的问题，例如页面打开慢或者页面显示出错等。对于退出率高的页面，需要及时明确原因，以免丢失可能的商机。

5. 访客分析报告

访客分析主要包括访客的地域分布报告和系统环境报告。

(1)地域分布报告。

地域分布报告提供了各个地域给网站带来的流量数据，这些数据可以帮助管理员合理分配各地域的推广预算，有针对性地制订业务推广策略。

对于已经进行了推广的地域，可以及时了解在该地域的推广策略是否带来了足够的访客，这些访客对网站内容是否足够感兴趣。借助这些信息，可以进一步评估该地域的推广方案的合理性，并且不断调整与优化。对于尚未进行推广的地域，如果存在流量，说明这些地域有网民在关注网站，可以抓住时机在这些地域进行推广，以便及时获得更多商机。

地域分布报告会记录网站的所有访问情况，和百度推广平台中设置的分地域没有必然联系。百度统计将根据访客的 IP 及百度高精度更新的 IP 地域划分表，判断访客所属地域。百度推广平台中设置的分地域，仅表示推广出现的地域。例如：如果在百度推广平台的分地域设置中，仅勾选了北京地区，那么推广创意等仅会出现在北京地区。但是，如果有上海的网民直接在浏览器中输入域名访问网站，那么在地域分布报告中，也会包含该访客的流量，且流量所属地域为上海。

(2)系统环境报告。

系统环境报告提供了访客在浏览网站时，使用的各种系统环境及相应的流量数据。系统环境包括浏览器、操作系统、屏幕分辨率、屏幕颜色、Flash 版本、是否支持 Java、语言环境、是否支持 Cookie、网络服务提供商等。通过这个报告，可以获得以下一些信息：访客在浏览网站时，经常使用的是什么系统环境？使用什么系统环境的访客，在网站上停留的时间更长或者访问的页面更多？哪种系统环境管理员之前还没有考虑过？获得这些信息后，就可以更多从技术功能方面去优化网站，从而进一步提升网站的吸引力及易用性，带来更高的访客转化率。

6. 定制分析报告

页面上下游报告：提供了指定页面的上下游访问数据。通过这个报告，可以获得以下信息：哪些页面给指定页面带去了较多的流量以及这些页面的具体流量情况如何？指定页面给哪些页面带去了较多的流量以及这些页面的具体流量情况如何？通过这些信息，可以了解指定页面的访客行为规律，从而了解访客的关注点及访问习惯；另外，如果在指定页面设定了目标，还可以通过这些目标的转化情况，去衡量访客在指定页面的行为路径的合理性。最终，根据获取的这些信息，就可以有根据地改善指定页面与其他页面之间的层次关系，从而让访客在网站上获得更好的使用体验。

转化路径报告：提供了访客在目标的各个步骤上的访问行为数据。通过这个报告，可以获得以下一些信息：进入网站的访客中，究竟有多少有可能成为客户？在进入某个转化目标后，通常在哪些步骤访客放弃了继续访问？目标或路径页面是否足够吸引访客(根据平均停留时间分析)？通过这些信息，可以有针对性地改善目标或路径页面的质量，以获取更高的访客转化率。

百度统计热力图：以颜色变化展现访客在页面上的点击分布情况。

7. 优化分析报告

网站速度诊断：提高网页/网站的打开速度，是网站建设的第一要务。为了帮助客户更好地了解网站加载速度现状，百度统计推出了“网站速度诊断”功能。当客户发现网站速度打开较慢时，可以快速定位原因，并提出优化建议，帮助客户及时改进。网站速度诊断有如下三大优点：

(1)网站间横向对比。

针对网通、电信等运营商，给出针对性的报告，对比不同运营商的服务情况。通过百度服务器，对数十万的网站访问速度进行检测，并清楚展示网站的打开速度与其他网站相比，处于什么位置。

(2)专业化的建议。

通过对网页的全方位解析，对网站/网页内的每个资源耗时情况进行精确定位，让管理人员对问题资源(某张耗时的图片、某段耗时的 JS 代码)一目了然。并给予专业的网站智能化建议，以便快速定位网站速度过慢的具体原因，并马上进行针对性操作。

(3)直观的量化。

在发现问题给予建议的同时，还给出直观的分数，让管理人员了解网站目前所处的大致水平，帮助其更直观地了解网站的水平。

搜索词排名报告会跟踪网站管理员设置的搜索词，给出其在百度搜索中和百度指数中的排名，帮助其更好地优化推广效果。百度索引量会提供最权威的百度索引量数据，安装统计代码，产生流量后即可查询网站在百度索引的网页的准确数量。升降榜会从来源类型、搜索引擎、搜索词、外部链接等维度，来分析任意两天之间的流量变化原因，用于评估网站推广效果。

8. 搜索推广漏斗

搜索推广漏斗提供搜索推广过程中的全程分析，包括从关键词的展现、点击到网站的浏览和转化过程，如图 7-15 所示。它有三大优势：

与之前相比，搜索推广漏斗不仅能给出数据指标，还能告诉指标不理想的原因。比如，在图 7-15 中，搜索推广漏斗不仅能告诉浏览量(PV)数值表现不理想，有提升潜力，还能指出影响浏览量的最重要因素——跳出率。

在数据的表现上，不仅给出了翔实的数据，还通过颜色加以区分，让管理员明确了解哪些指标需要注意。

给出行业标杆，告诉管理人员这个值在行业中的表现水平如何，给其指明了改进方向。

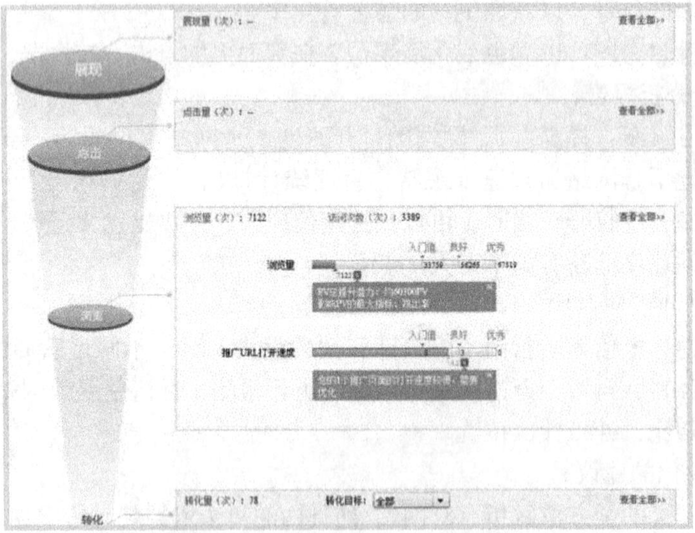

图 7-15　百度统计—搜索推广漏斗

搜索推广漏斗指标详解：怎样才能完整地衡量一次推广？这是一个点击量——访问次数——浏览量的过程。首先，潜在客户需要点击网站，这样对网站来说就有了点击量；其次，潜在客户需要将网站完全打开，才能够到达网站、形成一次有效的访问，对于网站来说，则可以通过访问次数进行衡量；最后，当潜在客户在网站上进行页面浏览时，会带来浏览量的增长。

那么，又是哪些指标影响以上数据呢？在进行数据分析之前，需要先确保推广页面的安装正确率，这是保证统计数据真实可信的基础。访问次数受到推广页面不连通比率和推广 URL 打开速度的影响，当推广页面不连通比率过高和推广 URL 打开速度过慢时，都会导致用户无法到达目标网站，从而影响访问次数。浏览量会受平均访问页数和跳出率的影响，当用户的平均访问页数过低和跳出率过高时，都会造成用户浏览的网页数目过少，从而影响浏览量。如图 7-16 所示：

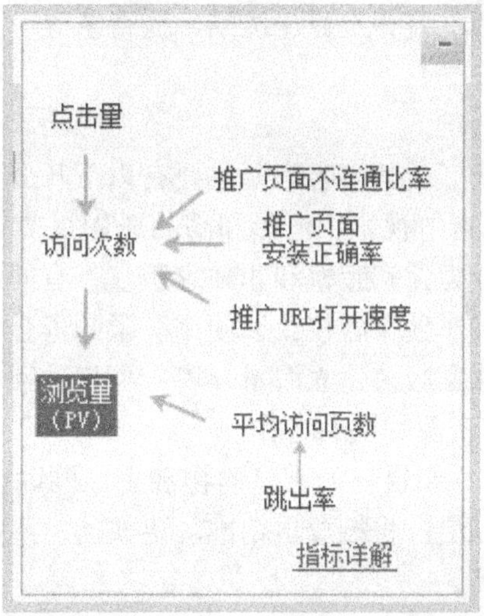

图 7-16　百度统计—各指标互相影响图

9. 百度推荐

百度推荐是百度推出的一款专业网站内容推荐工具。通过对海量内容数据与访客行为数据的挖掘，真正做到对网站的每位访客都能推荐个性化的内容，大幅提升网站的流量（PV）和用户黏性（平均访问时长）。在深入挖掘百度海量数据的基础上，以推荐的方式，帮助每位访客找到最适合自己的内容，可以让管理员享受到如下好处：

使用零成本：百度统计用户开启即可使用，不需要部署任何代码。

效果看得见：百度推荐提供专业的流量报告，每天带来了多少流量一目了然。

效果不断提升：百度会持续优化算法，推荐的内容质量会越来越高，通过对不同访客推荐个性化内容，促进用户点击，提升站点流量(PV)和访客黏性(平均访问时间)。

第六节 案例——网络视频社区

一、网络视频社区简介

视频网络社区，是指在完善的技术平台支持下，让互联网用户在线流畅发布、浏览和分享视频作品的网络社区。除了传统的对视频网站的理解外，近年来，无论是 P2P 直播网站、BT 下载站，还是本地视频播放软件，都把向影视点播扩展作为自己的一块战略要地。影视点播已经成为各类网络视频运营商的兵家必争之地，目前，知名的视频网络社区主要有土豆、优酷、爱奇艺等。

二、内容基础

现阶段的视频网络社区，其内容来源主要有以下几个方面：

(1)购买版权：与具有电视剧、电影和高品质影视节目需求的视频网站，进行信息网络传播权交易，分为独家版权和非独家版权。有的购买独家版权，以占据内容的独特优势；有的购买非独家版权，以便用有限的资金，尽可能拥有更多的版权资源。许多公司还用非独家版权建立海量片库，再把独家精品作为主推产品。

(2)与其他具有版权资源的网站合作。

(3)与广告商联合建立频道：如七星购物和土豆网联合推出商品频道。电视购物与视频网站合作，可以使广告投放更精准、更快捷，不需要打电话咨询，直接就能链接到网站上选购商品。

三、观看模式

视频网络社区常见的观看模式如下：

(1)P2P 分发模式：P2P 一般适用于直播，不适用于短视频，只有时长在 60 分钟以上时，才会有人去 P2P，才可能有许多人同时看一个节目，所以说 P2P 更适合做长视频分发。

(2)播客模式(Web 2.0)：又叫分享视频模式，如优酷、土豆、六间房等。

(3)在线观看：例如优酷，又分为点播视频、直播视频和轮播视频。

(4)下载观看。

(5)软件植入本地电脑播放观看。

(6)无线结合模式。

(7)通过手机播放观看：如手机内置了 YouTube 等视频社区的功能，就可以进行视频查找和播放。

(8)通过互动电视网络播放。

(9)通过公共场所投影设备等播放。

四、广告形式

广告是视频网络社区收益的主要来源之一，主要形式如下：

(1)网页图文广告：指互联网常用的对联、按钮、通栏、文字等广告。

(2)图片对联广告+视频超链接：是具备视频特点的图文广告，给有图文需求的广告主以视听附加值。

(3)旗帜广告+视频超链接。

(4)通栏广告+视频超链接。

(5)按钮广告+视频超链接。

(6)文字链接+视频超链接。

(7)视频贴片广告形式：一般在节目开始前先强制播放广告，然后才能进入节目内容，这是在线视频观众都比较熟悉的前置式贴片广告(pre-rolls)，通常在用户等待缓冲的正式视频内容播放前播出。与电视广告一样，具有强行播放、强制收看的特点。

(8)播放器桌面式(player skins)广告形式：这种广告比那些低调的重叠式或爬虫式广告要略有侵犯性，但也不会对用户的观看造成任何影响。它会把一个正在播放的视频包围在中间，如果用户经不住诱惑，也许会忍不住去点击画面上悦目的广告画片，这正是广告商梦寐以求的。我们也把这种广告叫做播放器皮肤引导式广告，要求相对静止，以免令观众生厌。

五、盈利模式

(1)付费点播(在线观看)版权节目盈利模式。主要依靠网友通过各种支付平台点播节目、在线观看，形成比较稳定的点播收入，除了单点收费，还有大包月、小包月等收费模式。网站需要做的，就是降低版权成本和扩大点播量。因为盗版、非独家版权、网友搜索观看习惯、转码画质等因素，这种模式目前仅在部分影视节目中可以实现盈利。

(2)附加值收入。一般来源于整合策划。点播附加值的收入是不容忽视，比如通过手机付费，在提示收费等环节中加入广告成分或者会员服务，使附加值大幅提升。这种模式让很多依靠盗版影视节目的网站赚足了第一桶金，同时，也成就了互联星空等正版品牌的崛起。实行视频网站牌照制，将有效遏制盗版网站。

(3)下载收费盈利模式。这种模式依靠用户下载观看收费。

(4)社区盈利模式。免费点播、在线观看或下载观看网友上传的节目，依靠广告盈利。

(5)版权换广告盈利模式。即免费点播、在线观看或下载观看版权节目，主要依靠广告盈利。一些网站用网站联盟来买流量，也有的和百度、网易、新浪、搜狐等巨型网站进行战略合作，增长流量和大幅度提高用户数，带动流量合作，这都是具有商业价值的。但是，视频网站更应注重实际的互动点播量或者观看总时长。

(6)客户端软件盈利模式。又称技术植入盈利模式。比如暴风影音这类客户端软件，涵盖本地播放、在线直播、在线点播、高清点播等视频播放服务形式，主要依靠广告盈利。

(7)技术服务盈利模式。通过技术服务，换得商务内容和其他内容。很多中小企业希望借助视频内容，在网站上推广自己的企业形象，但苦于受到带宽的限制，无法提供清晰流畅的视频节目。如果能够解决这些中小企业的视频服务要求，并成功获得用户支持，将使技术服务成为广告之外的另一个盈利渠道。

第八章　网络社区营销

第一节　网络社区营销概述

网络社区分为横向网络社区和垂直型网络社区。横向网络社区，是指就某一个话题在网上交流，形成一个有共同兴趣的网络社区；垂直型网络社区，是指网上企业利用业务关系和新闻组、论坛等工具，形成以企业站点为中心的网络商业社区。

网络社区是网站所提供的虚拟频道，让网民产生互动、维系情感及分享资讯；从网站经营者的角度来看，网络社区经营成功不仅可以带来稳定的流量，增加广告收入，注册会员更能借此拥有独立的资讯存放与讨论空间，会员多，人气旺，给社区营销造就良好的场所。

一、网络社区营销的概念及类型

所谓的网络社区营销，是网络营销的主要销售手段之一，社区就是把具有共同兴趣的访问者集中到一个虚拟空间，达到成员之间相互沟通交流的目的，从而达到商品营销的效果。可以充分利用网络社区，进行企业的推广及营销。网络社区营销是网络营销区别于传统营销的重要表现。网络社区营销主要有两种形式：利用其他网站的社区和利用自己网站的社区。按照功能不同，网络社区营销可以大致分为三类：市场型、服务型、销售型。

第一类，市场型社区营销，主要是 B2C（business to customer）的产品，尤其是目标客户定位为年轻时尚群体的企业，适合建立市场型网络社区，比如可口可乐，因为，消费受众追求生活和文化，而不是某一个产品。目前来说，这样的企业的使命是文化传播和市场推广。

第二类，服务型社区营销，主要是提供专业售后服务和技术支持的网络社区。例如西门子的社区，拥有本地化工程师的技术支持。

第三类，销售型社区营销，目前成功的很少，消费者越来越理性，进了社区只会浏览售前讨论和售后评论，不太会留言，这样就不利于企业辨别用户需求和购买意向。因此，企业的网络社区销售功能普遍很难推进。

二、网络社区营销的特点

利用网络社区的超高人气，可以有效为企业提供营销传播服务。而由于网络社区话题的开放性，几乎企业的所有网络社区营销展现形式的营销诉求，都可以通过社区传播得到有效实现。其特点包括：

(1)专业的社区帖子策划、撰写、发放、监测和汇报流程，在社区空间提供高效传播，包括各种置顶帖、普通帖、连环帖、论战帖、多图帖、视频帖等。

(2)网络社区活动具有强大的聚众能力，利用社区作为平台，举办各类踩楼、灌水、贴图、视频等活动，调动网友与品牌之间的互动。

(3)事件炒作，通过炮制网民感兴趣的活动，将客户的品牌、产品、活动等植入进传播内容，并展开持续的传播效应，引发新闻事件，导致传播的连锁反应。

(4)运用搜索引擎内容编辑技术，不仅使内容能在社区上有好的表现，在主流搜索引擎上也能快速寻找到发布的帖子。

(5)适用于商业企业的论坛营销分析，对长期网络投资项目组合应用，精确预估未来企业投资回报率以及资本价值。

三、网络社区在网络营销中的作用

可以与访问者直接沟通，容易得到访问者的信任；人们愿意重复访问某个网站，往往是因为那里是和他志趣相投者聚会的场所；作为一种为顾客服务的工具，可以利用 BBS 或聊天室等形式在线回答顾客的问题；可以与那些没有建立自己社区的网站合作，允许其使用自己的论坛和聊天室；建立了论坛或聊天室之后，可以在相关的分类目录或搜索引擎登记，有利于更多人发现网站；也可以与同类的社区建立互惠链接，方便进行在线调查。

四、网络社区营销的发展

Web 2.0 时代，新兴的网络社区逐渐显示出强大的营销功能。通过网络社区这个平台，企业可以在更大范围内搜索消费者和传播对象，将分散的目标顾客和受众精准聚集在一起，利用新的网络手段扩大口碑传播，并且，在日趋明显的消费模式(需求——搜索——行动——共享)中，实现及时信息传输和回馈。

新时代的网络社区营销，实际上也就是企业在网站上成立会员俱乐部，与用户进行互动沟通。网络社区是企业和会员(最终会员和渠道会员)线上互动交流的最佳平台，许多企业已经在其网站上不同程度地实现了客户服务、技术支持、产品促销等营销活动，相当多的企业已将俱乐部纳为其电子商务的一部分，开始尝试网上销售。

随着互联网的飞速发展，出现了许多专业的或综合性的 B2B 网站，其主要职能就是帮助买卖双方撮合交易。因此，一般网络社区的功能和作用也发生了巨大变化，网络营销的手段更加专业和深化，网络社区的营销功能事实上已经在逐渐淡化，而是向着增加网站吸引力和为顾客服务等方向发展。

网络社区已经成为一个真正意义上聚会的场所，在大多数情况下，可以取代人们在现实生活中的聚会场所。随着网速的提高，更多用户开始有了全新的上网体验，轻松方便的电子商务通过口碑的力量，进行大规模的网络营销，会员能在整个过程中，努力创建个人及专业的伙伴关系，网络社区甚至会将线下现有的各种规模的社团加入其中。

消费者的购买行为也发生了变化，决策阶段在互联网上搜索相关信息和评论成为主流，在分析资料的时候，不会太关注企业自己的说法，而是看其他顾客和用户的意见。这是 Web 2.0 时代的产物，对潜在顾客购买前的决定非常重要，尤其是网络社区对特定型号产品的探讨。初期，用户会仔细看别人的评价，企业也在关注这一块市场的消费导向，售后的评论会刺激下一个用户的售前。而在很多公共社区，企业会通过雇佣一些版主和民意领袖，正面引导舆论，影响售前，因为，企业在自己的网站和社区正面传播新产品的优越性能，消费者是会质疑的。

互联网上，活跃的用户确定购买以后，可能直接在线订购。企业也可以通过最快捷的方式，搜寻到消费者的购买意向。购买意向通过后台直接发布给代理商，提供消费线索。

五、网络社区营销的关键因素

网络社区营销的关键因素在于资源整合，企业在建立网络社区和进行营销推广中，主要需要解决好以下三个问题：

1. 用户

按照前面介绍的网络社区营销三种不同的类型定位，其目标用户也会不同。

2. 人力

网络社区维护量很大，尤其是公开社区有负面舆论风险，当会员发表不合适的内容怎么办？有没有人力维护？社区是让所有人看还是部分人看？社区注册人是网站授权还是全部放开？这就需要考虑社区的作用，一般企业都完全有能力支付这笔费用，但是，做了以后具体是实现市场、销售还是服务目的？负责社区的主管会考虑，他做这个社区是否有功劳？是否有业绩贡献？而问题是，社区和很多部门有关联，不是完全独立的，可能市场人员需要跟踪，服务部门需要支持，这样就比较麻烦，如果没有上层支持，很可能达不到效果，还会影响各部门同事之间的关系。

3. 数据整合与挖掘

这也是目前来说最困难的一点，数据库的整合，既包括线上数据库的整合，也包括线下数据库的整合。对于大规模企业而言，用户数据库整合不是技术上的问题，而是部门间协调的难度很大。数据库整合一定是“一把手工程”，是为整体销售来服务的。数据挖掘，即把看似没有关联的数据整合起来，形成利益链，而利益链的中心就是用户的需求。

企业自己的网络社区主要针对两类消费群体：一类是潜在顾客，主要是培养他们对品牌的认识和忠诚度，而不是针对某一款特定产品；另一类就是已经购买的用户再次消费，他们已经认可并使用了产品，再次购买的可能性是非常大的。

对企业网络社区会员的需求分析是否到位，直接影响到用户注册会员的参与度。有些社区缺乏会员分析的过程，缺乏针对性，以致无法提供含金量高的内容，降低了用户参与的热情。企业应在充分分析会员需求、上网习惯、个人爱好等信息的前提下，为不同需求的会员提供人性化的界面，结构化地组合社区服务内容。首先，可以通过选择不同类别的首页，让会员快速找到其所关心的主题内容；其次，可以通过会员选择其关心的主题，得到个性化的首页；再次，通过会员的历史访问，生成个性化的登录页面。

按需求的不同，提供差异化服务，是网络社区接下来不可忽视的问题。如果没有考虑分类服务，正如经济学所言，平滑的收入曲线只是一个平衡，只有将其逐一矩形化，将服务分级分类，才能产生最大的利润。根据会员和企业的紧密程度不同，网络社区可以提供基本服务和特殊服务，对不同类别的浏览者，提供不同权限的特殊服务。例如对渠道客户的内部信息的支持，为大宗客户提供免费的线上支持等。

为企业网站建立统一的会员数据库，即会员俱乐部和网上其他应用系统信息，是十分必要的。这样一来，一个会员有相同的注册和登录系统，将大大方便特殊会员(渠道用户、大客户)使用系统，也方便企业随时统一整合数据资源。

一个会员俱乐部热闹之余，要产生真正的价值，除了企业宣传以外，更应注重会员的分级提炼。根据会员访问网站的行为跟踪，即访问的次数、内容、时间等，定期通过 e-mail、QQ、微信、电话等方式进行客户回访，并阶段性地调整会员级别，向会员推荐和提供更匹配的服务。

第二节　如何做好网络社区营销

一、网络社区营销的要点

1. 选择合适的社区

选择合适的社区，先批量注册账号，激活验证账号，选择好各个论坛的合适板块。选择网络社区时，有如下几个关注点：社区里要有潜在客户；社区要有一定的人气，能发超链接；能设置签名，有帖子编辑权限等。

2. 设置好的“标题党”

一个有吸引力的题目，会让人有打开看看的冲动，要给人一种犹抱琵琶半遮面的感觉，这样会激起好奇心，用户很自然就会进入你的主题，看你的帖子，这样，帖子点击率就会冲高。当然，题目应当与帖子的内容相关。

3. 内容要有争议和悬念

如果内容没有争议和悬念，大家就只会一看而过，很少会留下一言片语。内容要有争议，尽量小事化大，大事化奇，奇事化精，如果真想不到有争议的主题，不妨设置一些与悬念相关的内容，这些内容一般回帖率都比较高。

4. 长帖短发，可考虑连载发帖

在一般社区中，看帖子的人往往没有太多耐心。帖子太长，不管它有多大吸引力，都很少有人能够把它从头到尾看完，所以，一定要长帖短发。长帖短发，并不是要把帖子尽量缩短，而是将一帖分成多帖，以跟帖的形式发送。

5. 把广告打得不像广告

化妆的最高境界，就是看起来像没化妆，广告的最高境界，就是使广告看起来不像广告。赤裸裸的广告只会让人眼前一过，有内涵的广告才会让人眼前一亮，留下深刻印象。

6. 不定时回帖

主题帖发布后，可能会没有人回帖或者只有少量回帖，这时就需要定期去维护帖子。最好能与社区的会员进行交流和沟通，跟会员融为一体。

7. 其他小技巧

利用好头像和个性签名，占领潜力帖的前几楼，对有兴趣的会员进行站内短信联系。注意，要在社区里做好营销活动，并能长期有效发挥作用，争取社区负责人或机构的同意至关重要。同时，要做好社区里意见领袖及活跃人员的铺垫工作，最好能够得到他们的支持与帮助。

二、网络社区营销的注意事项

1. 保存好网络社区账号

汇总已注册的网络社区数据，统一用户名、密码和邮箱。

2. 帖子数据汇总

汇总已发帖社区的链接、回帖数和点击量等数据，以便对活动效果进行量化评估。

3. 积累人气

可以先培养网络社区的老会员账号，加强与社区里的意见领袖、社区大 V 等关键人士的联系与沟通，累积人气。待条件具备后，再做网络社区营销。

4. 提高搜索排名

通过百度知道自问自答，让自己的搜索排名更靠前。

5. 发帖事项

依照社区的通用法规，是禁止一帖多灌的。大多数社区都会规定，一个帖子出现的版不能超过两个。而且，建议使用不同的标题及内容来表现。为达到最佳宣传效果，防止版主认为该帖为广告帖或灌水帖而将其删除，建议主题帖回复应控制在4~8个。

为提升工作效果，主题帖最好在非黄金时间段发放，而顶帖最好在黄金时间段内。因为在非黄金时间段内，主题帖留驻社区显著位置的时间较长，容易被更多用户看到。而黄金时间段内，顶帖能够保证主题帖的醒目度，不至于轻易从用户眼前消失。

6. 文稿选取

如果不是特殊原因，一个稿子最好不要多天重复发放，应尽量保证天天出新稿。为避免社区版主以广告的理由删帖，文稿标题应尽量避免广告性词汇，使用较为吸引用户的标语出现。同时，文稿内容也不宜使用太多广告词语，应尽可能采取软文的形式。文稿的写作应贴近所选择社区及版面的主题。

7. 版面选取

大多数综合性社区（非专业性社区），人气最高的地方一般是灌水区，其次是心情版面、美图版面、音乐版面等。美图版面的回复通常比心情版面少，但人气一般比心情版面高。而在专业性社区上，专业版面人气居多，其次为灌水区其他版面。

三、如何做好“标题党”？

在一个成功的网络社区营销策划案中，好的标题至关重要。“标题党”一般分为如下几种类型：

1. 常规型

直奔主题，直接表述，通俗易懂，传递文章内容的基本信息，这是最常用的写法。如：出售精品运动鞋、出租大学城房子等。

2. 特定型

题目的内容明确指定受众，以吸引目标人群及目标外的人群。如：喜欢健身的朋友一定要进来看看哦！

3. 数字型

用具体或特定的数字来突出内容，以达到意想不到的效果。如：最新款时尚夏装3折特价促销，机会不容错过！

4. 疑问型

寻求帮助或者提出疑问，以产生共鸣。如：请问在京东商城看到的这家华为手机专卖店是不是正品？

5. 夸张型

只要有理有据，可以采用夸张的手法，适当吹吹牛，以吸引眼球。如：史上最疯狂的亏本大促销，七匹狼男装放血到底。

6. 附攀型

合理借用名人或者明星效应。如：孙红雷、张涵予演绎七匹狼休闲系列。

7. 限时型

明确规定在某个时间段内进行的促销。如：店庆十周年，安踏精品运动鞋2017年11月11日11点11分11秒11元秒杀1件！

8. 不合常理型

有效借用不合常理的东西，抓住人们的好奇心，人人都想知道，打破沙锅问到底。如：前女友嫌我买不起华为P10，竟然跟别人私奔去了！

9. 事件型

嫁接热点以扩大影响。如：拒绝萨德，绿之韵大型国际旅游团在济州岛拒绝下船！

10. 恶毒型

以超乎常规甚至“恶毒”的方式进行攻击，骂得爽，骂得到位，骂得精彩。如：让王老吉从中国的货架上消失！封杀它！封杀它！

四、网络社区营销方式

1. 个人

对个人而言，要想在某个网络社区上做好营销，务必要做好如下几点：

(1)社区调查，熟悉环境。在进行网络社区营销之前，必须要先详细了解这个社区的基本情况，包括哪些话题会受欢迎，哪些会被用户讨厌。

(2)账号建立和培养。要选择独特易记的用户名，上传容易被辨别的照片，不断加好友，推荐好友的帖子，多参加社区讨论和投票，快速融入社区。

(3)提交和分享内容。适当提交一些含有营销消息的内容，但是不要太过明显和频繁。同时，与社区好友的交流互动不能停止。

(4)成为和接近超级用户。要尽量吸引超级用户或社区中意见领袖的关注，尽可能与他们成为好友，使自己提交的内容被他们推荐。

总之，个人要做好网络社区营销，需要经过传播内容、进入次中心、引起信息中心关注、进行影响扩散、建立品牌并进行品牌核心价值释放等环节。

2. 企业

企业要在某个网络社区上做好营销，必须做好如下几个方面：

(1)把产品或品牌植入 SNS 用户的交互媒介中。

(2)建立产品和品牌的群组，在润物无声中让用户接受。

(3)通过 SNS 游戏轻松做营销。

(4)举行活动营销。

(5)利用数据挖掘，建立营销数据库。

(6)直接进行广告宣传。

五、网络社区营销的技巧

很多人对营销是抵触的，所以，在网络社区这种虚拟空间中，从开始就要设法打消用户的顾虑，让他们能够敞开心扉接受品牌或产品。切记：营销，首先是从营销自己开始的。做到以下几点，对于做好网络社区营销非常重要：

1. 不要直接发广告

如果不加铺垫直接发广告，沟通的大门往往会关闭。在社区中，这样的帖子很容易被当作广告帖删除，很多时候，发广告者还会被直接“请”出。

2. 用好头像和签名

头像可以专门设计以宣传自己的品牌，签名可以加入自己网站的介绍和链接。好的头像和签名，往往会增加第一眼的吸引力，这样才有机会展开后面的工作。

3. 发帖要求质量第一

网络是一个虚拟的世界，有威望者才有发言权，而威望来自于一开始让用户或网友看到的头像和签名，还有就是帖子的质量，这些代表了一个人的水平。发帖不在乎发的数量多少，发的地方多少，帖子的质量特别重要，为什么呢？因为，发得多不见得总体的流量就多，发帖关键是为了让更多人看，以宣传自己的网站，所以追求的是最终流量。多发高质量的帖子，专注一点，可以花费较小的精力，获得较好的效果。

4. 适当“托”一把

在社区，为了帖子的气氛和人气，可以适当地找“托儿”，也可以自己注册两个账号演一把。适当地“托”一把，可以加快被认可的进程。

5. 研究目标用户群体

分析目标用户群体的习惯与活动范围。每一种产品都会有它的目标客户群体，只有认真研究这个群体，才能制订合适的方案。

6. 精心策划互动

根据用户的喜好，组织好网络社区的营销事件或活动，才能达到更好的效果。

7. 积累社区人脉资源

人脉会对开展社区营销提供很大支持。在一个网络社区中，要通过合适的方式快速融入，积累人脉，才能赢得信任，获得支持。

8. 做好统计分析

了解社区营销的成功与失败之处，并及时加以改进。

9. 明确社区类型

依据社区成员的文化程度、经济能力、接受新生事物的速度及其消费能力等要素，把网络社区分为高、中、低端三个大类，根据各类社区的特点，设计相应的营销方案。

(1)高端网络社区。

这类社区的成员层次较高，经济条件比较好，知识结构较丰富，时间比较紧，不利于沟通。可以通过组织关系来拉近距离，比如吸引其参与社区组织的相关公益活动(儿童、女人、老年节等)或高层次娱乐节目(社区参与)的奖励活动等。捐赠往往是这种社区的一种心态，经常能够看到这样的社区组织捐赠活动。所以，合适的时机，是做好这类网络社区工作的关键，有政策、有组织、有目标，是介入这类社区的最好办法。

关键词：公益　娱乐　捐赠

(2)中端网络社区。

这类社区的成员层次高低不匀，容易接受教育，经济能力中等，消费力量较强，比较容易做工作。首先，要通过举办活动调动社区成员的积极性。比如举办各种务实、新颖的有奖参与活动，按照社区成员的需求设置奖项，设计相关环节，在其中融入产品是最好的推广方式。规模不需要大，但要经常做，不断刺激消费者，满足不同需求的时候，就会起到很好的效果。

关键词：新颖　务实　需求

(3)低端网络社区。

这类社区监管很弱，组织比较松散，社区里经常举办各种宣传与教育活动，但大多做得比较差、信誉度低。社区文化建设不够，经济能力相对较低，无法快速形成社区效应，这样的社区往往也是低端营销的重灾区，比较难以开展工作。此类社区营销的核心，是消费者要方便得到利益，并且是大众化的结果。在利益上，较宜采用渐进的方式，不能一下子满足，需要渗透推进，做好服务为主要手段，要不断刺激，不断进行服务。

关键词：利益　方便　大众

六、商友类社区常用的营销策略

在商友圈做营销，是挑战也是机会，如果做好了，业绩会上升得特别快。以阿里社区为代表的商友类社区，是众多商友的聚集之地，其商业性质更加明显，开展工作的要求更高，社区营销技巧当然也成了不可缺少的一部分，要知道如何做好社区营销，增加转化率，如何给自己的文章带来浏览量，提升人气。下面以阿里社区为例，介绍常用的策略：

1. 一定要找到适合自己的商友圈

可以选择与行业相关，圈子成员比较多的圈子加入，因为每个人最多只能加入10个圈子，所以加入的时候要考虑好。

2. 帖子自荐

写好一篇帖子后，可以推荐给论坛版主，在推荐时一定要确定两点：第一是帖子一定要写得好，如果不知道自己写得好不好，可以请朋友帮忙看看。自己也要多看一些反馈比较好的帖子，掌握技巧，一定要学会判断什么是优质帖子。一般论坛版主对于新帖子也会比较关注。第二，一定要选好合适的版块。比如说，自己在哪个论坛待得比较熟，哪个论坛版块的潜在客户会比较多。

如果是新手，建议专注于一个版块。不要今天去这个论坛，明天去那个论坛，这样的话很难让大家认识你。在一个论坛混熟之后，就可以多去几个版块，这也是“聚焦法则”。在论坛博文写的帖子也可以发到商友圈中，如果写得好，很可能就会被圈主置顶。

3. 聊天工具群发

充分借助微信群、QQ 群、旺旺群、邮件等聊天工具，尽可能扩大宣传面，商友圈的帖子也可以借用聊天工具群发。

4. 社区互动

写完帖子并发表后，一般都会有一部分商友会给予评论，要多和评论的商友互动，特别是关于干货分享、问答的帖，不要写完之后就不管不问了，一定要和大家互动。回复评论时要认真用心，这样不仅可以给阅读者留下好印象，也可以让自己的帖子排名靠前。

5. 抢坐帖子沙发和板凳，评分，置顶，精彩回答

沙发是每篇帖子的第一个评论者，第二个为板凳。一篇好的文章如果上了首页，你所抢的沙发或板凳的曝光率也会大大增加，一般的好帖子很难抢到沙发，如果没有抢到沙发，也不是没有办法。每篇帖子都有一个评分赠送财富值的功能，赠送财富值的时候，一定要写好评语，不要灌水评论。除此之外，如果你的评论写得精彩，也会获得楼主的置顶或者精彩回答。

6. 社区头像、笔名与文字图片签名

社区头像可以是自己的头像，也可以是公司的产品或标志。文字签名是一个非常好的写广告的地方，可以写公司的主打产品、网址或联系方式。图片签名则可以放置公司的企业图片或产品图片，也可以做成超链接，直接链接到公司旺铺。在论坛，如果是书生三级，可以购买图片签名，只能在发帖的时候显示，如果到了秀才三级的时候，回帖或发帖便都会显示。笔名一定要有个性，可以与自己的行业有关，与产品特性、功能等有关也可以，但一定要记得：一般论坛的笔名只能改一次，改的时候一定要考虑好。

7. 多参加社区活动，也可以多组织社区活动

多参加网络社区里的活动，广泛积累人脉。当然，也可以在商友圈里举办活动，如果活动举办得好，还会有机会上商友圈子的首页，提升自己的曝光率。

8. 上传图片

在商友圈中，可以上传产品图片，但一定要记得不要有水印，在文字描述里，不要有联系方式、公司网址、名称等信息。

9. 自建圈子

可以自建圈子，建立好后，就可以自己拉人，进行维护与管理。

第九章　网络舆情

第一节　网络舆情概述

一、舆情与网络舆情

舆情是“舆论情况”的简称，是指在一定时期的一定社会空间内，围绕新闻事件、社会现象和社会问题所表达的信念、态度、意见和情绪的总和。

网络舆情(internet public opinion，IPO)是指在互联网上流行的对社会问题不同看法的网络舆论，是社会舆论的一种表现形式，是通过互联网传播的公众对现实生活中某些热点、焦点问题所持的有较强影响力、倾向性的言论和观点。网络舆情以网络为载体、以事件为核心，是广大网民情感、态度、意见和观点的表达、传播与互动以及后续影响力的集合。

网络舆情是社会舆情在互联网空间的映射，是对社会舆情的直接反映，形成迅速，对社会影响巨大。随着互联网在全球范围内的飞速发展，网络媒体已被公认为是继报纸、广播、电视之后的“第四媒体”，网络成为反映社会舆情的主要载体之一。网络舆情的表现方式主要为新闻评论、BBS论坛、博客、播客、微博、聚合新闻(RSS)、新闻跟帖及转帖等。

关于网络舆情，特别强调两点：一是新闻事件、社会现象和社会问题主要通过网络首发或传播；二是表达信念、态度、意见和情绪的公众主要是网民。

近年来，网络舆情对政治生活秩序和社会稳定的影响与日俱增，一些重大的网络舆情事件使人们开始认识到，网络对社会监督起到的巨大作用。同时，网络舆情突发事件如果处理不当，极有可能诱发民众的不良情绪，引发群众的违规和过激行为，进而对社会稳定构成威胁。

网络社区对于新闻传播和网络舆情引导的益处是很明显的，能够突出报道主题，强化报道影响力，推进新闻报道的进程。同时，也能促进网民交流互通，优化舆论引导。当然，如果管理不善，很容易引发舆论导向偏失，因此，要时刻对网络社区的监管保持清醒认识。

二、网络舆情的特点

网络舆情表达快捷，信息多元，方式互动。网络的开放性和虚拟性，决定了网络舆情具有以下特点：

1. 直接性

网民可以通过BBS、新闻点评和博客网站发表意见，下情直接上达，民意表达更加畅通。网络舆情还具有无限次即时快速传播的可能性，在网络上，只要复制粘贴，信息就会得到重新传播。相较于传统媒体的若干次传播的有限性，网络舆情具有无限次传播的潜能。网络的这种特性，使它可以轻易穿越封锁，监管难度非常大。

2. 随意性和多元化

“网络社会”所具有的虚拟性、匿名性、无边界和即时交互等特性，使网络舆情在价值传递、利益诉求等方面呈现多元化、非主流的特点。加上传统把关人作用的削弱，各种文化类型、思想意识、价值观念、生活准则、道德规范都可以找到立足之地，有积极健康的舆论，也有庸俗和灰色的舆论。网民在网上或隐匿身份、或现身说法，纵谈国事，嬉笑怒骂，交流思想，关注民生，多元化交流，为民众提供了宣泄空间，也为搜集真实舆情提供了素材。

3. 突发性

网络打破了时间和空间的界限，重大新闻事件在网上成为焦点的同时，往往也会迅速成为舆论热点。目前，舆论炒作一般是先由传统媒体发布，然后在网络上转载，形成网络舆论，最后，反馈回传统媒体。网络可以实时更新的特点，使得网络舆论可以快速传播。

4. 隐蔽性

互联网是一个虚拟的世界，由于发言者身份隐蔽，并且缺少规则限制和有效监督，网络自然成为一些网民发泄情绪的空间。

5. 偏差性

互联网舆情是社情民意中最活跃、最尖锐的一部分，但网络舆情还不能等同于全民立场。随着互联网的普及，新闻跟帖、论坛、博客、微博等的出现，中国网民们有了空前的话语权，可以较为自由地表达自己的观点与感受。但由于网络空间中法律道德的约束较弱，如果网民缺乏自律，就会导致某些不负责任的言论产生，比如热衷于揭人隐私、谣言惑众、反社会倾向、偏激和非理性、群体盲从与冲动等。

三、网络舆情的诱发因素

网络舆情与社会舆情在表现形态方面具有一致性，网络舆情在一定程度上会影响社会舆情的发展趋势。其诱发因素主要有以下两种：

1. 社会突发公共事件

社会突发事件很容易形成社会舆论焦点和热点。网民根据自己对突发公共事件的理解，发表自己的见解，通过网络社区等渠道发表自己的看法。社会突发事件根据其性质、社会危害程度、影响范围等因素，可分为一般严重(Ⅳ级)、比较严重(Ⅲ级)、相当严重(Ⅱ级)和特别严重(Ⅰ级)四级。突发公共事件的等级划分，可以作为网络舆情级别划分的参考。

2. 虚假信息和不良信息

在BBS等交互性较强的网站，网络信息可能被人为操控，使信息向不良方向发展。在互联网上，由于网民可以匿名对自己感兴趣的话题发表看法，当出现多个网民对同一条信息发表的评论不仅思路一致、语气相似，而且IP地址也大致相同时，那就有可能存在人为操纵。除了倾向性被操纵的问题外，互联网上还存在一些虚假信息。这些虚假信息损害了网络媒体的公信度，一旦被网民采信，会给社会造成极大危害。

目前，网络不良信息传播的认定、取证等还没有明确规定。由于网络产品的特殊性，如何判断网络谣言、暴力、人身污蔑、网络色情等不良信息，如何确定所造成的后果，现阶段还没有明确的界定，也没有相对明确的取证规定，给公平透明执法带来一定难度。

四、新意见阶层

1. 新意见阶层的界定

新意见阶层指关注新闻时事，并在网上表达意见的网民。他们凭借网络“所有人对所有人的传播”的优势，对社会发展中的种种问题畅所欲言，能在极短时间内凝聚共识，发酵情感，诱发行动，影响社会。

2. 新意见阶层的舆论能量

在全球金融危机的背景下，中国30多年经济增长和社会转型中所积累的各种矛盾凸显，在有些时候、有些地方呈现激化态势。同时，网民的表达意愿和参与意识持续高涨，踊跃发声建言。在一系列突发事件上，“新意见阶层”进一步显示出巨大的舆论能量。因此，政府一方面要强化网络管理，控制过于偏激的言论；另一方面，对网络舆论的反应要迅速，从上到下形成政府对网络民意的监测、反馈和吸纳机制。

3. 新意见阶层的关注点

目前，新意见阶层主要关注的是现阶段的重要社会公共问题：如政府官员违法乱纪行为，涉及国家机器的公检法、城管队伍、拆迁办等的相关事件；涉及代表特权和垄断的政府部门和央企；衣、食、住、行等民生问题；社会分配不合理、贫富分化加剧；涉及国家利益、民族自豪感的重大问题；重要或敏感的国家或地区突发性事件；影响力较大的热点明星的火爆事件等。

第二节　网络舆情的监测与预警

一、网络舆情的监测分析技术

通过技术手段，对海量的网络舆情资料进行深度挖掘与分析，可以快速汇总成舆情信息，从而在很大程度上代替人工阅读和分析网络舆情的繁复工作。网络舆情相关的关键性技术，主要包括单体化技术和系统化技术两类。

1. 单体化技术

主要包含以下四个方面：

(1)网络舆情采集与提取技术。网络舆情主要通过新闻、论坛/BBS、博客、即时通信软件等渠道形成和传播，这些通道的承载体主要为动态网页，它们承载着松散的结构化信息，使得舆情信息的有效抽取很有难度。

(2)网络舆情话题发现与追踪技术。网民讨论的话题繁多，涵盖社会方方面面，如何从海量信息中找到热点、敏感话题，并对其变化趋势进行追踪成为研究热点。

(3)网络舆情倾向性分析技术。通过倾向性分析，可以明确网络传播者所蕴涵的感情、态度、观点、立场、意图等主观反应。

(4)多文档自动文摘技术。新闻、帖子、博文等页面都包含着垃圾信息，多文档自动摘要技术能对页面内容进行过滤，并提炼成概要信息，便于查询和检索。

通过中国网络舆情相关领域的单体化技术研究综述可以看出：从网络舆情信息的采集与提取，到话题的发现与追踪，态度倾向性分析，再到多文档自动摘要的生成，为我国网络舆情安全评估的研究，提供了有效的舆情信息获取和分析方法。

2. 系统化技术

网络舆情形成迅速，对社会影响巨大，随着互联网络在全球范围内的飞速发展，网络成为反映社会舆情的主要载体之一。由于网上的信息量十分巨大，仅靠人工的方法，难以应对网上海量信息的收集与处理，需要加强相关信息技术的研究，形成一套自动化的网络舆情分析系统，及时应对网络舆情，由被动防堵化为主动梳理和引导。这样的网络舆情分析系统，应该具备以下功能：

(1)网络舆情分析引擎。

网络舆情分析引擎是网络舆情分析系统的核心功能，包括：

热点话题、敏感话题识别，可以根据新闻出处权威度、评论数量、发言时间密集程度等参数，识别出给定时间段内的热门话题，利用关键字布控和语义分析，识别敏感话题。

倾向性分析，对于每个话题，对每位发言人发表的文章的观点和倾向性进行分析与统计。

主题跟踪，分析新发表文章和帖子的话题是否与已有主题相同。

自动摘要，对各类主题和倾向能够形成自动摘要。

趋势分析，分析某个主题在不同的时间段内，人们所关注的程度。

突发事件分析，对突发事件进行跨时间、跨空间综合分析，获知事件发生的全貌，并预测事件发展的趋势。

报警系统，对突发事件及涉及内容安全的敏感话题，及时发现并报警。

统计报告，根据舆情分析引擎处理后的结果库生成报告，用户可通过浏览器浏览，提供信息检索功能，根据指定条件，对热点话题和倾向性进行查询，浏览信息的具体内容，提供决策支持。

(2)自动信息采集功能。

现有的信息采集技术，主要是通过网络页面之间的链接关系，从网上自动获取页面信息，并且随着链接不断向整个网络扩展。目前，一些搜索引擎使用这项技术，对全球范围内的网页进行检索。舆情监控系统应能根据用户信息需求，设定主题目标，使用人工参与和自动信息采集相结合的方法，完成信息收集任务。

(3)数据清理功能。

对收集到的信息进行预处理，如格式转换、数据清理、数据统计。对于新闻评论，需要滤掉无关信息，保存新闻的标题、出处、发布时间、内容、点击次数、评论人、评论内容、评论数量等。对于论坛/BBS，需要记录帖子的标题、发言人、发布时间、内容、回帖内容、回帖数量等，最后，形成格式化信息。条件允许时，可直接针对服务器的数据库进行操作。

舆情分析系统的核心技术在于舆情分析引擎，涉及的最主要的技术包括文本分类、聚类、观点倾向性识别、主题检测与跟踪、自动摘要等计算机文本信息内容识别技术，这些技术一直是国内外信息工作者关注的重要领域。文本检索会议(TREC)、情报检索专业组会议(SIGIR)、文本检测与跟踪会议(TDT)等，都是展示此类技术最新研究成果的最主要的国际会议和论坛。其中，基于关键词统计分析方法的技术相对比较成熟，但在有效性方面还有很大的提高空间。

二、网络舆情预警

网络舆情预警，是指从危机事件的征兆出现到危机造成可感知的损失这段时间内，对网络舆情尤其是负面舆情的及时妥善控制，从而达到有效化解网络舆论危机的目的。网络舆情预警的意义，在于尽早发现危机的苗头，对可能产生的现实危机的走向和规模进行判断，并通知相关职能部门，做好应对危机的准备。具体措施包括：

1. 制订应急预案

针对各种类型的危机事件，制订详尽的判断标准和预警方案，制订处置网络舆情突发事件的应急预案，一旦危机出现，便有章可循、对症下药。

2. 加强监测力度

加强监测力度，密切关注事态发展，保持对事态第一时间的知情权。监测预警能力的高低，主要体现在能否从每天的海量网络言论中，敏锐发现潜在的危机苗头，准确判断这种发现与危机可能爆发之间的时间差。这个时间差越大，相关职能部门越有充裕的时间准备，为下一阶段危机的有效应对赢得宝贵时间。

3. 建立并完善公共危机信息通报机制

建立和完善新闻发言人制度，规范、及时进行信息披露，最大限度满足民众的知情权。坚决制止在信息传递方面的欺上瞒下和报喜不报忧，提高政府在危机处理中的信息透明度，提高政府公信力。

4. 网络舆情相关部门联动

网络舆情相关部门要做到部门联动、职责明确、分工合作，共同营造文明健康的网络舆论氛围。领导要关注网络舆情，各级互联网管理部门要落实专人，适时监控网络舆情，做好参谋。

网络舆情的监测与应对，是一项长期的经常性工作，是网络信息安全的重要内容，一定要认真做好这方面的工作，防微杜渐，防患于未然，把不安定因素消灭在萌芽状态。

三、网络舆情监测系统

网络舆情监测系统指通过对网络各类信息进行汇集、分类、整合、筛选等技术处理，对网络热点、动态、网民意见等进行实时统计并形成统计报告的软件工具。它利用互联网信息采集技术和信息智能化处理技术，通过对互联网海量信息自动采集处理、敏感词过滤、智能聚类分类、主题检测、专题聚焦及统计分析，实现各单位对自己相关网络舆情的有效监督管理，最终，形成舆情简报、舆情专报、分析报告、移动快报等统计报告，为决策层全面掌握舆情动态做出正确舆论引导，提供分析依据。

网络舆情信息的主要来源，包括网站新闻评论、论坛与社区 BBS、聚合新闻(RSS)、QQ、MSN、博客(Blog)、微博(MicroBlog)、微信等方面，还有电子报刊、微信公共号、新闻移动 APP 等新兴媒体。网络舆情表达快捷、信息多元、方式互动，具备传统媒体无法比拟的优势，而抓取源信息的主要工具就是舆情系统。对于网络舆情的特点，社会管理者应当了然于心。对现实中出现的各种网络舆论，社会管理者应能做出及时反馈，防患于未然。因此，必须利用现代信息技术对网络舆情进行分析，从而完成控制和引导。

网络舆情监测系统既要能够在第一时间发现与自己相关的舆情信息，负面信息、重大舆情及时预警；还要能够提供定性、定量的舆情分析数据，准确研判具体舆情或者某一舆情专题的发展变化趋势。同时，能自动生成舆情报告和各种统计报表，提高舆情管理的质量和效率，为决策提供数据支持。网络舆情监测系统的主要功能如下：

1. 代替人工搜集

把舆情搜集工作从繁重枯燥的人工劳动中解脱出来，不需要再一个网站一个网站去看，一个帖子一个帖子去甄别，一个关键词一个关键词去搜索。变被动为主动，工作导航引导客户完成日常舆情监测。

2. 重要信息及时预警

一旦发现重要信息、敏感信息，系统会以多种方式及时预警，支持短消息提醒、弹出窗口提醒、站内消息提醒、声音提醒，邮件和手机短信提醒、微信提醒等方式，支持手机访问舆情系统。

3. 辅助舆情分析

借助舆情监测系统的分析模型，对舆情信息的统计因子进行分析，得出舆情信息的热度、重要程度和发展趋势，有助于舆情分析。

4. 跨时空全面覆盖

全面监测新闻、论坛、贴吧、博客、微博、社区等网络媒体。网络舆情监测系统可以对这些舆情信息载体，进行全面立体监测，做到舆情信息“一网打尽”。

在下班休息时间和节假日，舆情发生的几率相对于平时工作时间要大得多，但是，这个时间段恰恰是舆情管理中最容易产生疏漏的时候。舆情监测系统能够7＊24小时不间断实施监测，有效地解决了这个问题。系统不能完全取代人工，但是，利用系统可以显著提高舆情监管的质量和效率。

5. 实时监测

实时对网络上的舆情信息进行监测，新产生的舆情信息，或者重点舆情产生了新的转载以及新的跟帖等变化，都会在第一时间采集过来，反映在系统当中，并及时通知舆情工作人员。

6. 方便舆情工作

网络舆情监测系统在进行全面、及时的舆情监测和准确舆情研判的基础上，自动生成各类统计数据和舆情报告，让舆情管理得心应手。

互联网环境错综复杂，相对于网络纠纷和危机事件发生后再设法解决，有效监测和评估所面临的风险，并在事前采取适当的措施进行澄清、干预以及规避，是各级政府以及企事业单位应当借鉴的管理发展之路。

第三节　网络舆情的管控与引导

随着网络技术的推陈出新，除网络新闻和网络论坛等传统应用外，又出现了博客(Blog)、维基(Wiki)、聚合新闻(RSS)等新形态的信息交互模式。范围广、交互性强、更新速度快的互联网传播，从根本上改变了传播者与受传者之间的关系，是对传统新闻媒介的传播模式的解构和颠覆。在网络这个人人共同拥有的信息平台上，传播者和受传者处于完全平等的地位，共同享有根据自己的需要选择信息的自由和发表意见与观点的权利。

随着网络舆论成为社会舆论的一种重要表现形式，网络舆情也逐渐对有关部门的决策产生了影响。但由于网络舆论是个“自由超市”，加上内容把关人的缺席，网络舆论的局限性比起传统媒体环境中一般意义上的局限更甚。因此，必须对网络舆论信息进行有效的汇集以及整理，以作进一步的引导和控制。

一、言论自由与政府干预

约翰·密尔顿在其论著《论出版自由》中，首先提出言论自由的主张，认为言论自由是“一切伟大智慧的乳母”。我国《宪法》第 35 条明确规定：“中华人民共和国公民有言论、出版、集会、结社、游行、示威的自由。”从民主角度出发，言论自由是民主的前提。按照《宪法》的规定，每一个公民都有使用互联网的权利和自由，中国政府支持互联网的发展和广泛应用。但同时，任何自由都是有边界的，每一个公民都要自觉遵守法律和秩序，维护国家、社会和集体的利益。

1. 关于“集体性的自决”

宪法保障言论自由的价值，不是让个人可以无所顾忌地表达其私人偏好，也不是为了个人的自我表达或者个性体现，而是为了实践民主政治的要义，即“集体性的自决”。国家应该拓展网络公共讨论的空间，把各方的意见都呈现给公众，确保公众听到所有应该听到的声音，以保证公共辩论的强健。

2. 政府干预的目的

从理论上说，政府干预只能是为了两个目的：一是为了保障言论自由这一公民基本权利的有效实施；二是当言论自由的价值与宪法保障的价值发生冲突时的一种取舍，如为了社会公共利益、国家利益或者是为了保障第三方的正当权利。

3. 网络之殇

网络在带来传播自由与便利的同时，也带来了许多虚假信息、不良信息和非法内容的传播。侵犯公民名誉、传播淫秽图像以及网络犯罪的行为屡见不鲜。反政府、反社会言论的传播，以及叛乱分子利用网络社区，发表煽动性民族分裂言论等严重的政治、经济和社会问题也日益常见。为了维护国家安全与公共利益，实现言论自由与其他公民权利的平衡，对互联网言论进行管制是各国的通行做法。

4. 政府应该有所作为

如果政府对所有言论都放任自由，不予以任何干预，那么，强势者的言论势必压倒甚至淹没弱势者的声音，一部分人的言论自由非但没有得到保护，反而会受到压制，即所谓的“沉寂化”效应。政府应当在某些情况下积极作为，通过制度安排和政策手段，保障平等的言论机会。

二、我国政府的网络舆情管制

为了保证社会稳定与发展，我国政府制订了一系列较为严密的网络舆论管理措施，建立了以法规为主体的互联网政策框架体系，高度重视对互联网信息发布的管理，整顿互联网信息发布者，铁腕管制网吧经营，安装技术软件对互联网内容进行管制。同时，进行行政指导，即通过网络评论员引导网络舆论。

我国网络舆情管制最明显的特点就是重管理轻权利。我国政府对互联网信息的管理，主要采取政府主导型的管理模式，强调政府在管理中的主导作用，政府通过强有力的法律手段和行政手段，直接干预和管理互联网。我国现行的网络相关规范，大部分是政府从方便管理的角度制定的，内容大多是对网络从业者或者网民课以义务。在法律责任部分，强调网络经营者或网民违反相关规定时应承担的责任，如罚款、停业甚至判刑，鲜见对网络从业者或者网民权利进行保护的相关规定。

三、网络舆情的应对

西方国家的互联网管制措施，一般遵循三个原则：保护言论自由的原则、禁止不良信息传播的原则、行业自律的原则。我们也要实现对网络舆情监管模式的创新，即尽快实现从管制到治理的转变。应该从以下方面做好对网络舆情的应对：

(1)适当调整管理思路，从“维稳”到“促和”。

(2)完善网络治理的法律规制。

(3)加强行业自律。

(4)“问计于民”，积极采纳网民的意见和建议。

(5)重视网络监督，厉行官员问责制，提高政府公信力。

(6)突发事件迅速反应，危机管理泰然自若，要做到“尽早讲、持续讲、准确讲、反复讲”。

四、突发事件的应对

在我国，已经有学者把“危机管理”称为“危机沟通管理”。如果危机不可避免，加强信息的披露和与公众的沟通，争取公众的谅解与支持，避免流言四起和社会恐慌，是危机沟通管理的基本对策。

针对如何控制、规范互联网信息问题，一些国家从法律约束和行政制度上提出过一些措施。1995 年 6 月，美国参议院通过了《传播净化法案》；新加坡政府规定，新加坡的三家 ISP(网络服务供应商)和拥有网址的政党、宗教团体和个人，都必须在新加坡广播局注册并接受管理，其管理的内容，包括可能引起对政府痛恨或轻视的内容，煽动对政府不满的内容以及危害公共安全和国防安全的内容等。

但是，从技术上来讲，互联网是完全开放的，每个人都有机会成为网络信息的发布者，每个人都有选择网络信息的自由。因此，在加强互联网信息监管的同时，组织力量开展信息汇集整理和分析，对于及时应对网络突发的公共事件和全面掌握社情民意很有意义。

第十章 网络群体极化

第一节 网络群体极化概述

一、什么是群体极化?

“群体极化”(group polarization),这一概念是由美国芝加哥大学法学院客座教授凯斯·桑斯坦(Cass Sunstein)在其著作《网络共和国——网络社会中的民主问题》中提出的。他在书中指出,“群体极化的定义极其简单:团队成员一开始即有某种偏向,在商议之后,人们朝偏向的方向继续移动,最后,形成极端的观点。”

即在群体中进行决策时,人们往往会比个人决策时更倾向于冒险或保守,向某一个极端偏斜,从而背离最佳决策的现象。换言之,群体的讨论,可以使得群体中多数人的意见得到加强,使原来可能不是很强烈的意见取向变得强烈甚至偏激;而原本群体所反对的意见取向,经过讨论之后,其成员反对的倾向也更为明显。

在阐述论点、进行逻辑论战时,一些成员变得具有防御性。当他们面对挑衅或者群体中冒险人数占多数时,其态度或者做出的决策会变得更为冒险甚至激进,称为冒险偏移。在某些情况下,如果群体中谨慎保守的人占多数,做出的决策就会比个人更保守,群体决策偏向保守一端,称为谨慎偏移。但更多的情况下,群体决策往往会偏向冒险的一端,比个体决策更倾向于冒较大风险。这种倾向,意味着与个人单独行动相比较,群体成员更愿意拿组织资源去冒险。虽然,风险决策会有较高的回报,但是,失败的决策常常带来灾难性的后果。

詹姆斯·斯通(James Stone)在验证群体决策时发现:“如果一开始,群体内成员的意见比较保守,经过群体的讨论后,决策就会变得更加保守;相反,如果个人意见趋向于冒险,那么,讨论后的群体决策,就会更趋向于冒险,这种现象,被称为‘群体极化现象’。”

法国学者塞奇·莫斯科维奇对群体极化现象进行过深刻的研究,在其著作《群氓的时代》里,他详细论述了群体极化是如何发生作用的。他认为,当个人聚集到一起时,一个群体就诞生了,他们混杂、融合、聚变,获得一种公有的、窒息自我的本能,他们屈从于集体的意志,而自己的意志则默默无闻。

法国学者勒庞也认为，群体经常失去方向感，表现为一种纯粹的无意识形态。当群体无意识，在更大范围内积聚起来的时候，结果便是疯狂，这是一种可能导致革命、战争或类似事件的精神瘟疫。你不仅仅处在这样的运动中，你就是运动本身。这样一些运动，极富感染力——差不多是压倒一切的，因为，当群体无意识被激活时，你就不是原来的那个你了。

可以用三大理论，来解释群体极化现象：

1. 群体决策规则(group decision rule)

群体决策原则(如少数服从多数)将有助于极化现象的产生。此类解释也主张，在团体中作冒险决定，人们将觉得较自在，因为，其行动的责任已分散至所有成员了。其要点为：

(1)群体诱发的移转，是一种内化而非临时性的群体产物。

(2)当群体决策法则中的预备测试决策被取消后，移转仍会发生。

(3)偏态无法说明群体极化。

2. 人与人之间的比较(interpersonal comparison)

这一种影响，受到社会的规范。从社会比较的过程来探讨，其观点认为，群体成员会将其意见与群体其他成员进行比较。因为想要被群体接受和喜爱的需求，往往会使个体顺从群体的一般意见。在人与人互动的动态研究上，有以下三点可以探讨：

(1)自我评估与推断他人对自己的评估之间的差异。

(2)自我评估与推估他人对自己的评估出现的差异与理想的差异，是否会产生预测移转。

(3)揭露出他人的反应后，所产生选择的移转。

3. 信息影响论(informational influence)

人会借助听取群体讨论时的争论，获得新信息。由于这些论点倾向于支持成员的最初观点，人们会听到更多支持其主张的理由。群体可使成员确信其原来的观点，因此，导致更加极端的意见。

在比较群体决策与群体内部成员个人决策时，事实证明二者之间存在差异。在有些情况下，群体决策比个体决策更保守，更多情况下，群体决策更倾向于冒险。

在群体讨论中，往往会出现这种现象，即群体讨论会使群体成员的观点，朝着更极端的方向转移，这个方向是讨论前他们已经倾向的方向。因此，保守的会更保守，激进的会更冒险，群体讨论会进一步夸张群体的最初观点。

事实上，群体转移可以看做是群体思维的一种特殊形式。群体的决策结果，反映了在群体讨论过程中形成的占主导地位的决策规范。群体决策结果是变得更加保守，还是更加激进，取决于在群体讨论之前占主导地位的讨论规范。

对于为什么会出现冒险转移现象，有多种解释。有学者认为，在群体讨论中，群体成员相互之间变得更加熟悉了，随着他们之间的融洽相处，他们会变得更加勇敢和大胆。笔者认为，比较合理的一种说法，是群体决策分散了责任。群体决策，使得任何一个人都不用单独对最后的选择负责任，因为，没有一个成员能够承担全部责任，即使决策失败，所以就会更冒险。

什么是群体极化？如图 10-1 所示：

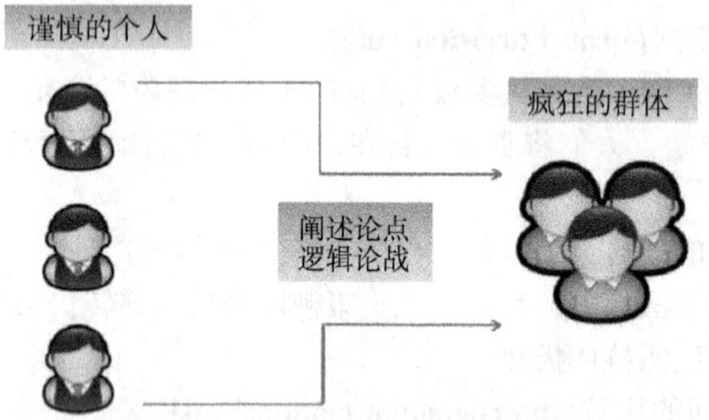

图 10-1 群体极化

二、群体极化案例

自古至今，国内国外，在人类发展的历史长河中，群体极化的案例数不胜数，我们一起去看看在没有网络的年代，那些歇斯底里的群体极化现象：二战中，德国纳粹残忍杀害犹太人；春秋战国时期，被车裂的商鞅；每次爆发疫情，行情火爆的板蓝根……这些事件的发生，现在看来仍然令人震惊，但是，它们确确实实发生过了，而且，在当时是被很多人接受的，值得我们去认真反思。

在我们的日常工作和生活中，群体极化现象可以说是无处不在，我们生活在一个很大、很复杂的社会中，与社会联系得十分紧密，在做各种决策的时候，无可避免地需要和别人探讨，寻求一致的意见或建议，以期达到最佳结果。这样子的例子不胜枚举。

比如：你刚看完一部电影，觉得还行，突然有人说，这片子太烂了！于是，你住了口。又有人说："特效也太差了，什么东西！"接着，铺天盖地都是恶评，从导演到演员、音乐、故事，简直难以置信的垃圾。你往往只能选择闭嘴，这会儿再去倒戈，非被口水淹死不可。其实，电影可能真没那么差，不过是大家在一起闹的。这就是"群体极化"。

三、网络中的群体极化

网络传播的便捷和无限扩散性，使过去在现实生活中难以聚合的个体更容易集群，让过去靠口口相传的信息，呈现爆炸式传播。因此，随着网络的普及，网络社区群体极化现象变得更为突出。

美国哲学家凯斯·桑斯坦最早把群体极化与互联网联系在一起，提出“网络群体极化”的概念，同时指出：团体成员最初就存在某些偏向，并引起偏向性而组成团体；在讨论后，因为缺乏对立的意见和争论，人们更强化了原有的偏向，甚至形成了极端的观点。

网络群体极化现象的传播路径：通常情况下，传统媒体是第一层面上的传播者，然而，当媒体上的评论被呈现在网络上后，网络载体就会成为另一个层面上的传播者，并将事件推向新的热点，引起更多网民的关注。之后，事件会引起网民聚集，网民开始发表对事件的看法。与此同时，意见领袖也会发表看法，通过博客、微博、论坛等传播出去。而网民的情感和观点经常会被意见领袖所感染，其言论往往会在意见领袖的影响下趋向于统一。随着网络热议升温，网民的负面意见会出现强化，继而形成群体极化现象。

四、网络群体极化的表现

一般而言，网络上的群体极化现象可以分为两个层面：第一个层面，是网络言词的极化，即网民的意见偏向于一个观点，向一个极端偏斜；另一个层面，是现实行为的极化，即网络上的群体行为作用到现实社会中，严重影响正常的社会公共秩序。

在网络社区，网民会相互争论，有时候会非常激烈。与现实生活相比，网上讨论和争论泾渭分明，持不同观点的人之间甚至互相攻击。而且，不同政治倾向的网民会产生分化。相同观点者会相互支持，不同观点者会相互争斗，导致观点更加分化。

群体极化具有双重意义：从积极的一面来看，它能促进群体意见趋向一致，增强群体内聚力和群体行为；从消极的一面来看，它能使错误的判断和决定更趋极端。群体极化似乎很容易在一个具有强烈群体意识的群体内产生，在这样的群体中，其成员常常做出比实际情况更一致和极端的错误决定。

人们都习惯于用挑剔质疑的眼光来对待事物，而这个论调一旦确定，大家就会在这个方向上提供更多的论点，只有极小部分的论点会转向另一个方向，其结果只会让最开始冒出的那个倾向更跨进一步。到最后，你会发现结果很荒谬，但其中的每一个人，在这个过程中往往很自然地选择顺从。

此外，还有社会比较。人人都希望获得别人的认同，也习惯赞同别人，一旦团体成员听到别人相信什么，通常就会调整自己的立场，以符合主流方向。持不同看法的人，宁愿三缄其口，也不愿犯了众怒，赞同总是比反对更容易。

当然，极端未必是坏事，如果没有群体极化，许多重要的价值也许至今都不会顺利实现。例如公民权运动、废奴运动和女权运动，都曾被视为极端而遭受多方打压。但是，在生活中，极端可能会伤害很多人，毁掉很多东西。有时候你跟着群体做出的决定，回到一个人的时候却会后悔。

第二节　网络群体极化现象的成因

一、网络群体极化的成因

群体极化现象形成的内在原因，历来是有争议的，甚至，在特定的情况下，有不同的成因。但是，从本质上讲，可以总结为归属感、安全感和责任风险三个方面。归属感：群体成员倾向于与其他成员保持行为与信念的一致，以获取群体对自己的认可，并获得团体归属感。安全感：群体成员在对需要决策的事情不能完全确定的时候，模仿与顺从他人的行为与信念往往是安全的。责任风险：群体决策分散了责任。群体决策，使得任何一个人都不用单独对最后的选择承担责任，因为，没有一个成员需要承担全部责任，即使决策失败。所以，群体的决策经常会更加冒险。

许多学者认为，网络群体极化现象之所以现在如此突出，有多种客观原因，主要有以下几个：

(1)网民的平等、民主和参与意识不断增强。德国哲学家哈贝马斯(Jorgen Habermas)认为，蓬勃发展的公共领域，是民主、平等、参与意识成长的基本条件。自然，网络公共空间的形成过程，也是民众民主、平等和参与意识成长的过程。网络的发展，让网民的知情权得到极大的实现，同时，网络空间排除了网民的社会政治经济等背景，这让现实社会中因地位和经济不同而带来的不平等现象，通常不会出现在网络空间中。

(2)网络的匿名性，使网民在个体身份模糊的状态下迷失自我，沉浸于一种“法不责众”的群体心理。

(3)意见领袖对网络事件的推波助澜，甚至控制网络事件，使之朝着某个预定的轨道发展，尤其是出现了以网络推手和网络打手为职业的群体后。

(4)网民存在害怕被孤立或者被疏远的社会心理，当他们认为自己的意见属于少数派的时候，便不再表明自己的观点。网络技术的普及和发展，容易在网络文化中形成群内同质化和群际异质化现象。同时，网络社区接入的便捷性和自由性，使每个人都能够很容易地参与到其喜欢的群体之中，网站大多是按照不同的趣味取向和意见倾向分门别类的，网民拥有绝对的自主选择权。很少有网民自愿进入观点与自己相左的网站，因为，那必须顶着巨大的压力，冒着被孤立和被围攻的风险。所以，在某一个网站聚集的网民，具有较大的同质性，他们很容易在网上发现很多与自己的见解有共同之处的帖子，从而获得某种想象出来的群体认同感。因为没有人知道网络群体的确切规模，置身其中的人，往往倾向于把意见群体的力量夸大，从而完成自我肯定。并且，这种自我肯定还会很快复制，以至于事实本身常常被淹没于口水之中，导致情绪型舆论在网络中不断弥散。网络文化的宽容度，给了网民发表不同声音的平台，同时，也给了极端主义滋生的温床，而 Web 2.0 技术的群聚效应，更加剧了网络群体极化的发生。

(5)网民中存在的“阶级对立”以及道德和责任的缺失与分散。网络舆论中存在的阶级对立问题，反映了现实社会中存在的问题，其实就是弱势群体的问题(这里的弱势是相对的概念)。网络文化是补偿性文化，互联网是有着巨大吸引力的虚拟空间，人们通过在网上发泄，以补偿在现实社会中难以实现的愿望，释放心中的不满。而互联网的匿名性与宽容性，使弱势群体在发表言论时，往往会采用极端的言语，来发泄长期积压而形成的情绪。

(6)网络舆论引导不到位和网络舆论工作措施不合理。网络舆论引导不到位，也容易导致群体极化现象的产生，在群体讨论时，权威言论的发表与引导，有利于削弱极端言论，唤醒迷茫状态下的理性。有不同观点，包括在重大问题上有不同观点并不奇怪，问题是，相关管理人员在面对网民的错误言论时，不能失语激化矛盾。

(7)网络规制有待完善。网络是个虚拟社会，网民往往比在现实社会更加感性，其行为边界更多来自于网民内在的道德约束。建立一种适用于网络社会伦理道德的规范体系，使广大网民有内在行为规制，这对于防范网络群体性事件尤为迫切。现实中的群体性事件，虽然在法源上还未形成一个从权利的设置、组成到行使、保护、规范的完整性体系，但还是受相关法律法规及规章制度的规范和限制。而网络群体性事件的有些行为，则不受这些法律法规的限制，相关法律的空白，不仅使网民群体和个体行为没有一个明确的边界，而且，也使已经发生的网络群体性事件处置难度加大。

二、网络群体极化背后的社会心理

当然，并不是所有的网络话题都会引发群体极化现象，它一般是某种社会情绪的反映、激化与宣泄。比如，近期的网络群体极化的“引爆点”，常常是民族主义情绪、同情弱势群体心理、仇富心理、憎恶贪污腐败现象心理的释放。也就是说，网络群体极化现象是对“社会病”的一种反映，正确看待和思考这些偏激言论，有助于我们把握社会利益调整及政治制度改革的方向，同时，也能起到社会情绪的“减压阀”和“出气筒”的作用。但另一方面，网络群体极化现象毕竟是对民主的公共空间的破坏，无益于形成理性的舆论氛围，需要我们警惕和尽力规避。

当前网络群体极化中，出现了更趋复杂的动向：

(1)一些力量利用社会情绪操控网络舆论，制造群体极化现象。曾经发生的“香水女生”抨击中国教育体制事件，后来也证明纯属商业炒作。在这类事件中，网民成了某些利益体的工具。

(2)网络群体极化极易从虚拟世界转为现实的破坏力。比如2008年的奥运火炬传递，在法国传递期间一度受阻，使得许多国人无比愤怒，甚至在网上相约围攻法国在中国的跨国公司——家乐福的事件。

这些新动向，不得不让我们对网络群体极化现象高度关注。

三、网络群体极化的特点

网络群体性事件，是指某些群体为了实现某一目的，利用网络大规模发布、传播某一方面信息，以发泄不满、制造舆论。因其是群体性事件的一种特殊形式，所以，具有群体性事件的主要特点，即“在相对自发的、无组织的和不稳定的情况下，因为某种普遍的影响和鼓舞，而发生的集群行为”。当前，我国网络群体极化现象存在以下特点：

1. 传播迅速

在网络中，由于联系快捷方便，使六度分隔效应更加明显。人与人之间的联系，不需要太熟悉，只需要拥有简单的共同话题，就有可能在短时期内，建立自发的、无组织的联系。

2. 缺乏直接讨论

在很多网络热点事件的传播路径中，没有看到网民的讨论过程，网民完全凭借自己的经验、观念或是意见领袖的意见，对事件发表看法。

3. 网络群体极化现象呈现短期的爆发式效果

随着事件的进展，网络受众对议题的关注度通常会快速下降，这与网络自身的传播特性密切相关。

4. 更容易产生冲动

网络具有特殊的“匿名性”，网民由于匿名身份，自恃属于“无名的大多数”，不需要为自己在网络上的非理性行为承担责任，因此，更倾向于以道德的名义参与事件发展。而且，很多人的行为具有明显的群体娱乐特征，参与者更多地是怀着看客心理，从事件发展的过程中取乐。

5. 规范管理存在空白

目前，网络群体性事件主要发源于一些全国性、访问和在线人数密集的论坛、社区或者博客。传播方式主要是在论坛、博客发帖，然后，帖子通过被其他论坛、博客转载，或者通过即时聊天、电子邮件等方式传播，由此，引起其他网民的关注，引发大规模的响应。但是，我国在这方面的立法明显滞后，还存在着不少空白区。

6. 主流媒体责任重大

媒体尤其是主流媒体在报道中的偏颇，是导致受众意见产生群体极化的一个重要原因。

四、网络社区群体极化事件的形成

网络社区群体极化现象的起因，往往都是因为触及了社会情绪的“引爆点”，从而引发网民大量关注。然后，媒体介入报道，将议题关注引向高潮，最终，导致群体意见趋于高度统一，出现群体极化现象。究其原因，并非网络社区上的所有议题都会形成极化现象，只有当事件的某个方面触及社会情绪的“引爆点”，例如挑战社会传统道德、民族主义情绪或者仇富心理等，才会引起网民的大量关注与热议。此时，若群体意见高度统一，则极有可能引发网络群体极化现象。

由于环境和场域的不同，网络社区群体极化现象的产生，除了与传统理论有关外，还与其自身特性有关。网络社区群体极化的发生，一般与受众的两种心理密切相关：

1. 群体认同心理

当对社会现实中的某些态度、信仰、感受等感到不确定时，人们往往会感到不适应，甚至是恐慌。在产生这种不适感的同时，人们通过加入或者形成群体，来降低这种对周围环境的不确定感受。所以，人们为了获得归属感和他人的认同、减少孤立感，在言行和情绪上往往会保持和整体的一致性，形成一股“沉默的螺旋”。

2. 选择性接触心理

受众在接触大众传播活动之际，并不是不加区别地对待任何媒介和内容，而是更倾向于接触与自己的既有立场、观点、态度一致或接近的媒介或内容，有意无意地回避那些与自己既有倾向相左的媒介或内容。选择性接触不仅仅存在于政治领域，在消费、文化和娱乐信息领域，这种机制都是普遍存在的。而作为选择之依据的，除了兴趣或爱好等个人因素以外，他们的群体价值和群体规范起着重要的作用。

五、网络社区群体极化的三个要素

1. 交往选择

互联网提供了交往选择的工具。网站大多是以趣味取向和意见倾向分类的，网民可以根据个人的喜好自动分类，自愿汇集到某一网站，所以，网上聚集的网民具有较大的同质性。网络为志同道合者的沟通提供了便利，让人们更容易找到同类，可以帮助并强化那些分布遥远但具有相同意识形态的边缘社团。

2. 信息选择

互联网提供了信息选择的工具。网络技术在增强人们接触信息机会的同时，也增强了人们选择信息的能力。它还可以依据网民的偏好，帮助其量身打造信息。凯斯·桑斯坦(Cass Sunstein)讲过：人们在网络上看到的是自己的影子，听到的是自己的回音。

3. 匿名效应

网络社区群体极化还受到匿名效应的影响。网络广泛存在的匿名制，一方面，给网民带来了操作的方便和言论的自由；另一方面，也削弱了发言者的社会责任，刺激了网民在网上随心所欲地发表言论。

六、意见领袖和媒体在网络群体极化中的作用

在很多网络热点事件中，意见领袖在其文章、微博、博客和论坛的言论，在很大程度上影响着各种网络群体。意见领袖在每次热点事件中的影响不可谓不大，在网络社区中，特别是通过微博的传播，意见领袖起到了重大作用。

与传统新闻媒体的受众相比，网络受众有其明显的群体特征。同时，网络作为一个载体工具，某些社会现象和社会问题出现在网络上之后，会迅速引起网民们的大量聚集，并发表自己对该事件的看法。与此同时，网络上的意见领袖也会积极表明对事件的态度，而网民们的思想和观点很容易被意见领袖所引导，如果这是在某一网络社区中或网络小群体中，由于某些特定网络社区或网络小群体之间的同质性，其意见在意见领袖的影响下，会更加趋向于统一。此时，当群体内部意见高度统一时，往往会出现走向极化的言论，甚至形成网络群体极化事件。

作为履行宣传和传播任务的主流媒体，首先，在进行报道或评论时要保持公正、平等的客观态度；其次，要选取合适的传播方式，媒体的宣传要有一个合适的“度”，过度的膨胀式宣传会导致受众的反感。

同时，由于网民的非理性情绪，受众在网络中表达批判意识时，往往处于一种非理智的状态，很容易被其他网民的偏激化情绪所感染，自己也会产生较大的情绪。通过对相关帖子的统计分析我们发现，在很多网络群体极化事件中，网络论坛上或者新闻跟帖上的谩骂、调侃等情绪化的言论，占了回帖和跟帖总量的绝大多数。

对网络群体的这种极化现象，一定要正确对待、冷静处理，要深刻认识到网络社会发展的特性，同时，又要顺应社会发展，创新引导社会舆论的做法，保证社会的健康和谐发展。

第三节　从网络群体极化到多数人的暴政

一、网络群体极化效应

网络群体极化并非是一件绝对的坏事，它所带来的积极效应不应该被忽视。桑斯坦说：“事实上，群体极化让许多重要的价值得以实现，包括公民权运动、反奴隶运动以及两性平权运动……如果更多传播选择能产生更多极端主义，对社会终究是件好事。”

网络群体极化的消极效应——多数人的暴政同样显著。网上的群体极化，容易转化为现实中的极化事件，扰乱正常社会秩序，同时，也不利于网络意见的多样化，这便是托克维尔①所论述的“多数人的暴政”。

网络群体极化，既包含了积极的正面效应，同时，也存在消极的负面效应。网络群体极化走向褊狭、极端的结果，便是导致网络暴力的产生，而“网络暴民”现象，正是网络群体极化带来的负效应之一。网络暴民造成了网络中暴力横行，严重扭曲了网络社会中真实的民意，大大损害了网络生态文明，对现实社会的稳定也构成了威胁。

以网络暴民现象为代表的网络群体极化负效应，给网络社会秩序及网络生态文明带来了非常巨大的负面影响，需要通过系统的梳理，使大家对这一现象形成一个客观、清晰、全面的“知”性理解，建设政府、媒体和网民“三位一体”的联动机制，疏导和解决网络暴民现象，重构网络生态文明。

一种新事物的出现总是有利有弊。网络社区在构建公平、正义的社会环境方面，起到了不可估量的作用，但是，也应该看到它在引导舆论方面的各种缺憾，如何取其利而舍其弊是值得思考的。要研究网络社区，关注网络社区，使网络社区最大限度发挥正面效应，避免盲目的群体极化现象发生。

二、两种传播体制的竞合与博弈

在目前的环境下，我国正在形成两个并存的传播体制：体制内的传统媒体及其

---

① 阿历克西·德·托克维尔(Alexis-Charles-Henri Clérel de Tocqueville，1805—1859)，法国历史学家、政治家、社会学(政治社会学)的奠基人。出身贵族世家，经历过五个“朝代”(法兰西第一帝国、波旁王朝、七月王朝、法兰西第二共和国、法兰西第二帝国)。前期热心于政治，1838 年出任众议院议员，1848 年二月革命后参与制定第二共和国宪法，1849 年一度出任外交部长。1851 年路易-拿破仑·波拿巴建立第二帝国，托克维尔因反对他称帝而被捕，获释后对政治日益失望，从政治舞台上逐渐淡出，之后，主要从事历史研究，直至 1859 年病逝。主要代表作有《论美国的民主》《旧制度与大革命》等。

网站、微博和其他社交媒体上的官方账号(统称为传统媒体)；体制外的 UGC(user-generated content，用户生产内容)媒体。

1. UGC 媒体

UGC 是伴随着以提倡个性化为主要特点的 Web 2.0 概念而兴起的，在重大事件跟进、网络舆情引导等方面，起到了非常重要的作用。

用户越来越习惯和喜爱自己创作内容，并与他人分享。在互联网上，UGC 已经成为很多网民的生活方式，例如在 UGC 最为活跃的 BBS 和博客领域，国内已经有很大的用户群体，并且仍在迅速增长。UGC 业务不仅可以刺激用户使用业务，提高运营商收入，同时，也是运营商提高用户忠诚度的有效手段，用户不仅可以和亲朋好友分享自己的喜怒哀乐，还可以从自己创作的内容中获得分成。

当然，UGC 自身存在难以避免的缺陷。很多网民的意见仅仅是只言片语的集合，片段化的信息很难全面反映真实情况。公众对新闻事件的评论，往往即兴而随意，言语之间也充满个人情绪情感，这种碎片化的意见，更多的是情绪的表达，而非深思熟虑后的理性分析。同时，UGC 缺乏把关人，片面的观点得不到纠正。那些点燃公众情绪的事件、带有偏见性的观点，在亢奋的非理性的氛围内会越来越极端，个体偏见加上语言暴力和批判的狂欢，在 UGC 上形成一种极化的舆论场，强者的声音会越来越强，弱者的声音会越来越弱。这种极化现象，在单一网络环境中不仅不会消解，还会愈演愈烈。

2. 传统媒体

传统媒体是相对于近几年兴起的网络媒体而言的，传统的大众传播方式，即通过某种机械装置，定期向社会公众发布信息或提供教育娱乐平台的媒体，主要包括报刊、户外、通信、广播、电视及自媒体以外的网络等传统意义上的媒体。

传统媒体由于其自身的优势，大部分情况下能够还原事件真相，引导人们全面关注事件，将网络极端的娱乐情绪拉回到客观冷静、严肃的新闻监督上来，推动社会进步。当然，传统媒体也存在自身的不足之处。传统的三大媒体报纸、广播和电视，不论是其报道方式、信息容量、时效性、个性化程度，还是其存储需求，和网络相比，尤其是和 UGC 相比，都有着非常明显的差距。而且，这三大媒体信息的传播都是单向的，即媒体机构向受众传播，几乎没有受众信息反馈的环节，受众只能被动地接收信息，而缺少公开发表意见的途径。

3. 竞合与博弈

面对网络媒体的挑战，传统媒体需要刻不容缓地调整机制、自我完善。网络媒体在带给传统媒体挑战的同时，也为传统媒体的发展提供了前所未有的机遇，传统媒体应主动利用网络优势来改进自身。如改革新闻机制，大力发展多媒体新闻，开发网上点播新闻、网上图像新闻等，众多媒体纷纷与网络媒体联姻，获取网络版或电子版新形态。

网络媒体与传统媒体可以相互促进、相得益彰。传媒巨头鲁珀特·默多克在新加坡向广播团体发表演讲，称报纸、电视、电影等将能经受住来自网络媒体的挑战。他说："新型媒体的繁殖，并不就敲响了老媒体的丧钟，现实证明不是这样，所有这些行业都做得不错。"

可见，这两种媒体形式，能够优势互补、互相包容、互相推进、共同发展。网络媒体将成为对21世纪人类文化、经济和生活影响最广泛、最深刻的新型媒体；传统媒体也在积极向多元化经营、多媒体运作转变，新旧两种媒体的互助、互进，将会开创信息传播的新纪元。

第四节　网络群体极化的预防机制

网络群体极化现象形成的一个很重要的原因，就是网络群体对事实的真相不了解，仅仅凭借自己的主观臆断发表意见。因此，最关键的在于网络群体极化事件发生后，政府或相关的当事人和权威部门，能够及时、全面公布事实真相。事实证明，隐瞒真相不仅无益于事情的解决，反而会导致谣言四起，网民追查真相的意愿更加强烈，使事态向更加恶性的方向发展。

传统媒体与网络媒体相比，具有信息源更权威、可信度更高的优势。因此，传统媒体应该及时跟进，发布真实信息和相关评论，以引导舆论，使网络群体极化现象消弭在形成之初。当然，网民的自律意识提高也很重要，特别是在网络信息鱼龙混杂的状态下，网民应该学会对事件进行理性分析之后再作回应。在没有成熟的考虑之前，可以保持沉默，静观事态发展，以免成为被别人利用的工具。

一、主管部门应承担的责任

为了实现对网络群体极化事件的管控，主管部门至少要承担以下三个责任：

1. 舆情的管理责任

在社会化媒体(如微博、论坛、博客、播客)兴盛的背景下，要特别注重对网络舆情的全面监控，及时掌握网络受众对于新闻报道以及各种社区现象、问题所表达的信念、态度、意见和情绪表现，并对未来的发展趋势做出判断。

2. 意见领袖的培养责任

网络意见领袖具有巨大的影响力，要想取得良好的传播效果，做好网络舆情导引，应该利用好所掌握的信息优势，培养媒体意见领袖。一方面，可以加强和现有网络意见领袖的交流与沟通，取得他们的坚定支持；另一方面，可以从人们的利益点和兴趣点切入，培养自己的舆论领袖。

3. 媒体的报道和传播责任

民众对主流媒体的信任度，一直以来都处于较高水平。然而，近年来，民众对其信任度却在下降，特别是在网络社会，网络受众更喜欢从意见领袖那里寻求信息、验证信息，而置主流媒体的信息于不顾。这和主流媒体在时效性、准确性等方面与网络传播的差距有很大关系。因此，主流媒体要从自身入手，寻找对策、明确责任，充分发挥自己的优势、扬长避短，承担起事件报道、信息传播和舆情引导的社会责任。

二、预防机制

综上所述，可以从以下几点，对网络文化进行引导和管理，预防网络社区群体极化事件的发生：

1. 营造良好的舆论氛围

对主要网络舆论传播平台加强引导，建立合理的监管机制，从而形成主流的价值观和良好的舆论氛围。网络主要舆论环境，是网络文化形成的主要源头所在，因此对网络主要舆论环境的引导和管理就显得非常重要和必要。对目前的论坛设置方法中的不足之处进行完善，尽量减少群体极化的负面效应。加强技术监管力度，屏蔽过滤不适当的文字和帖子，并实施有效跟踪。

2. 加强对低年龄段网民上网的监管力度

在有效监督的条件下，使低年龄段网民进行有选择的网络浏览，如监护人陪同等，避免其受到不良信息的影响。技术上加强限制，对未成年人上网要设置信息过滤标准，有效过滤负面的、不良的信息。

3. 严格实施网络实名制度

网络实名制的合理实施，能有效防范网民在群体狂欢中经常出现的道德与责任缺失问题。网络实名使网民在行使自由与权利的时候，处于道德和责任的约束之下，从而减少放纵和随意。网络言论自由不等于可以不负责任地乱说，网络实名制措施，对一些不良现象会有明显的约束作用。

4. 用权威言论进行引导

政府应加强网络宣传力度，建立网络政务平台，用权威言论进行引导。政府应加强引导者的权威性，在网上多发表具有专家水平的意见。政府应加强网络宣传力度，建立网络政务平台，及时对重大热点事件进行权威评论，增强网民对网络舆论的信任程度。

5. 建立健全网络管理的法律法规

现阶段，我国颁布的关于互联网安全的法律法规有《中华人民共和国计算机信息系统安全保护条例》《互联网站从事登载新闻业务管理暂行规定》《计算机信息网络国际联网安全保护管理办法》《互联网信息管理办法》《刑法》《电子签名法》《网络安全法》等，与社会经济发展的需求还有很大差距，法律滞后问题较为明显，常常让打击违法行为处于被动地位。政府部门应该加速健全网络管理的法律体系，要使对破坏网络安全行为的处理有章可循，起到一定的警示作用，预防网络违法犯罪行为的发生。

总之，应加强平时工作中的公正与透明度，及时缓解各种社会矛盾，避免矛盾的进一步激化。对于出现的矛盾，要提供有效的沟通渠道，避免矛盾扩大化，造成更大范围的影响。同时，也要加快立法步骤，做到在网络社区管理方面有法可依、违法可纠。

第十一章　网络社群及社群营销

第一节　社群的构成与价值

网络社群是网络社区的特殊形式，是碎片化的网络社区，社群的这一特点适应了现代人快节奏的生活和工作方式，刚一出现，即引起了极大的关注，受到了市场的热情追捧。

一、社群概述

马斯洛需求层次理论中讲到，人的需求从低到高共有五种：生理需求、安全需求、社交需求、尊重需求及自我实现。其中，社交需求包括同类、友谊、爱情、家庭、人际及聚会，如图 11-1 所示。互联网打破了时间和空间的限制，让我们能够在网络上寻找、建立自己的部落，在网络这个虚拟世界，找到或者建立自己的另一个家。

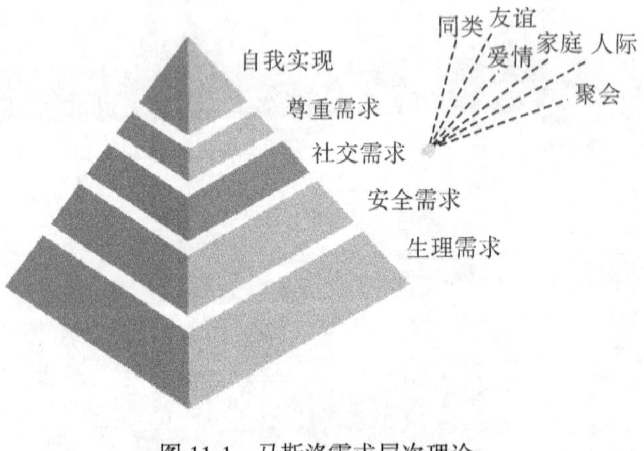

图 11-1　马斯洛需求层次理论

1. 社群的概念

网络社群(cyber group)是通过各类网络应用连接在一起的网络群体，其中，每个用户的行为都有相同而明确的目标和期望。一般指规模较小、交往密切而关系松散的群体，如开心网的圈子、腾讯 QQ 群、微信朋友圈及以垂直型论坛为代表的专业群体等。

按照虚拟情况来分，网络社群分为两类：有现实生活接触的网络群体和无现实生活接触的纯网络群体。按照规模来分，可分为 2 人私密型、3~10 人特殊型、10~100 人小规模型、100~200 人普遍型、200~500 人大型规模以及万人的超大规模型。

2. 社群的四个原则

(1)社群第一原则——共性。

社群的内在是求同，求同的内在是价值观趋同。这种价值观的相似，会有一个具体的投射，可能是一个产品，也可能是一种行为，这些具体的投射就是连接的节点。这些节点的重要性，不仅体现在各种社群对人有限精力的竞争上，还体现在这些连接点本身，就是社群是否形成的标志。社群的连接点，是社群产生的必要条件，换句话讲，连接点是社群存在的根本。

(2)社群第二原则——稳定。

社群不同于社交网络的自由化，社群需要管理者来把控入口和出口，保证社群的共性，不会随着新进入者而降低。制度是最好的管理者，被认同并且被执行的制度，是社群存活的根本。

(3)社群第三原则——复杂性。

社群的背后，都有着非常复杂的消费元素，元素的复杂性决定了社群的寿命，能够经久不衰的只有那些开源社群，比方说，围绕 Linux 或 Android 展开的一系列社群，只有开源才能带来持久的复杂性。例如，人类创造的游戏产品扑克牌有 54 张牌，没有版权，有的只是不同的组合方式，而游戏规则一个接着一个产生，从其产生持续至今，依然保持着旺盛的生命力。

(4)社群第四原则——规模化。

社群扩大时，连接点的可复制性就是根本，这决定了社群的规模。社群扩张，最初需要考虑的是参与成本，比如说跳广场舞，需要四肢健全，住得近，有一定财力，买得起集体置办的基本用具。社群的进一步扩张，则需要考虑连接成本，较低的连接成本是社群规模快速增长的重要因素。

当然，社群的规模并非越大越好。很多社群规模快速增长后，连接点分散，导致活跃度下降，甚至社群消散。对一个社区来讲，只要确保了最基本的连接点，拥有了共性以后，社群还是有很高的自由度的。

社群的关键点是三个字：信任感。没有建立信任感的所谓社群，都是伪社群。社群的本质，就是寻找归属感。如产品型社群，就是以产品的购买行为、使用行为、评价行为作为连接点的社群。

3. 常见社群类型

互联网时代的社群，是由一个个感性的社会人，基于不同的动机和需求，自主创建或自发形成的社群。不同的社群，具有不同的定位和性质，我们身边主要的社群类型有以下几种。

(1)产品型社群。

产品型社群的概念源于互联网思维，互联网时代最重要的是产品。与工业时代相比，产品不仅承载了功能属性，还承载了趣味与情感属性。优秀的产品，能直接带来可观的用户和粉丝群体，而产品的本质即连接的中介，人因产品而聚合成为社群。目前，产品型社群已经有了一些成功的实践，如黄太吉煎饼、雕爷牛腩……这些产品社群，有着实体经营的产品，但又颠覆传统的产品销售方式，充分利用线上社群的影响力和传播力，激发粉丝的参与度和活跃度，最终，带来线下销售的奇迹。

(2)兴趣型社群。

兴趣型社群，顾名思义，就是基于兴趣图谱创建的社群。互联网突破了时间和空间的限制，具有无限延展性，实现了人的自由聚合，人们通过网络很容易找到志同道合、志趣相投的伙伴，从而很便捷地建立各种基于兴趣图谱的社群。因为需求的个性化和兴趣的多元化，兴趣型社群种类繁多，并各具差异化优势，如科技创业、美食分享、大众点评、时尚消费等。在追求自由化、多元化、个性化的社群时代，来自个体成员的非常微小的兴趣、精细的需求以及细腻的情感，都能找到同类的人并组成社群。个人的兴趣，因为有了社群的互动，而得到共鸣和放大。兴趣型社群蕴含着巨大的商业价值，具有非常诱人的商业空间。

(3)品牌型社群。

品牌型社群，是产品型社群的一种延伸。当产品型社群发展到后期时，消费者群体将对产品所归属的品牌产生信任和情感，并热衷于追逐品牌旗下的产品，对品牌文化产生很强的认同感，于是，品牌型社群开始形成。

品牌型社群是以消费者对品牌的情感体验为联系纽带的，消费者由于认同品牌的价值观而聚合在一起，通过交流、互动，产生强烈的心理共鸣。品牌型社群的本质，是一种以消费者为中心的关系网，其存在的意义，在于为消费者提供与品牌相关的独特消费体验。

(4)知识型社群。

知识型社群，狭义上是指企业组织内的员工，自动自发组成的知识分享和学习的团体，其凝聚的力量，是人与人之间学习的兴趣和交流的需求，而不是正式的工作职责或任务。知识型社群，能促进企业组织内部的隐性知识的传递和知识的创新，激发员工的知识经验分享和学习能力提升，形成企业组织最宝贵的人力资产。

广义的知识型社群，不限于企业组织内部，是指个体出于学习兴趣，为了获取和分享知识而聚合的互联网社群。从本质上说，知识型社群是兴趣型社群的一种。知乎就是典型的知识型社群，通过网友问答和知识分享，为社群用户源源不断地提供高质量的知识信息。

(5)工具型社群。

各种社群工具和社群应用，为人们进行社群交流提供了基础性工具，微博、微信、陌陌都是典型的社群工具。在社群无所不在的今天，社群已经渗透到人们的工作、学习和生活中，成为一种普遍的日常状态。在这一趋势中，社群成了加强实时沟通的一种灵活方便的工具。比如，小米以米聊群代替组织架构，实施内部项目管理；越来越多的公司，用微信群组织会议、协调项目和处理工作；当一个工作或者学习项目成立时，一个社群就组建好了，整个项目的信息沟通、统筹协调和效果检测，都可以在社群中实时进行；朋友聚会时，参与者也临时建群，来加强交流感和互动感。工具型社群具有应用性、灵活性、场景性等特点，完全服务于人们特定场景的沟通需要。

4. 社群管理工具

近几年来，诞生了很多社群管理工具，如基于微信公众号的微社区、微贝粉丝圈；提供投票的微信投票、投票吧等；提供活动的爱活动、活动行等；提供电商的有赞、微盟、微店等；提供直播的微播易、红点、千聊、一起学堂等，均是基于社群的传播与管理需求衍生的生态链。

二、构成社群的五个要素

一个社群要有生命力，就要有明确的成员关系，持续的网络互动，一致的群体意识与规范，统一的目标和行动能力。构成社群的五个要素如下：

1. 同好：决定了社群的成立

有相同的价值观，如认同商业之美、崇尚自我奋斗，或者是因为使用某个共同的产品、采取某个共同的行为、拥有共同的情感需求，而组建了社群。

2. 结构：决定了社群的存活

如果社群的结构以优质成员为主，规范管理，群成员自愿加入，能够平等互动，这样的社群就有了具备持久生命力的基础。好的社群，都会建立完整的管理架构，如总部—班长—组长—书友等，各司其职，负责社群的日常管理与维护。

3. 输出：决定了社群的价值

社群能够输出成员所需要的“知识干货”和信息资讯，提供咨询答疑，甚至有利益回报，这些都决定了社群的价值，有价值的社群就会具有吸引力。

4. 运营：决定了社群的寿命

保持专业化的运营，让社群具有组织感、仪式感、归属感和参与感，这样就能让社群保持活跃度。社群里要有规则，如罗伯特议事规则①、班长推举制、唯一授权等；凡活动必要报备，并有互动，包括官方活动、自发活动、线上活动、线下活动、免费活动、收费活动等；同时，要有利益，即组织活动、分配福利，销售产品、获得分成。

5. 复制：决定了社群的规模

社群的规模要稳步增长，就要具有可复制性，体现社群自组织的特点，形成核心群，并建立有特色的社群文化。

三、社群、社区、社交

从参与者的角度来看，社群与社区的区别在于：社群是熟人社交，是强关系，社群能够实现自组织和自运行，个体进入社群的目的是获得人脉、建立信用。而社区是陌生人社交，是弱关系，重度依赖管理者(版主)的组织，个体进入社区的主要目的是看内容，写作者则由此获得名声。如图 11-2 所示：

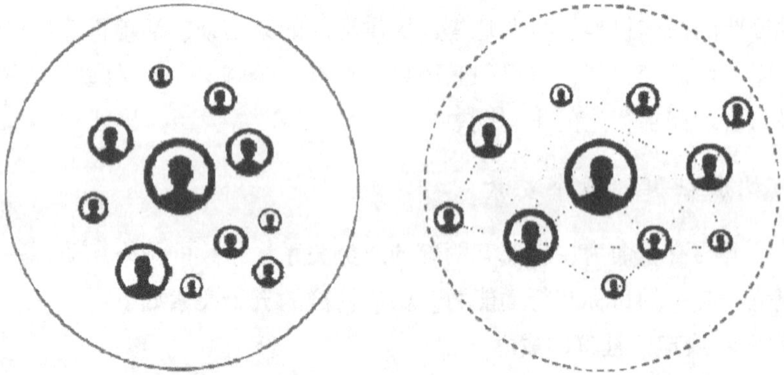

图 11-2 社区与社群

对社交、社群、社区三者进行比较(如表 11-1 所示)：

① 《罗伯特议事规则》出版于 1876 年，由亨利·马丁·罗伯特编写，作品内容非常详细，包罗万象，有主持会议的主席的规则，有会议秘书的规则，当然，大量是有关普通与会者的规则，有针对不同意见的提出和表达的规则，有关辩论的规则，还有非常重要的、不同情况下的表决规则等。

社交：满足的是人们寻找差异性的存在感。

社群：满足的是人们寻找共性的归属感。

社区：满足的是人们寻找适合自己的舒适感。

表 11-1　社交、社群和社区的比较

	社交	社群	社区
人群特征	综合人群 人群高度集中，互联网化程度高，愿意积极尝试新事物	共性人群 人群层次差异不大，共同追求同样的事或物	缩合人群 通常表现是人群收入稳定，消费能力强，对新事物接受能力强
构建类型	自由展现	需要制定规则来管理	选择性强
传播速度	传播速度快，用户较零散	传播速度快，用户较精准	传播速度慢，用户关注度低
最终目的	提升自我对外价值，与别人形成差异性，突出自我，展现个人魅力	共同追求人物、事件或知识，打发业余时间	基于物以类聚的原则，找到适合自己的环境

四、社群经济

社群经济是指互联网时代，一群有共同兴趣、认知和价值观的用户聚集在一起，发生群蜂效应，在一起互动、交流、协作、感染，对产品品牌本身产生反哺的价值关系，这种建立在产品与粉丝群体之间的情感信任和价值反哺共同作用，形成自运转、自循环的范围经济系统。

社群经济是如何达成的？与传统交易模式及电商平台有何区别？如果注意到信息获取方式、支付方式、交易平台等方面的变化就会发现，在社群经济年代，我们的生活方式已经从传统的物理连接转化为一种情感连接，让商业变得更高效、更简洁、更值得被信任。甚至，可以利用社群和社群小伙伴一起做一些事情，比如众筹拍电影、出书、咖啡厅、连锁店落地等，其核心点便是情感连接。但是真正的社群，一定是价值观的连接。

(1) 在社群经济时代，人人都是生产者，人人都是消费者。

现在，产品与消费者之间不再是单纯功能上的连接，消费者开始在意附着在产品功能之上的，诸如口碑、文化、魅力等灵魂性的东西，从而建立情感上的无缝信任。微博和微信让企业家、官员、年轻人以及创业者都感受到了互联网的力量和魔力，企业 2.0① 开始出现高速增长，政府 2.0② 开始加速前进，社会要素的组织形式和专业模式，开始了新的一轮创新再造，社群经济成为改变中国未来的新经济模式。

有社交的地方就会有人群，有人群的地方就有市场，早期的社群经济以兴趣为中心，形成松散的组织形式，由于缺乏无缝的连接管道，更多的是纯粹精神层面的社群，只有很少一部分人能够通过社群获得经济上的成功。企业可以在社群经济的生态链条中，做其中的一部分，也可以自己构建生态圈，生态圈内组织模式和组织关系的场景创新，带来了整个经济体系的大变革。

(2)社群经济的火爆，是移动互联网与新媒体进化的产物。

社群经济是对体验经济的进一步深化和延伸，以体验为核心，形成全新的商业生态和运行规律。在社群经济中，审美意识和情感因素占据主导地位。在人的本性里，天然有对社群的情感需求，在社群交互中产生极大的身份认同和情感满足。随着移动互联网技术的发展和移动终端的普及，无时不在的社群交互大大激发了用户的主动性和创造性，让用户的感性有机会得到极大的释放。粉丝们因为认同社群创建者的品牌和人性光辉，才会聚集在一起，并且参与社群互动，发挥自主性，贡献创造力。

满足社群成员的情感体验，成为社群运营的核心。只有紧紧抓住用户的心理体验和情感诉求，才能形成一个个不同凡响的社群，这也是社群的“魅力人格体”的意义所在。当社群变得无所不在，当社交成为随时随地的生活状态，当线上社交和线下生活能够实时打通，社群就彻底改变了原有的传播逻辑、社交方式、商业规律和营销生态，以社群互动为核心的社群经济迅速崛起。社群经济，是继农业经济、工业经济、服务经济、体验经济之后，融合了当下时兴的网络经济、信任经济、粉丝经济、分享经济的显著特征，而出现的全新的经济形态和商业生态。

五、社群营销

网络社群营销(cyber group media marketing)是基于圈子、人脉、六度空间概念而产生的营销模式。通过将有共同兴趣爱好的人聚集在一起，把一个兴趣圈打造成

① 企业 2.0(Enterprise 2.0)是创新 2.0 时代的企业形态，通过以移动技术为代表的云计算、物联网等新一代信息技术工具和以 SNS、社交媒体为代表的社会工具的应用，实现全面创新，完成企业形态从生产范式向服务范式的转变。

② 政府 2.0 是创新 2.0 时代的政府形态，是应用新技术，实现以全面创新为特征的平台，其实质是政府形态完成了从生产范式向服务范式的转变。政府 2.0 是作为平台的政府、服务导向的政府、开放的政府，致力于以用户为中心，通过政府、市场、社会的协同与互动塑造公共价值。

为消费的家园。如猫扑专门为七喜建立了一个品牌 Club，将喜爱七喜品牌且具有相同爱好的网友聚集在七喜 Club 里，而且，使 FIDO 这个七喜独有的虚拟形象，在网友之间得到了最大化的延伸。网络社群营销是一个口碑传播的过程，通过一些元素引起口碑，汇聚人群，口碑再扩散……周而复始。

1. 社群营销网络服务

网络社群营销是个人或群体，透过群聚网友的网络服务，创造与目标顾客群长期沟通管道的社会化过程。简单地说，社群营销需要通过一个能够群聚网友的网络服务来经营，这个网络服务，早期可能是 BBS/论坛，一直到博客、Facebook 或者微信圈。由于这些网络服务具有互动性，因此，能够让网友在一个平台上彼此沟通与交流。

不过，这些网络服务也有演进的过程，从早期类似大礼堂式群聚的方式(如 BBS/论坛)，渐渐地趋近于个人化专属空间(如博客、Facebook 或者微信圈)。也由于越来越趋向个人化，网友彼此的系结形态也由此改变，从早期大家都是某个站的会员，到现在彼此可以拥有各自的交友空间，你可以是对方的朋友甚至粉丝。而个人或群体(包括企业)，可以运用这样的网络服务与目标顾客群沟通，以认识彼此、加深了解。在此所指的目标顾客群，依营销目标而有所不同。

2. 社群营销成效评估

社群营销的成效，该如何评估？可以从社群的组成结构与规模来衡量。简单地说，就是要触及到营销目标所需的顾客群。比如，销售运动用品的企业，所需要的目标顾客群有可能是男性，且年龄介于 18~25 岁。假如社群的结构是以 30 岁以上的女性为主，则可以判定其社群组成失焦，是一个失败的社群营销策划。当然，社群的规模也非常重要。如果社群人数过少，想要发挥很好的效果是不现实的。所以，对企业来说，具有一定规模的朋友或粉丝是很有必要的。

3. 社群营销渠道建立

在拥有目标顾客群之后，就可以开始创造长期的沟通管道了。当然，沟通绝对不是信息技术层次的问题，而是社会层次的问题。在真实世界中出现的状况，在虚拟世界也有可能出现，不同的是，真实世界的言语沟通变成了虚拟世界的文字沟通。在这个长期沟通的过程中，要依照“正面、分享与利他”三大社群经营要领来运作，不批评他人，多传递正面讯息，分享有用的信息，并且，要以利他为出发点。一个社群就如同一个小世界，给予什么样的能量，就会幻化出什么样的情境。当然，总体来看，正面、善良与为他人着想的氛围是大部分人所能接受的价值观。

在社群营销的概念中，重点在于联系与沟通。如同真实世界中的人脉经营一样，通过在线联系与沟通，能够为个人或企业累积更多的顾客资本，进而为个人或企业产生未来的潜在绩效。

社群营销渠道的建立，通常需要分三步走：

(1)依靠专业的优质内容输出，形成流量入口，建立中心化的信任关系。

(2)依靠社交平台沉淀社群关系。

(3)提供和受众人群属性匹配度高的商品和服务，实现流量变现。

六、社群媒体

社群媒体即社群化媒体，是针对社群生产内容和由社群产生内容的媒体组织。其内容既面向社群，又来自社群。

1. 社群媒体的产生

社群，是一群人基于共同的使命和愿景(内容、兴趣、目标等)而形成的组织，并通过共同的仪式，来强化群成员间的认同感。一个社群形成的基本规律：首先，通过内容来吸引用户，再通过内容(围绕使命和愿景而产生的)筛选用户，组成群成员，形成社群；社群成功运行后，又源源不断地产出优质内容。也就是说，社群通过内容吸引群成员，而内容又是由群成员共同产生的，在这里，群成员间互相交换内容信息，产生强大的威力。可以看出，整个过程内容是关键。

一切内容皆媒体。我们知道，媒体是人与人之间传递信息、交换内容的载体。在一个社群内部，存在着频繁的内容生产和信息交换过程，而且，这种交换是所有群成员对所有群成员的，即多对多。所以，也可以认为社群即是媒体。

媒体会随着人与人之间交换信息方式的变化而变化。在一对一信息交换时代，我们有电话电报媒体；在一对多信息交换时代，媒体变成了广播电视；而如今的多对多信息交换时代，相应地则产生了互联网媒体。社群是典型的多对多信息交换，因此，伴随着社群的产生而产生的社群媒体，是媒体随着人类信息交换形式的变化，自然演变出来的结果。

人类社会发展到今天，组织方式发生了一次又一次的变革。随着互联网的高速发展，基于自媒体的粉丝群和基于微信的兴趣群，出现了爆发式增长，导致人类的组织方式发生了又一次变革，社群成了新一轮的人类组织方式。如今，“人类重回社群”已成共识。既然社群成了人类新的和必然的组织方式，而新的组织方式，必然会产生新的媒体形式，因此，媒体必然会演化出社群媒体。通俗点说，社群媒体是媒体的未来发展方向。

2. 社群媒体的运作

那么，社群媒体是如何运作的？在分析社群媒体的运作模式前，先来看看传统媒体的运作方式。

传统媒体一般都有一个中心，由中心产生内容，通过内容吸引粉丝，然后向粉丝售卖广告。传统媒体只有产出和传播的过程，简单来说就是一个写、一个看，模式简单，可持续性也不强，对中心的原创能力要求非常高。比如现在很多的自媒体和网红，走的都是这种模式。

社群媒体则是去中心化的，它通过内容吸引并筛选用户，筛选下来的用户形成高质量的社群，社群通过一套规则体系，又源源不断地产出优质内容，如此循环，社群持续健康发展。一旦社群媒体大循环形成，围绕社群所能够产生的商业模式则非常多。

在这里，不仅有内容的生产和传播，还有高效的互动。内容不再由一个中心产出，而是整个社群成员共同贡献。不仅如此，由于群成员的高黏性和高互动，社群媒体产生的内容往往是高精准度的，因此，其内容、生产和传播的效果将大幅提高，而成本却大幅降低。也就是说，创业者和自媒体人组建社群后，走社群媒体的道路，流量问题会迎刃而解。

3. 社群媒体的发展

虽然说社群媒体是媒体演化发展的必然结果，但为什么说社群媒体就是社群未来的出路？为什么说社群媒体必将迎来大爆发？究其原因，主要有以下三个：

(1)首先，从基础设施方面来看，互联网和社交网络的发展，为社群媒体的爆发提供了必要条件。从道路运输到电话电报，再到互联网连接一切，人与人信息沟通的效率大增、成本大降，特别是互联网发展到社交网络时代，Facebook、微信等社交软件的出现，使创造内容和传播内容的成本几乎为零，建群的成本也几乎为零，社群媒体“内容→用户→社群→商业变现”的运作模式，很容易就能实现并形成大循环，普通的自媒体人和创业者都能达成。

(2)其次，从商业本质来看，互联网的大发展归根结底是媒体的变革，社群媒体作为媒体的未来趋势，自然是下一个发展方向。事实上，互联网的演变，反映的正是媒体形式的演变：门户→搜索→社交。而垂直类互联网企业做的，更是媒体的生意：旅游有去哪儿网，汽车有汽车之家，房产有搜房网，分类信息有58同城……

(3)最后，从流量红利理论来看，社群媒体可以解决互联网流量枯竭的问题，为广大自媒体人和创业者带来新的流量红利入口。

流量红利入口是在不断变化的，传统零售商主要依靠的是线下流量，但是，随着电商的迅猛发展，线下流量逐步减少。进入PC时代，流量主要靠搜索引擎。而搜索带来的流量，又随着用户转入移动端逐步流失。来到移动互联网时代，流量主要靠APP。但是，APP流量如今已被应用商店、预装、刷机等大家所熟知的手段瓜分殆尽，导致现在获得流量的成本非常高。广大自媒体人通过辛辛苦苦产出的内容，吸引了大批粉丝，却苦于无法有效利用手中的粉丝资源。如何增新？如何留存？如何变现？这些一直是困扰行业的大难题，因此，必须要找到新的流量洼地。

反观社群媒体，在其“内容→用户→社群→商业变现”的运作模式中，内容是流量的入口，社群是流量的沉淀，商业是流量的变现，从入口到变现，很好地解决了流量各阶段的问题。同时，可以发现社群媒体的流量成本低、精准，而且始终是自有流量。因此，社群媒体必将是下一个流量红利，势必成为下一个发展方向。

总之，社群媒体是媒体发展的必然结果，是社群发展的正确方向。社群媒体解决了流量枯竭问题，必将迎来爆发式发展，成为真正的大风口。

七、群主创建并维护群的原因

群主创建并维护一个群的原因是多种多样的，但究其根本，无非是如下几个原因：

1. 销售

比如有人销售面膜，就建个微信群，分享女人保养的一些经验，分享完了就可以推广自己的产品。这种基于经济目标维护的群，生存下去的可能更大，因为，只要做好群成员的服务，就可以源源不断获得老用户的高满意度和追加购买，群主有非常大的动力去继续做这件事。

2. 人脉

不管是基于兴趣还是为了交友，社交的本质就是为了构建自己的人脉，这是任何一个职场人士都会去努力维护的关系。群主不是一个正式组织的负责人，但是他维护一个群，就是希望在线下可以成为一个非正式关系里面的联结人，获得联结人的影响力。如果他通过群，成功组织群员进行经常性的活动，就能逐步在一定的圈子里面，形成自己的网络影响力。现在，很多运营方面的微信公众号，都建立了自己的社区，这就是他们建群的目的。

3. 成长

这种群主，是想吸引一批人一起学习和分享，构建一个网络学习的小圈子。很多时候，学习是需要同伴效应的，没有这个同伴圈，靠自己的毅力很难坚持，他们需要在一起相互打气、相互激励，比如考研群、健身群、托福雅思群等。

4. 品牌

利用群的模式，能快速裂变复制，很多群主希望借助这种方式，更快构建自己的个人品牌影响力。因为网络缺乏一定的真实接触，这种影响力往往能让新入群的成员夸大群主的能量，形成对群主的某种崇拜。然后，群主通过激励、分享干货、组织一些有新意的挑战活动，鼓励大家认同某种群体身份，最终，借助群员的规模和影响力获得商业回报。如果一个社群的存在，既能满足成员的某种价值需求，又能够给运营人带来一定的回报，就会形成一个良好的循环，甚至，可以形成自运行的生态。

从以上的分析，可以得出一个结论：想要得到长期回报，就得挖掘长期需求，这也是为什么大多数高频重复使用类产品的社群，其存活时间要比兴趣社群长的原因。

第二节　社群的生命周期

一、社群的生命周期

社群是一个交织的网状关系，是为了满足用户、服务用户而产生的。一般来说，社群都是有生命周期的，要建立社群，首先就要了解社群的生命周期。大部分群都经历了如图 11-3 所示的生命周期模型，很多时候，社群走完整个生命周期模型长则 6 个月，短的只需要几周甚至几天。即便是出于商业目的而非兴趣去管理一个社群，在运营人员的细心维护下，社群也是有生命周期的。

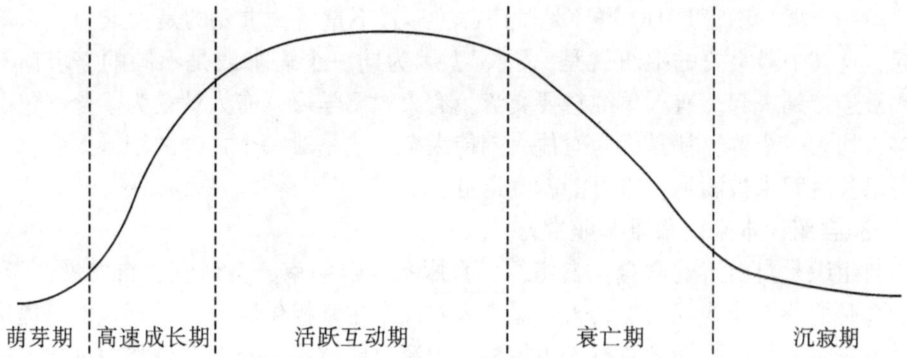

图 11-3　社群的生命周期

该图也可以用表 11-2 简要介绍：

表 11-2　社群生命周期各阶段的典型话语

阶段	本阶段典型话语
萌芽期	不如成立一个群吧？
高速成长期	我们新成立了一个群，专门聊×××，人多有料，快来！
活跃互动期	这个群里干货好多噢！
衰亡期	冒个泡，好久没说话了。
沉寂期	群主，最近事多，清理群，我就先退了，有事直接小窗我！

二、社群短命的原因

为什么社群通常短命、容易死？

1. 社群短命的原因

(1)没有足够的时间和精力。

一下子触及到几十、数百人，就是典型的“社交爆炸”，很少有人能够做到一直高度投入社群活动，不管是时间还是精力都不允许。所有互联网产品最核心的使命，就是要无限接近我们的真实生活，是用来优化生活体验而不是毁坏。所以，在8小时之外，需要与家人相处，需要阅读的时间，需要运动的时间。尽管有一部分功能会被社交网络替代，但我们不会因此而放弃最基础的生活需求。很多群主一开始热血沸腾地建立了社群，但是，随着时间的推移和社群人数的增加，会发现维护社群的工作量快速增长，往往会让当初的创建者不堪重负。

(2)需求没有被满足。

建一个群，不管是QQ群还是微信群，形式不重要，重要的是大家为什么聚在一起，这其中最重要的枢纽就是“需求”，因为同一个需求或是不同的需求，不同的人被连接到一起。有人单纯想要交流，有人想要学习，有人就是为了抢红包……很多人加入一个群，就是因为对他人期待太多，或是对一个社群的期待太多，一旦其需求长时间未被满足，很可能就会退群。

(3)自组织本来就很难基业常青。

自组织是自由人的联合。自组织、自服务、自约束、自修复、自发展，于是，我们总是期待着能找到类似的人，总有人站出来主动提供服务，总有人能够提出或主动遵守规则，出了问题总有人去解决，大家总能够在不断磨合调整中进步。生物的趋利避害特性导致的结果就是：每一个环节都会打折扣，最终，就是大打折扣。

2. 社群运营存在的问题

从社群运营的角度看，社群活跃度下降甚至消散，一般可能是出现了如下问题：

(1)失焦。

失焦是导致群消亡的第一个原因，这往往是由于社区的创建者定位不清晰造成的。没有定位的一个具体表现就是什么人都可以入群，结果，一个群里既有高手又有新手，把不同层次的人混在一起，认为这是所谓的去中心化自组织，却不知这恰恰是把高人给骚扰走的最佳方法。很多社区的运营人员，为了达到人数迅速增长的效果，往往在邀请成员时没有严格审核，导致群的人数迅速增加，但交流的质量却很低，这种情况下社群很容易快速失焦而消亡。

社区必须有人经常发起话题，活跃氛围，用户自发沟通容易偏离主题。运营社区不能怕麻烦，应该在入群前告诉别人，加入这个群的价值和交流机制，这对群的生命力反而更好。事先系统化考虑过群的主题、定位及分享机制的群，寿命更长，灌水群必死无疑。

(2)无首。

无首是导致群消亡的第二个原因，也就是缺乏有影响力或热心的群主或群管。很多人觉得一个社群有领袖、有管理、有规矩就是违背“去中心化”的宗旨，这是一个极大的误区。所谓去中心化，更重要的是指内容、信息不再是由专人或特定人群所产生，而是全体成员共同参与、共同创造的结果，与为了让参与更积极、沟通更畅通、结果更多元进行的管理和维护并不冲突。

定位再准的群，如果没有人主动管理和维护，也是无法持续运营的，不可能完全自组织，否则只能是中心碎片化、组织网络化。同时，一个人的精力是有限的，优秀的运营往往让用户来管理用户，无论是社群还是社区都是如此。

(3)过度管理。

有一种群，群的规模扩大了后，群主就开始膨胀，制定严格的群规，但是，越是严格的群规越容易带来争议，因为，很多人不喜欢一个网络组织有太多的约束。比如，很多群主希望群里少一些闲聊、多一些干货，不要发和主题无关的话题，但有的群成员会认为，一个只聊专业话题的群没有趣味，不认同这样的规矩，他们认为应该有一些轻松活泼的内容活跃气氛。

大部分群主是认可群的氛围可以轻松活泼一些的，但也有一个度的问题，群的规模越大，这个度就越难把握，直到群不得不建立严格的约束。但当群规过于严格后，必然会引起反弹。因此，一个群的群规形成，最好经过群成员讨论并达成一致才容易得到遵守，如果群主要推出强势群规，那么，群主就必须比群成员影响力等级至少高一个数量级，才能获得遵守群规的心理优势。强调民意的组织纪律，比强调个人权力的群寿命更长。

(4)骚扰。

通常情况下，社群之中的骚扰有两种：一种是垃圾广告。如果一个群经常有人发垃圾消息，群管没有及时处理，这个群很快就会沦为死群。另一种是过多的闲聊灌水。一个超过200人的群，一人说一句也得看半天，如果正在工作或是学习，群消息不断闪烁，会打断一个人正常的生活和学习节奏，时间久了，可能让很多人选择屏蔽。如果一个群的人数过多，要选择一定的禁言措施，比如工作时间群内不聊天，晚上和节假日随意，这样就会改善很多。

(5)枯燥。

通常，用户之间聊不了几天就觉得烦了，这种情况下，就必须带着用户玩，让他们觉得这个社群很有意思。最受群欢迎的活动形式，应该是定期分享模式。一种常见的组织方式，是由群主提前协调群员，每周规划1~2个主题，邀请不同群员或者外来顾问分享，每次用1~2个小时，在约定的时间，邀请群员一起交流讨论，聚焦特定主题，这样就有了“集体创作”的感觉。

如果一个群规模超过50人，又没有一个固定的形式，大家没有定期的互动、协作和讨论，没有熟知度、凝聚力和归属感，那么，这个群的生命力很快就会衰退。固定的分享，会让群员产生一种身份认同感：我在这个群，我是一个怎样的人。这种身份认同感，也是群员愿意留下的重要理由；这种身份认同感消失的时候，群成员很可能会选择退群。不过，如果一个群的规模不超过50人，大家在一起的理由可能是因为兴趣相投、认同度高，愿意一块聊，因此，就不需要刻意限定分享形式。

(6)蒸发冷却效应。

当新成员不断涌入一个开放聊天群时，群中最有价值的成员会发现，群成员平均价值水平往往会快速降低，自己继续待在这里已经没有意义了，于是，他们就会选择离开。这批成员的离开，进一步降低了群的价值，于是，恶性循环开始了：越来越多高价值的成员选择离开，直到有一天，这个群彻底沦陷为一个平庸的聊天群。

在社群运营中，这种现象叫“蒸发冷却效应”。蒸发冷却是指液体在蒸发成气体的过程中会吸热，从而降低周围的温度，起到冷却的效果。如果群没有什么门槛，随便谁都可以加入，就一定要加强管理。如果实在是人太多了不好管理，可以将核心用户提炼到一个小群中，大群用来筛选用户。

(7)小圈子。

如果一个社群没有新鲜血液的注入，很容易形成一个小圈子，每次聊天都是这些人，其他人不说话，需要不断引入新的成员来冲击小圈子的形成。

三、社群活跃的结构模型

1. 群角色

社群中，通常会有六种角色的成员存在，其特点如表11-3所示：

表11-3　社群里存在的六种角色

群角色	说　明
组织者	负责群的日常管理和维护，也是群的活跃分子
思考者	群的灵魂人物，在圈子里拥有威信或影响力的人
清谈者	能够轻松自如接受大家的调侃，让群变得活跃和有气氛的人
求教者	在群里提出自己的困惑，希望得到帮助的人
围观者	习惯潜水，偶尔插一两句话，很快又消失的人
挑战者	加入后，往往对群的管理方式或交流内容公开提出不满的人

2. 社群管理模式

只要是能长期生存的群，都有其内在的生态模式。这里重点分析基于兴趣或者学习成立的社群，这是社群形成的最常见原因，比较具有代表性。在这样的群组里，都存在如表 11-3 所示的六种角色，这种角色的不同组合，就构成了不同群的生态模式。围绕这些群角色，基本上形成了两种群管理模式：一种是基于社交群的环形结构，如图 11-4 所示；另一种是基于学习群的金字塔结构，如图 11-5 所示。

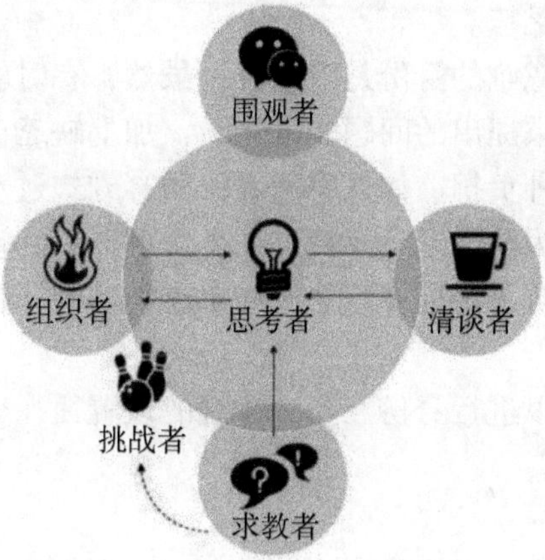

图 11-4　社交群的环形结构

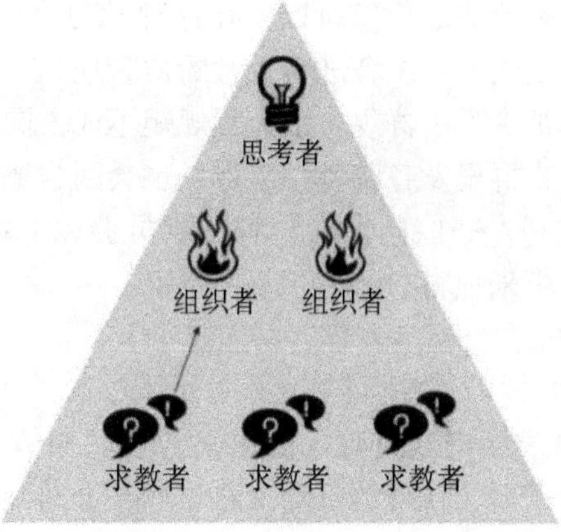

图 11-5　学习群的金字塔结构

(1) 环形结构。

在环形结构中，每一次群交流，每个人的身份可以互相变化和影响，但是，一个群里必须至少存在一个活跃的灵魂人物，他可能身兼思考者、组织者等多个身份。如果一个群拥有2~3个活跃的思考者，那么这个群不但生命力很强，而且会碰撞出很多火花。

在社交群里，必须有一类活跃分子——清谈者，虽然其很难奉献出结构化有深度的内容，但是，他们往往有比较多的信息来源，可以给群提供一些有趣的话题，诱发思考者奉献出有质量的内容，一些围观者也可能被激活，带来有深度的内容。另外，清谈者往往有比较开放和包容的心态，能够接受调侃，这会让一个社交群不至于像工作群一样单调乏味。

在社交群里，比较尴尬的身份是求教者，虽然，有时求教者可以给思考者带来好的话题去展开，但如果提出的问题非常初级，加上缺乏良好的沟通技巧，会对有影响力的思考者形成一种负担。如果思考者的回答方式过于粗暴，或者组织者缺乏疏导技巧，求教者会认为群缺乏分享精神，个人尊严受到歧视，瞬间就会变成挑战者，最后的结局往往是被踢出局。当然，如果求教者的问题得到好的回答，他就会变成群中积极的组织者。

正因为环形结构可以进行身份互换，群规的设置往往很难严格，留下很大的弹性空间。

(2)金字塔结构。

与环形结构相反，在金字塔结构中，一定有一个高影响力的人物，然后，发展一些组织者帮助管理群，群员基本上都是追随影响力人物进来学习的，所以，在群里必须制定严格的群规，否则，如果每个学员都可以直接和影响力人物沟通，影响力人物就无法进行任何有效的通信。所以，在这种学习群里，最可能采用的模式，是影响力人物定期分享模式由组织者进行日常的群管理。

这两种结构类型，都少不了群规，因为无规矩不成方圆，比如一些围观者，有时候因为种种动机，想在群里发各种软性广告，也会因为触犯群规变成挑战者，如果群组织者缺乏疏导技巧，一些同情围观者的群员会以退群的方式，表示用脚投票，这会给群的生命力带来损害。

四、社群规模

如图11-6所示，随着社群成员数量的成长，社群的信息量也会快速增长。当成员数量增长到一定程度后，社群的日均信息量增长会遇到瓶颈。同时，当社群成员增长到一定数量后，人均社群信息量会达到一个峰值；之后，随着社群成员数量的增加，人均社群信息量会快速下降。

著名人类学家、英国牛津大学的罗宾·邓巴(Robin Dunbar)教授提出过"150定律"，即著名的"邓巴数字"。邓巴根据猿猴的智力与社交网络推断出：人类智力允许人类拥有稳定社交网络的人数是148人，大约是150人，而精确、深入跟踪的

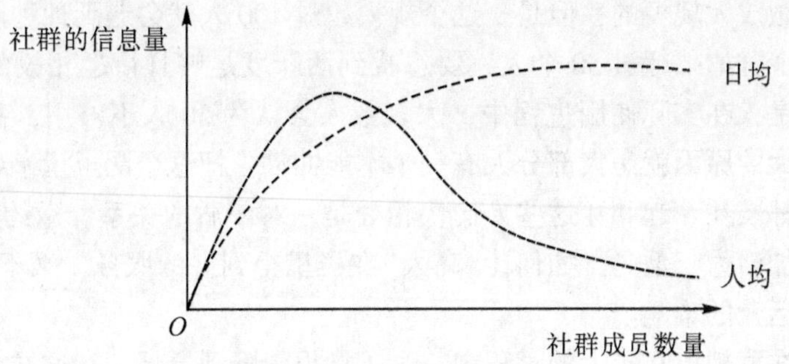

图 11-6　社群规模与信息量

人数为 20 人左右。该定律认为，这是由人的大脑新皮层的应对能力决定的。

过量的人和信息，往往导致低效的传播，自己所需求的信息的获取成本会变得越来越高。当然，这个数字由于地域不同、文化不同、网络和现实的区别等原因可能会有所区别，但毋庸置疑的是，社交网络人数肯定是一个有限的数量。

如何看待金字塔和环形两种结构社群的规模？

如果定位是学习分享群，在有能力管理的情况下，群的规模越大越好。这样，高影响力人的一次分享就可以辐射更多的人，但是，这种群在线分享如何解决学员参与，会变成一个大挑战。比如 QQ 群支持 2000 人的上限，如果一个人分享，让 2000 人互动，会瞬间形成刷屏潮，分享根本无法继续；如果采取全员禁言、核心人员分享的模式，大家又会因为缺乏参与感，不愿意参加分享。

学习群的规模上限，其实是不受 2000 人限制的，这完全取决于高影响力人的群管理水平。在金字塔层次结构中，只要形成大家都遵守的发言纪律，群的规模和分享水平都可以稳定在某个大家可以接受的水平线上。金字塔群还有一个变形，就是成立一个核心管理群，规模不大，但是，这个管理群里的每个人都去维护一个小群，形成一个群的递归金字塔管理模式。

但是，环形结构的社交群不可能具有太大的规模。以微信为例，现在有 500 人群、200 人群和 40 人群，但微信最早的群上限是 40 人，为什么设计成 40 个人？第一，微信群的产品逻辑决定了群员的进入关系是相对平等的，在一个平等的社区里面，形成一个金字塔结构的难度是非常大的，如果群主时刻表现出高人一等的存在感，群员会选择变成挑战者或者直接退出。第二，管理学告诉我们，对于一个松散型组织，26~36 人是一个小型自组织形态最佳的规模。传统管理理论建议，一个人可以直接管理的人数最好是 7 个，不要超过 9 个，作为一个小团队，也不要超过 36 人。所以笔者认为，40 人的微信群设置应该是微信有意为之，不是一个随意的数值，应该是观察了大量 QQ 群活跃度后的综合设置。

如果遇到一个好的群组织者，同时，他也是一个有能量场的人，那么，环形群关系是可以做成大规模的，但是，这个规模超过100人就会遇到种种问题。据笔者的观察，一个群如果超过50个人，要想找到活跃度足够且情趣相投的人是非常大的挑战。但是，在实际使用过程中，大多数人会认为50人不够用，甚至500人都不够用，最大的原因就是大部分人有一个本能冲动：把这个圈子里最好的人都装在一起。把人都装在一起和让这些人愉快相处是一对矛盾的关系。邀约"高人"进群，可以为群增加活力，但是，如何让"高人"在群里得到好的服务，又不被过度骚扰，就成了社群运营的难题。

所以，在群规模在扩大的过程中，为了把损失降到最低，有这样几个建议：第一，加人要有节奏，不要一下子引入太多；第二，加人要有门槛，得来不易才懂得珍惜；第三，加入要守群规，正是无规矩不成社群；第四，老人要带新人，传承社群文化。

五、延长社群生命周期

任何一个社群，都有其不可避免的生命周期，这是多数社群运营者都心知肚明的。在老一批社群开始衰落，而新一批社群又后继乏力的情况下，会出现唱衰的言论。任何一个有价值的社群，组建起来都是非常不容易的，如何才能尽量延长社群的生命周期呢？

如果想尽可能延长社群的生命周期，首先，要从社群的两个主要角色入手：一是群主，二是核心成员。导致社群走向沉寂的，要么，是群主的目的未达成而不再维护，要么，是核心成员的需求未满足而不再活跃。

社群是为了满足用户的某种需求而建立的，基于组织关系或同学、老乡关系的群，也许是维系时间最长的，因为，这种关系很难改变，但这种群未必能保持活跃度。能长期保持活跃度的群一般有两种：有共同兴趣的交友群和有共同成长的学习群。

如果想延长社群的生命周期，还需要解决好以下几个方面的问题：

1. 被连接

人人都渴求"被连接"，这样的心理同样适用于社群运营。现在，线上已经出现了无数个自称是"社群"的组织，但是，到底哪个社群真正有价值呢？最好的衡量标准，就是被连接的次数与深度。

移动互联网让社群能够以"连接一切"为目标，不仅仅是人的聚合，更是连接信息、服务、内容和商品的载体，线上和线下形成联动，社群规模经济和商业化套现都在不断被尝试。企业延长其社群生命周期的第一个要诀，就是寻找具有被连接价值的社群或社群孵化平台，与之亲密接触。

2. 参与感

抢红包、玩游戏成为很多社群的人气法宝，许多潜水者在抢红包的时刻才会浮出水面。但仅靠这种方式聚拢人气，很难长久维持一个社群的生命力。同样是参与感，却可以有不一样的玩法。好的社群是一个有机整体，每个成员都要“动”起来，社群的建立初衷以及社群的运营，都要调动起成员的积极性，最好，有一个核心价值贯穿到底。

3. 被服务

如果在一个社群中，成员能够感受到专享服务，其吸引力可想而知。从增值服务空间的角度看，提供一种轻服务，最好使“隐身”成为社群日常活动中最自然、最便捷的一个组件，保持社群的活跃度，继而制造商业盈利的空间，也可以延长其生命周期。

第三节　社群依托平台的信息呈现

信息是一个集群，面向的用户也是一个群体，当用户与信息进行互动时，是单一用户与单一信息的互动，那么，用户如何才能便捷、快速地发现符合自身需求的特定信息？平台如何呈现信息，才可以吸引潜在用户进行相关操作？这就涉及信息的归纳与呈现问题。

平台在收集信息时，需要从用户群的角度去考虑，归纳出一个特定的符合目标用户群体特征的信息群，但是，涉及信息在平台的呈现时，需要具体到单一用户去考虑，即单一用户如何准确快速获取目标信息的问题。APP 本质上是一种信息载体，一种面向特定群体的特定信息集群。

信息特征具备多维性，这决定了信息可以以不同的方式组织、获取。用户获取网络信息，一般有三种模式：搜索模式、推荐模式和列表模式。三种模式各有特点，决定了各自在不同用户需求场景下的应用。

信息的呈现分为两个层面，即用户端与平台端。所谓的用户端，即信息以方便用户识别、获取的方式呈现给用户；而平台端，即信息以方便平台方管理的形式储存与呈现。不同的信息检索模式，决定了被检索信息在客户端与平台端的不同组织形式。

对于客户端，用户需求和信息获取场景的不同，决定了用户对于信息需求点的不同。因而，为了方便用户快速获取信息，只需展示信息相应维度的特征即可。对于平台端，不同的信息获取模式，对应的是平台端(即后台)对信息的不同管理组织模式。换句话说，平台的主要信息检索方式，最终会决定平台的信息视觉呈现形式。原因在于，三种信息检索方式需要不同的信息组织形式进行配合，而最终的决定性因素在于用户的场景需求。在实际的使用过程中，因为信息呈现的复杂性，单一的信息检索模式并不能完全满足信息的呈现，因而，往往是三者相互配合。但是，因为用户对于信息获取的不同期待，又决定了信息呈现方式必然会以某一种形式为主。

一、搜索模式

搜索模式的关键特征为：快速准确。用户可以通过若干关键词，快速获取目标信息。因而，该模式适合于搜索用户已经明确的目标信息，偏向于精准化的目标诉求，一般用户在搜索此类需求内容时，注重内容的准确性和及时性，比如住宿订票、出行打车等。搜索模式最直观的形式就是搜索框，但又不仅限于此种形式，譬如标签筛选、关键词筛选列表等形式，都是搜索模式的表现形式。

与搜索模式相对应的，是需要针对相关内容进行标签化，也即对采用搜索模式的内容，进行关键词提取、信息特征提取、标签化归类等。尤其需要注意的是搜索框搜索模式，用户进入网站后，如果采用搜索框进行搜索，说明用户对于目标内容有一定的预期，但又不排除用户对于目标信息认知的模糊性，因此，适当的关键词提醒就显得尤其重要。事实上，搜索框是平台的一个独立的信息入口，因而，恰当的提示形式，可以方便用户更加快捷地找到目标信息。而搜索结果以什么样的形式呈现，取决于用户对于搜索结果的选择是否有需求。

当搜索仅仅是作为网站方便用户快速搜索目标信息的一种手段(或者说信息入口)时，搜索形式仅仅是以搜索框、标签等形式出现，当整个网站的信息全部需要具有搜索的即时性、精准性和快速性时，搜索将不仅仅是一个搜索框或标签那样简单，整个页面的布局需要配合信息搜索结果的即时性、精准性和快速性。而且，绝大多数信息是以标签化的形式，在系统后台进行组织，在这方面比较典型的代表有滴滴打车、高德地图、去哪儿网、饿了么等。滴滴打车因为用户对于信息的即时性、准确性要求极高，因而，整个界面完全将多余信息隐藏，仅呈现给用户唯一结果。其他应用虽然不像滴滴打车应用这样极端，但是，也会通过各种方式，让用户能够快速获取搜索结果，比如订餐类应用饿了么，打开应用及自动定位，就可以呈现附近商铺的信息，事实上，这已经是一种基于地理位置标签对信息的自动搜索。

二、推荐模式

推荐模式的关键特征为：不可预测性，即用户无法准确获知最终会获取到的信息。此种模式适合于消遣娱乐性质的内容呈现，用户在浏览此类信息时，对目标信息没有具体期待，仅仅是试图通过浏览来打发时间。因而，推荐模式更加符合用户此时慵懒、期待的心理状态，如今日头条、网易云音乐等。但是，鉴于目前的技术手段，推荐模式尚有诸多不足。

与推荐模式相对应的，是需要针对用户在界面的一系列行为，进行采集分析，以对用户需求进行刻画，归纳出符合用户的精准算法。但是，因为推荐模式所处的使用场景下，用户的行为具有随机性，因而，系统需要从用户随机行为中发现用户真正的需求。很明显，这并不是一件容易的事情，更何况，单一应用平台中由于用户内容以及行为的单一化，使得推测用户的真正需求较为困难。

智能化的推荐需要跨平台协作，根据用户在不同应用中的各种行为，来归纳用户真正的需求，很明显，单一平台的所谓推荐尚需完善。推荐模式的本质还是搜索模式，只不过搜索模式需要用户根据当下自我对信息的需求，对信息进行检索。而推荐模式是后台根据用户当下的操作行为，自动为用户刻画相应的需求维度，根据刻画的相应需求维度与该维度下的内容进行匹配。但是问题在于，用户行为的匮乏与单一造成的用户维度刻画的片面性，使得绝大多数平台的推荐，仅仅停留在根据用户的行为进行相关内容的简单关联(比如，在今日头条点击了一条关于狗的信息，再往下的浏览过程中，就会出现很多有关狗的相关信息的推送)，还会出现根据平台需求，对用户推送相关的高热度内容或者具备商业价值的内容。

目前，市场上并没有出现单独以推荐模式呈现内容的应用，推荐模式多半是作为一种内容的呈现形式存在，比如 banner①、文章末尾的相关文章、热点等，原因在于所谓的推荐算法，当然，其准确性还需要改进。如以个性化推荐为主的今日头条，虽然推崇推荐算法和大数据，但是，其推送的内容却多是八卦、趣味之类。多半用户并不在乎推送的是否精确，因为用户多是用头条消遣时光，对这些用户而言，精不精准是次要的，能否让用户在消遣的过程中，获得某种"沉浸式"的慵懒感才是重要的。推荐免除了用户在不同内容列表、标签之间跳转的麻烦，娱乐八卦满足了用户的猎奇心理，并且不需要费脑思考，配合近乎潜意识操作的下滑更新，这才是其受欢迎的原因。因而，今日头条的成功，并非源于其推荐模式的精准性，而是源于其娱乐属性，绝大多数用户对于其精准性的要求并不高，其高明之处，在于其迎合用户需求的内容与交互方式，使得用户对于今日头条形成轻度上瘾。因为，在不断的滑动与八卦娱乐信息中，用户很容易忘记时间。

鉴于推荐模式的这种不确定性，绝大多数平台在使用推荐模式的同时，会采用其他两种方式，不存在完全以推荐模式为主的应用。

三、列表模式

列表模式又称目录模式，该模式的关键特征是内容门类齐全。列表模式不是从用户的角度，而是从平台方的角度对信息进行搜索，列表模式是将平台里所有用户所需要的信息全部列出，是平台方展示大量信息的有效方式。

---

① 可以作为网站页面的横幅广告，也可以作为活动时用的旗帜，还可以是报纸杂志上的大标题。banner 主要体现中心意旨，形象鲜明表达最主要的情感思想或宣传中心。

与列表模式相对应的，是需要归纳整理出平台面向的所有用户信息，通过合理的组织，使得信息以符合绝大多数用户需求的形式进行呈现，但又要确保单一用户可以较为便捷地获取到目标信息。虽然，列表模式不具备之前两种搜索方式的特点，但是，列表模式是使用最为频繁的模式，原因在于无论哪一种搜索模式，最后都会涉及信息搜索结果的呈现问题。至于信息列表是否需要筛选标签，帮助用户对信息进行筛选，要根据用户对于信息选择的需求进行判断。

第四节　社 群 运 营

一、从粉丝经济到社群经济

图 11-7 展示了从粉丝经济到社群经济的过程。工业时代，信息的受众接纳了厂家的宣传，购买产品成为产品的使用者；在营销时代，又增加了一步：通过使用产品而成为产品的爱用者，进而成为产品或品牌的粉丝；在移动时代，再推进一步：厂家组建社群，吸引粉丝聚集在一起进行分享，这样，就等于为企业组建了一个产生持续生产力的管道。

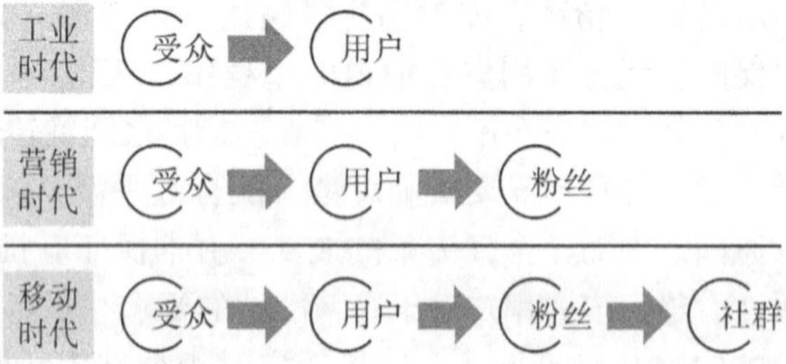

图 11-7　从粉丝经济到社群经济

粉丝经济，泛指架构在明星和粉丝关系之上的经营性行为。粉丝们凭借对明星的追捧和感性消费，对与明星相关的产品进行系列消费，包括购买唱片、演唱会门票、音乐彩铃下载等；明星背后的粉丝消费，形成了有计划、有组织、专业化程度较高的粉丝产业。粉丝经济，是以明星为中心点，数量众多的粉丝群体对明星周边产品的消费行为，其本质仍然是一种针对特定产品或明星的单向消费行为。

社群经济和粉丝经济有本质的区别。社群经济由粉丝经济发展而来，其发展初期具有粉丝经济的基本特征，比如"罗辑思维"运营初期，就是依靠粉丝对于罗胖的信任和喜爱而累积知名度，最终，让粉丝买单（支付会员费）。但真正的社群经济，必然是社群成员之间的多向互动关系，因为这种交互，社群发展到一定程度会自我运作，不断分享、自主创造，从而进行各种产品和价值的生产和再生产。从这个意义上说，SNS 社交媒体因为大量 UGC 的生产，就具有社群经济的属性。社群能激发社群成员的参与度和创造力，催生多种类型的产品出现，社群内的交流互动和资源配置，因为交易成本的大幅降低，催生群体智慧和价值再造。

社群是一个能自行运转的生态圈。社群经济的实质，是社群自身的生产力和价值增值能力。社群经济中存在“多重产品”的并行或迭代现象，比如吸引品牌商在社群中进行产品赞助或定制营销，比如社群创建者为社群成员专门生产的个性化定制产品，比如来自社群成员的创意设计和开发贡献的产品，或者由群体成员分享创意和众包生产的特定产品等。源自社群内部的再生产，是社群经济区别于其他经济形态的最核心特征。

二、社群运营基础

互联网社群，主要是指通过各类网络应用连接在一起的社群，在建立的网络群体中，每个用户的行为都有相同而明确的目标和期望的群体。目前，比较流行的社区都是在 QQ、微信、陌陌等互联网产品上建立的群组。

社群运营，主要就是负责管理社群，制定群内规则，维护社群交流环境，组织群员活动，策划活动等。要做好社群，首先，要建立行之有效的群规则，选拔高效负责的群组管理员，群里的所有交流和活动，都必须在规则允许的范围内，不遵守规则的管理员要及时处理，否则群很容易变质，导致解散；其次，要培养一批意见领袖，能够引导群员交流，活跃群内气氛，以实现群组官方的运营目的。

1. 社群运营的核心

打造成功社群，就是打造成功企业，需要做好五个核心的运营工作：

(1)价值观：认可社群，就是认可价值观、认可品牌，乐于奉献，愿意积极参与到社群中，在群里，每个人不是独立的，而是共融的。

(2)规则：社群规则是保持社群持久生命力的基础，对于初级社群，更需要一个相对严谨的规则去筛选社群成员，维护社团环境与氛围。群规则经集体讨论后确定；群委采用选举制，公平、公正、公开，社群里永远都会有一个人愿意站出来说“我来”，要充分调动所有成员的积极性。

(3)架构：建立完整的架构，以简单、简约、不遗漏任何一个角色为主。如总部—市长—区长—市民。

(4)荣耀：要想方设法增加成员的荣耀感。

(5)利益：要组建一个世外桃源式的社群，就需要更多的思考。而且，能够把赚到的利益，按某种合适的规则进行分配。

2. 社群的禁忌

(1)不照搬别的社群。社群建立的目的是千差万别的，不能完全照搬别的社群，自己的社群，应该按照自己的方法、观点和目的进行组建。

(2)不要变成销售群。很多社群在运营的过程中，往往会变成纯销售性质的群，特别是当群内存在商家或销售人员的时候，如果不能善加管理，就会越来越散，这就需要管理人员及核心成员加强监管。

(3)不要无休止拉人进群。好多社群为了冲人气，会漫无目标地拉人，只要是微信圈里认识的人都往里拉，这样会导致群凝聚力快速下降进而消散。

(4)不得乱投费用到社群。一些社群为了冲人气，动不动就送手机、手表等礼品，无数的事实证明，这基本上没有什么作用，最终结果往往是成员拿了手机就跑了。

(5)不要让群自生自灭。很多社群把人加满后，就放羊似的让社群成员自由活动，这是最大的禁忌，除非社群成员的活跃度非常高，已经形成很强的黏性，否则，完全放手、任其发展，群很快就会消散。

(6)不要忽略线下活动。要经常组织一些线下活动，如见面会、茶会、聚餐等，有利于增进社群成员间的交流与认知，增加社群凝聚力。

(7)不要忽略如何盈利。任何时候社群都不能忘记：社群要有产生经济效益的能力。

3. 社群的角色设置

社群的角色主要包括：

(1)培养者：能在团队内部进行经验和知识分享与交流。

(2)执行者：了解社群的内容、产品及社群状况，能够在指导下完成相关任务。

(3)资源挖掘者：在没有资源的情况下，主动寻找资源支撑。

(4)创新者：在原有方法的基础上进行创新，使任务的整体完成效果好于原有方法。

(5)专家：作为导师，主动关注并培养社群成员的能力，能够主导开发任务及通道课程，能对社群成员进行授课培训。

4. 社群管理员的工作要点

(1)社群规则制定。作为一个社群的管理者，首先需要制定群规，让大家遵守。一位优秀的社群管理员，要能制定合适的规则，做到以理服人。当然，价值观相同自然就不会遭到排斥，如不发广告、不发泄等。规则需要经过群成员讨论后确定，并置顶存放，让进来的人都能看得见。

(2)社群功能使用指导。对于刚进入社群的新人来讲，需要熟悉环境。社群管理员要制作新手指南，引导新人快速融入。

(3)社群活动策划，设定激励机制。社群的活跃性，也是检验社群运营成败的一个标准。对于社群的基本活跃功能，签到、打卡是成员留下足迹的主要指标。

(4)分析数据，优化调整。社群运营得好不好，要用数据说话。通过粉丝圈提供的社群后台，可以观察到活跃用户数，发帖、评论、打赏等都有记录，管理员要根据数据所反映出来的运营效果，适时调整社群的内容和活动。

以上所述，只是社群运营的基础，如果一个产品的用户与用户之间没有交流的需求，再多社群都是没有必要的；如果社群建立好了，却没有选择好的社交工具，也是不好管理的。只有当这两个条件都成熟了，做调查、数据分析、想策划、去实施、然后转化，这才是运营社群的必要条件。

三、社群——从构建到运营

一个社群，从构建到运营，简要地讲，可以分为三个方面七个步骤完成。

1. 构建社群

(1)第1步：重新定义目标用户群体，确立产品定位。

首先，要设计联系群成员的纽带，不论是产品、内容还是工具，社群必须要有一个载体作为入口，可以是产品、服务或解决方案。在消费升级和移动互联网的推波助澜下，整个商业逻辑都发生了变化，过去是先有产品后有用户，现在可以先有用户后生产产品。因此，对企业而言，首要的是重新定义目标用户，根据用户画像，以最快的速度推出最小化可行的产品，就是所谓的 MVP①。

为什么那些曾经热火朝天的社群销声匿迹了？说一千道一万，归根结底还是得实实在在替用户解决问题，不然就没有生存的基础。产品才是凝结群成员关系的媒介和满足群成员需求的解决方案，社群的价值观标签，固然可以把群成员快速圈起来，但如果没有产品把大家的痛点抚平，标签就会陷入窘境。

目标用户定位必须精准，目标用户定位明晰后，接下来就是产品，在这个物品过剩、认知盈余的时代，产品功能已远不能满足用户诉求，还必须肩负起用户展示自我以及与外界互动的使命，这就使得产品人格化的特征越来越明显。同时，还要符合“平民价格、贵族气质”，才可能打动客户。产品或服务要惊艳到让粉丝引以为傲，逢人就赞不绝口，主动分享和推荐，让用户有炫耀的资本和自传播的动力。

(2)第2步：寻找100位 KOL②进行产品封测。

无论是小米还是其他产品型社群，它们的发展都是首先从潜在用户中筛选100位 KOL。这些 KOL 从哪里找？需要符合哪些条件？第一批 KOL 只能靠创始人的人

---

① 简称：MVP 全称：Model-View-Presenter，MVP 是从经典的模式 MVC 演变而来，它们的基本思想有相通的地方：Controller/Presenter 负责逻辑的处理，Model 提供数据，View 负责显示。

② 关键意见领袖(Key Opinion Leader，简称 KOL)是营销学上的概念，通常指拥有更多、更准确的产品信息，被相关群体所接受或信任，并对该群体的购买行为有较大影响力的人。

脉资源来定向邀请，或从垂直论坛找大咖或达人，这些人名气不一定大，但在细分领域有绝对话语权和影响力，还有一定的语言表达能力，当然，能幽默风趣就更好了。更关键的是，这些 KOL 都有共同的爱好：喜欢分享，晒个不停。

第一批进入者，必须高度认可社群发起人，高度认可群文化和群目标，用金钱来投票，是甄别是否为同路人的惯用方法。金钱既是一定的门槛，同时，愿意为一个社群付出金钱的人，也会愿意付出时间，愿意为社群投入时间的人，才是真正的骨干。当然，并不是所有的社群都要用金钱来投票，但是，加入必须要有门槛，无门槛的社群，只是一味地拉人头求数量，最终，只是一个人群而已。

(3)第 3 步：策划社群活动，强化身份认同。

社群是一群志同道合的人的聚集与连接，线下活动是保持社群生命力和活跃度最为重要的保障。人与人之间的连接，只有在高频互动中，才能得到强化。《大连接》的作者尼古拉斯·克里斯塔基斯认为，参与(即重复的合作性互动)能够建立信任，并增加关系的价值。互动分为线上和线下互动，线上聊一百次不如线下见一面，通过移动互联网的连接，很容易找到价值观相近的伙伴，若没有见面机会，彼此很难产生信赖。

总之，社群需要通过一系列的活动，对内聚拢成员，强化成员关系，对外宣扬社群核心价值，吸引新成员加入。同时，不断向外界宣告社群的存在。在信息泛滥的今天，如果人们一周看不到企业的消息，很容易就会忘记。

(4)第 4 步：构建一套极客文化体系，提升成员专业认知。

文化是社群的灵魂，文化体系回答了构建社群的目的是什么，社群存在的价值是什么。社群文化体系，至少包括社群目标、价值观和社群公约。

移动互联网时代的社群，除了应该遵循“平等、开放、协作、分享”的互联网法则外，还要有利他的文化基因。对文化的认同，是一切关系的开始，创造共同的认知和价值后，追随是必然的行为。社群只有源源不断地带给群成员归属感和优越感，成员才会留下来，并自发传播社群文化。

对于产品型社群而言，最重要的是打造一套极客文化体系，塑造极客文化氛围。当社群目标定位为中产阶级后，那么，无论是产品定位还是社群主调，都应宣扬一种极客的价值文化主张。从认知到行为，从文化符号到仪式展演，由内而外，全方位提升成员的专业认知，为社群建立品牌护城河。

(5)第 5 步：社群裂变，培植自组织，布局线下体验场景。

社群的发展壮大，离不开裂变，裂变的前提，是社群已经形成一套成形的文化体系和运营机制。社群裂变并不是由社群领袖主导，而是依靠社群内的核心成员主动发起的。很多图谋长远发展的社群，都不约而同地布局线下，为线下成员提供聚会活动的固定场所。

社群场景化，极大地增强了社群成员的仪式感和体验感。社群需要通过仪式来宣告它的存在，弘扬社群的价值主张。通过举行仪式，可以强化社群成员的共同价值观，从而增强成员间的凝聚力。仪式感的塑造、统一化和符号化，无论是语录体系还是外在的衣着、行为，成员统一整齐的行动，带给心灵的震撼是产品无法比拟的。

2. 社群运营

第6步：建章立制，健全社群运营机制：评价机制、激励机制和会员积分体系。

社群的价值在于运营，运营需要专业的执行团队，其至少承担四个职能，即内容生产、活动策划、新媒体运营和客服。当然，还要有一套群管理软件，如微信群、QQ 群、贴吧、APP 等。

一个群体是变得更聪明还是更愚蠢，取决于互动的时空环境与机制，而不是互动这个动作本身。因此，要想让成员的连接与汇聚产生群体智慧，更重要的是改善连接与汇聚的机制。

社群要有自己共同的价值观和责任，同时，应构建社群规范，通过制度、层级和角色来区分成员，并通过权利和权益的不同分配、激励的干预和惩罚措施等，影响和控制社群的集体行动，提升社群的认同感和执行力。

如何激发成员的群体智慧和能量？需要制定评价标准和激励机制。由于社群不同于企业组织可以单纯地依靠利益来驱动。社群还有其他多种成分，如人文情怀、使命追求和愿景，因此，社群运营除了常规的利益奖惩之外，还需要一套全新的运营机制。游戏化升级思维是个不错的体系，其核心就是 PK，充分利用了人性中的攀比心理。对于评价机制而言，主要参照两个指标：参与度和贡献值。激励包括利益激励、荣誉激励和情感激励。

群体激励的几个关键因素：一是给出简单而清晰的目标，逐级实现。社群发展到一定阶段后，一定要将社群的成员，按照贡献度与影响力划分会员层级，不同的成员等级其权限也不同，如游戏打怪升级一样，设置任务、点数、关卡、徽章、排行榜等激励体系；二是要让每个人都清晰地知道自己的任务，并积极主动去完成。

3. 社群变现

第7步：设计社群的商业模式：产品/内容/工具+社群+众筹+共享。

社群要想持续发展，除了文化和互动之外，必须要有共同的利益。完成从产品到品牌，再从品牌到产品的三级进化。

要想让成员持续为社群贡献价值，就离不开商业利益的输出与供给。那么，社群的商业利益来自哪里？众所周知，在“互联网+”的背景下，社群不能简单地依靠销售赚钱，这就倒逼社群必须跨界找到新的利益来源。

目前来看，市面上有四种常见的变现方式：第一卖广告位；第二卖产品（做电商）；第三卖服务（收会费）；第四股权众筹或者产品众筹。前三种，依然是把社群作为一个销售渠道或者平台，可社群的价值如果仅仅是用来卖产品，不亚于买椟还珠。

那么，社群的商业模式到底该如何设计？笔者认为，社群的商业模式，应该是通过社群成就一个品牌，使社群品牌成为一种文化价值的承载物和表达体，然后，通过品牌延伸来构建社群生态圈。不难发现，社群的商业利益，还是来自当社群成为品牌后，跨界整合资源，提供其他服务或新产品来赢利，通过输出平台、文化或机制，使得品牌价值最大化。在这个过程中，“+众筹”或“+共享”都是不错的组合。

☞**案例**

某学校的微信社群建设方案

一、微信个人号

1. 微信个人号的头像和个性签名视觉统一

2. 添加家长微信好友的话术和引导方式

3. 区分家长和粉丝的标签备注（例如：××中学+名字）

二、微信群的定位

互动、答疑和营销

三、微信群的五个步骤

1. 聚合粉丝

操作方式：以主动添加家长微信号的方式进行邀约、介绍加入（由客服提供家长登记电话，网管负责添加做标签）。

微信个人号二维码：制作个性二维码，加入话术。

话术内容：恭喜你哈~你发现了我们校区的个性微信服务号。

你可以叫我小雅，我很喜欢交朋友。

别客气，请立刻加我啦，每晚 8 点，会有专题互动和知识点答疑喔！

为了让小雅更好跟您沟通，请按照以下格式回复：实名 + 学校年级（例如：“小雅+××中学×年级”，方便小雅做好备注！）。

二维码分布：前台、咨询室。

客服部人员负责内容：邀请上访家长主动扫码加微信个人号，并告诉家长，我们会在微信群里定时定点做什么样的活动，介绍并邀请家长入群。

咨询部：咨询的同时，顺便提示家长添加微信账号，解决家长对微信群的不解，引导家长关注入群。

2. 内容（每周策划内容让粉丝参与）

周主题内容：××。

每天的工作安排如下：

周一：××。

周二：××。

周三：××。

周四：××。

周五：××。

周六：××。

周日：××。

3. 活动(线上，线下)

定点时段的活动：××。

4. 运营者(帮用户解决疑难问题，必要时的公关处理)

(1)及时激励即时反馈。

按照教研组进行分群，管理者在每一个群都可以出没。

有亮点出现，负责人立即给予鼓励并记录作为评优依据。

如果有人出现疑惑，管理者带头帮其解答。

群领导不是高高在上，而是和他们一起解决群问题。

利用碎片时间进行微信管理，只需要回复重要内容。

(2)公开展示跨群分享。

好的内容截屏，在朋友圈或者其他平台进行公开展示。

(3)建立团队意识。

减少不满和抱怨，激发团队为公司为客户做出贡献。

四、微信群管理标准及规范制度

1. 微信标题规范

群分享的内容及标题要统一按要求书写，由管理者进行审批。

2. 微信内容规范

每周推送的内容要提前准备和规划，由管理者进行审批。

3. 微信推送规范

有针对性的内容和互动，分时间点做推送，具体时间规定，会以表格下发至各部门。

4. 微信数据规范

粉丝标签、针对部分家长的提问和活跃度做好规划。

5. 家长管理规范

针对一些提问题或者对群体造成严重影响的家长，给予私聊处理或者直接踢出群。

6. 群的管理

大群200人以下、中群100人以下、小群40人以下。

五、微信群的运营方式

1. 群的定位是什么

互动交流、知识答疑、品牌宣传营销。

2. 新成员加入的欢迎仪式

要有组织感、仪式感、归属感、参与感。

3. 建立每周群活动表

要提前准备要宣讲的文章及分享的主题。

4. 定时清人

对于群里不经常互动的一些家长或者传播对学校负面消息的人，要及时处理，群管理者启动危机公关预案，专门处理此类事件。

5. 培养积极分子

对于积极发言的家长及经常互动的家长给予奖励，刺激他人进行互动交流。

6. 红包爆破

用于大群互动交流，后期利用红包推送营销。

7. 与朋友圈配合

对于一些知识疑难点的讲义或者文章，通过积分政策，让家长传播至朋友圈。

8. 让别人看热闹

比如：伙伴计划10元班课邀约活动，同学分享计划等。

9. 绝对严禁广告和拉人(群规)

六、群规定

第一条：该群以学习、探索学习方法、在线答疑为起点，务求真知。

第二条：该群名称：实名+年级+学校。

第三条：不谈政治，不传教，不相互攻击，不坑蒙拐骗。

第四条：不刷屏，只做学习交流。

第五条：定期举办线下公益讲堂，免费知识点串讲，呼唤家长踊跃提出疑难点。

第六条：对于长期隐身，一言不发者，抢完红包走人者，会定期沟通处理。

第七条：每周有主题分享，在群里探讨交流，欢迎推荐家长主动向群管理提出分享内容。

七、各部门工作安排

1. 客服部

微信群对本部门的作用：保留到访家长信息，以便后期跟进，可以互动交流，获取更多的信息；利用微信群的方式，跟家长进行互动沟通。

客服部工作安排：

家长入群的欢迎，引导家长，协助各部门进行疑难解答。

每周一次主题分享“教育和心理特征”，以真实案例进行。

2. 咨询部

微信群对本部门的作用：便于跟进，互动交流，获取更多信息，提高工作效率，可以及时宣传通知精准群体。

咨询部的工作安排：

在咨询时，要主动邀约家长，添加微信，邀约进群。

做记录和统计，了解未扫码的原因。

群里如有咨询孩子教育、价格其他问题的，要及时解答或者私聊沟通。

每周两场主题文章分享“家庭教育”“学习习惯”，以朗读方式进行。

每周进行文章分享的老师，请提前一天，把文章语音内容以“微信文章、MP3格式”的形式发给网管，由网管做整理，经各部门负责人考核，以固定格式公布在群里。

3. 教学部

微信群对本部门的作用：可以针对校外的精准群体，输出有针对性的知识，帮助一些家长和孩子解决疑难点，获得有用的信息资讯，在互动的同时，了解家长和孩子的需求，宣传我校的教育风格。

教学部的工作安排：

每周讲课和分享试题的老师，请提前一天将试题内容，以“试题截图、Word文章版”的形式发给教学主管进行整理，讲义和答疑要以固定的格式公布在群里。

微信群每周两场讲义、答疑、互动分享，主题：“考前疑难点知识解答”“在线知识点测试”。

4. 市场部

微信群对本部门的作用：如前期的10元班课、公益讲堂、考前串讲班等活动，可以对家长进行精准宣传，为家长带来更直接的福利和服务。

市场部工作安排：

网络专员自己手动添加家长微信并邀约进群，进行标注分类。

市场专员在周五、周六户外宣传时，针对有学生的家长邀请加群。

网络专员在各部门线下活动时，主动建立此主题活动的家长交流群，便于日后家长跟进交流。

当群生态到达一定人气后，定期举办线下沙龙讲座、互动交流及群友交流会。

周工作安排列表

部门	周一	周二	周三	周四	周五	周六	周日
客服部	孩子心理特征疑难解答						
咨询部		家庭教育文章分享		学习习惯文章分享			
教学部			考前心理知识点复习方法			考前疑难点文章分享	在线答疑
市场部 网络部					线上活动宣传或者线下活动		

监管：各部门主管都有监管群的义务，如发现家长的言论对学校造成负面影响，要及时联络网络部门，请求踢出。

第五节　社群传播

社群，是 N 对 1 的传播。微博时代创造了裂变式扩散，它是以 N 对 1 的方式传播的。一群人对一个个体的影响，远远大于一个人对一个人的影响。在社群当中，每个人会受到社群里一群人的影响。我们加入社群，以为是社群负责人在引导我们，其实不是，是社群里所有的人共同引导我们。社群里面是没有负责人的，每一个人都是社群的负责人，每一个人都是社群的个体。

如果企业和用户之间建立了关系，把用户拉到了以企业为首的社群中，会有什么结果？对他的影响会是什么？其实，这时候不用想尽办法，挖空心思去说、去营销，通过整个社群的氛围来影响就可以了。人们经常说不想从众，但通常都在做从众的事，这就是社群，通过 N 对 1 的说服来左右成员的判断，最终，就会得到一个共识。

提高社群传播力的六个原则，分别是社交货币、诱因、情绪、实用价值和故事，传播的内容只要具备了这六个因素，就可以让自己的产品、思想和行为像病毒一样扩展。而且，这六个原则并不需要平均，如果其中一个原则太小，可以增加另一个原则进行弥补。

一、社群传播的三大要素

内容要想在社群中"疯传"，至少得具备三大要素：

1. 与我相关

品牌、企业或者社群组织者是否拥有很大名声，社群成员并不一定非常在意，尤其是对于并非由精神领袖主导的社群组织来说。那么，在这个社群里，要想驱动内容进行传播，内容是否"与我有关"就显得非常重要了。我的形象、我的故事、我的朋友、哪怕我的一件最奇葩的经历，只要传播的内容有一个接口，让用户能非常快、非常便捷地生成自己的版本，那么，这个内容就离"疯传"不远了。

2. 利益诉求

疯传的另一个因素是实用价值(practical value)，即这个东西对别人到底有什么好处，如何把这个好处放到最大。对于社群成员的利益诉求，从感性和理性诉求的角度区分，又可以分为对物质利益和精神利益的追逐：典型的物质利益可以包括红包、打折券、优惠券等；而对于精神利益来说，可以包括能否秀出我的个性，能否体现我的尊贵。当然，物质利益是短暂的、一次性的，而精神利益的追求相对来说更加持久。

3. 彰显个性、爱心或优越感

人们都倾向于选择标志性的身份信号，作为判断身份的依据。人们喜欢分享，因为觉得这是个人身份的体现，会让他们看起来更加精明、机智，可以获得更多好评，也就是所谓的社交货币(social currency)。

如果一个内容能让社群成员传播，彰显自己的爱心或者道德上的优越感(即所谓的社交货币)，哪怕是荒诞离奇的孩子丢失或者民工车票丢失的故事，人们都会有很强的动力去传播。社交网络的崛起，极大地降低了公众表达爱心、参与公益和慈善的门槛和成本。人们用一个简单的动作去做分享，就能帮到别人，这对增加自己的社交货币，无疑是一件很划算的事情。

需要进一步提到：需要调整游戏规则，去迎合人们向身边朋友炫耀身份的需要，构建出他们渴望的形象。

二、社群的信息传播机制

1. 双重角色

用户的发布者和受众的角色可以自由即时切换，用户在发布信息的同时，也在接收信息，区别只在于发布的信息量与接收的信息量可能会有所不同，有些用户发布的信息多，有些用户接收的信息多。

不同类型的用户其影响力不同，明星 ID 或意见领袖能够主导群内的信息传播过程，在于其与普通ID的互动中，更多地承担信息发布者的角色，能够长时间成为普通ID用户或灌水者信息互动的对象，而普通ID用户或灌水者，总是更多地扮演信息接收者的角色。

2. 传播内容的选择、整理

用户各自的传播内容不同，且会因其身份角色的变换而变化。

信息发布者需要选择整理的传播内容，实际上就是信息源，包括信息来源、信息内容和信息形态等方面。信息源的采集与整理工作，处在外部网络信息环境里，受政府信息管理政策的影响很大。而整理后等待传播的内容，实际上可能存在着违反群规的风险，这时，用户需要权衡群规与新知识之间的度，然后决定是否将外部信息输入到群内部进行讨论。

对于信息接收者，传播内容的选择整理，实际是将群内讨论产生的有价值信息整理输出的过程。这里不仅涉及群规则对群内信息向外输出的限制，还涉及外部信息的规范要求，包括将碎片化的群内信息整理成片段化的完整信息。

3. 内部信息环境

外部信息环境为用户提供了可供讨论的素材，而内部信息环境为群聊讨论提供了政策支持和活动激励。只有规范良好的群聊秩序，才能激发用户的活力，活跃群内聊天气氛，激起更多用户的发言欲望，信息传播活动才会顺利有效进行。群内的讨论过程，其实也是原有信息的再加工过程和新信息的产生过程，这些新的信息，不仅是对群内信息交流的肯定，对群内信息环境形成后的反馈，同时，可能被输出到群外部的信息空间里，实现群内与外部网络的信息互动和共享。

4. 互动反馈

在社群信息传播过程中，用户通过阅读其他人的发言获得信息，经过自身的解码构建自己的知识库，这些知识是在传播中累积的有效信息，不同用户各自获取不同的知识，各取所需。作为信息交互的用户之间，可能进行提问、心情共享或补充信息等信息反馈，而且，彼此都可以及时通信发言或回复，进行信息的二次传播。在这个过程中，信息传播和接受的两种角色的行为转换是动态的、即时的，但是，信息传播过程不会中断，而是随着用户的切换而继续延续。

5. 传播效果指标

在社群信息传播的过程中，信息交流是传播的主体，用户是信息传播行为的行动者，传播环境对信息传播的过程起着重要的支持作用。在传播过程中，传播各个因素相互影响，共同作用，缺一不可。可以引入如下几个关键指标，来衡量社群传播的效果：

(1)传播驱动力类别：如上所述，可以是“与我相关”、有物质或者精神利益诉求、能彰显爱心或者优越感等。

(2)传播动力指数：社群中传播的主动性衡量指标，人们想主动传播的意愿强度。

(3)时间成本指数：是指为做这个内容，社群组织运营人员需要花费的时间成本。

三、裂式传播五大关键步骤

裂式传播五大关键步骤如图 11-8 所示：

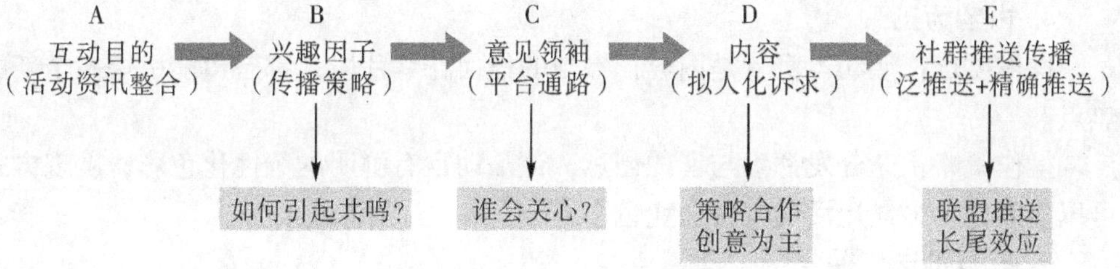

图 11-8　社群信息的裂式传播

下面以冰桶活动为例展开说明：

1. 活动的目的

活动目的：让更多人知道被称为“渐冻人”的罕见疾病，同时，也达到募款帮助治疗的目的。

操作要点：切忌贪心求大，参与设置考虑低门槛，资讯表述简单明了。

补充阅读：肌肉萎缩性侧索硬化症，简称“渐冻人”。

2. 活动的兴趣因子

活动的兴趣因子如图 11-9 所示：

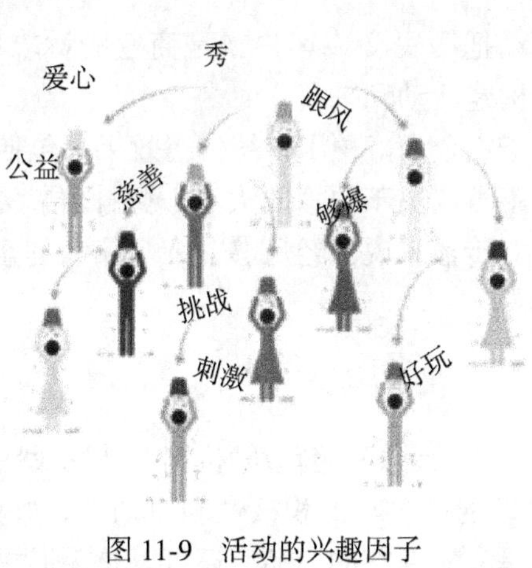

图 11-9　活动的兴趣因子

操作要点：基于兴趣因子去构建方便展开的互动活动，切忌不要设太多门槛，好入手才是关键。

传播策略：低门槛切入，快速展开，先让种子用户动起来，二次传播会呈几何级数增长，让活动爆点。

3. 意见领袖

操作要点：给意见领袖们一个参与的理由，让他们参与其实也没那么难，名人的示范效应，会加倍放大你的传播热点。

操作策略：可以直接采用点将的方法。

4. 内容为王

操作要点：活动本身就是内容，参与的任何花絮片段，都有可能引爆一个新的热点。

操作策略：充分发挥参与者的创意，让活动富有鲜明的个性化色彩，展现方式可以多元化，尽量让活动少带商业色彩。

5. 社群推送传播

操作要点：充分利用各种微社群平台，快速推送活动宣传和进展信息，使效果倍增。

传播策略：泛传播和精确推送双管齐下，传播链续航能力有多强，取决于内容和传播通道的结合程度。

6. 活动 KPI(key performance indicator，关键绩效指标法)

参与转换比：反映了主题是否具有足够吸引力，同时，也能够反映知道却未参与的真正原因是什么。

主动分享比：反映了内容和创意是否够爆，是否抓住了受众的兴趣点。

点赞回复率：体现了分享平台是否足够简便，是否有统一风格和足够的创意空间。

活动引流比：用活动把网民变成客户，是商业的诉求所在，在个性为王的时代，要尽可能基于人性构建活动和平台。

微社群的魅力就在于它全面颠覆了传统传播效果，包括重构了传播平台。创意是效果最好的保证，而不再取决于预算的大小。微社群就是成就非凡的最佳平台，也许还不足够完美，但对传播来说已经足够。一个伟大创意+多元化的微社群渠道平台=成功。

四、社群引流的基本思路与方法

社群引流的要诀，在于设计好一套激励机制，让网民明确知道，自己能够得到什么好处(价值)，以调动网民参与的积极性和主动性。好处(价值)的承载体可以是无形的服务，也可以是实实在在的商品，还可以是无形物和实物的组合。但显示价值点的“介绍信”，目前网络空间存在的传播形式，无外乎文章、音频和视频三种介质。

在设计社群激励机制的时候，首先要明确你可以给别人什么好处。也就是先要设计好激励机制和价值体系，引导更多网民参与到社群的引流工作中。社群引流的方法是非常丰富的。但放到互联网大背景来讲，归根结底，最基本的还是内容引流，即通过具有吸引力的文章、精心设计制作的语音和视频，广泛传播、吸引关注。

针对社群引流，真正能做工作的地方在于如何驱动人们去传播。驱动的方式可以分为两大类：一类是用钱解决，就是付费做推广；第二类是所谓的“免费”，常见的就是投放各种“干货”文章进行引流。

1. 引流的操作步骤

(1)构建打动人心的价值点。

比如：做培训的要设计好课程内容，制作好项目的操作手册，制订好收益的分配方案；卖软件的就准备好软件，同时，清楚告诉客户购买这款软件能得到什么好处。

(2)打磨推介内容。

文字是最常使用的传播介质，烘托气氛可以用音频，也可以自己录制视频，用自己最擅长的方式去完成。有条件的最好能够实现各种渠道的全面覆盖，因为，特定渠道对传播介质是有要求的，如视频网站就没法发文章。

(3)推广内容。

实际上，不管是付费推广还是免费推广，都是一种付出，不存在绝对的免费，花费的精力也是一种成本。要计算好投入产出比，描绘好目标用户的特征画像，有针对性地选择渠道，把资源投放到潜在客户更多的地方去。

(4)引流到微博、微信公众号或 QQ 号、个人微信号。

把流量引到微信公众号或 QQ 号是最优选项，一方面，可以放置内容转化成交；另一方面，借助社交分发可以进一步引流，实现内容分发引流，事半功倍。

(5)内容铺垫并转化成交。

要充分借助“微信公众号+微信个人号+朋友圈+微信群”和“QQ 单项好友+QQ 空间+QQ 群+QQ 公众号”这两套工具的优势，完成内容铺垫，实现转化成交，搭建付费群 A。当然，各种平台工具可以有机组合，这只是两个常用的工具套装。想要成交，就一定要做付费群，根据流量的消费能力设置收费标准。但建议不要太高，这笔费用不是收益的关键，而只是过滤流量的门槛。

(6)变现—代理。

付费群 A 搭建起来之后，可以另建具体项目分享收费群 B，再次变现，并引导这批付费用户主动拉入新人，再引入代理群 C，即付费群成员可以通过再付一定费用，加入代理群C，代理群C享有推广付费群A和B等具体项目群的权限。在利益分配时，推广所获收益甚至可以考虑全部让给代理，即代理负责加入新人，社群负责做好服务，收益全部归代理。当然，对于新人要设置适当的标准。那社群靠什么变现？这些付费流量通常是相当精准的，而且，具有较强的付费意愿，可以为新的项目群和代理群供血，甚至可以直接做销售，想象空间巨大。

至此，应该就很清楚了，为什么说付费群A的会员费主要是起过滤作用。真正高明的手法，是让这批付费成员成为社群的推广员。恰当的利益分配机制，会让绝大多数付费群成员转而成为社群的推广员。

(7)日常维护。

付费群的日常维护，还是要靠自身的价值。以做培训为例，要天天发发“干货”，贴贴行业消息，给学员介绍工作机会或者项目信息；做项目分享的，就要教会大家赚钱的思路和方法。这样的社群，会越做越有吸引力，越做越有价值，价值就是通过平时的工作累积起来的。

2. 场景思维

流量很重要，但是并不精准。而社群能带来精准的流量，只要找到潜在用户，做好服务，其转化为付费客户的可能性就非常大，这种精准流量思维就叫“场景思维”。

伴随着社群的发展，其与用户之间传达信息的方式发生了改变，而这种改变就是场景的改变。相应的，很多传统的营销方法便会失效，商业信息需要换一种新的方式传达给用户。而运营需要用心才能拉近与客户之间的关系，建微信群打广告的粗暴方式最不可取。

利用场景抢占精准流量，比如美团、饿了么、百度外卖、口碑等，在1公里范围内提供餐饮服务，便是一种场景思维；Uber、滴滴打车、摩拜单车等，服务的是地铁到公司的1公里路程，这些都是场景。企业要想成功，便需要去创造用户需求的场景或成为场景中的一部分。

谁抓住了用户的心，谁能给用户带来便捷的沟通协作场景，谁就能做好社群。新场景是社群的新载体，便于信息一致化。社群是同类的精神家园，是社群主与用户、用户与用户社交协作、信息交互的地方，能不能变现在于新场景体验是不是足够好。

第六节　社群的发展趋势

1. 社群将继续向品牌化和专业化发展

网络社群在内部与外部都将进行更加系统化的发展。从内部而言，网络社群需要从社群成员的需求与兴趣出发，不断加强社群内部的联系与社群文化的建设，在管理与运营层面向更加专业化、体系化方向发展；同时，对社群外部，社群品牌的定位和品牌形象的建立则成为更重要的部分。社群品牌化是其更进一步进行商业化发展的重要环节，与用户产生品牌共鸣，进而培养社群成员及外部用户的品牌忠诚度，才是网络社群拓展商业模式的核心与关键。

2. 社群产业链将向多维度延伸

随着网络社群的快速发展，其自身形态将更加多元，涉及的产业也会更加丰富，产业间的合作与融合进一步加深。以网络社群自身产业链为核心，在内容、硬件、数据挖掘、支付与金融方面具有较大发展空间；同时，社群经济也由于产业环节的增加，产生更多的新兴模式，项目孵化、众筹、众包、信息对接与深度合作等都将成为新的机会点。

3. 触发用户的情景营销将会被广泛使用

智能家庭、移动终端、可佩戴市场、大数据、实时传感器等，都在各个维度和用户产生链接，这种链接通常存在于消费者具体的情景中。很多时候，营销要触动消费者一定要有匹配的情景，而新技术的发展，让随时捕获这种情景变得容易。比如可佩戴市场，移动互联网和任意的广告屏幕与终端的链接；在写字楼场景，如果你可以通过手机 Wi-Fi，快速获得品牌专卖店或者零售终端的优惠券和本地化的一些消费细节，你会在休息时间到周围的商圈去购物，或许你会由于写字楼屏幕上显现的二维码链接而到电商平台去购物。营销如果不能让消费者触景生情或者触情而动，那么，就成了强制和粗暴的广告推送。对于用户场景的观察与新场景的制造，都能带来新的传播机会。

4. 社群服务产品与技术不断扩展创新

从网络社群服务产品与技术的角度来看，网络社群服务的整体水平也将在展示平台、运营工具及基础服务技术三个方面获得更大的发展和提升。网络社群的展示平台从以 APP 为主向微站、应用号继续发展，甚至不再局限于智能设备，而具有更加灵活的形态；在运营工具方面，不同行业的热门功能，都将与社群服务平台产生对接与合作，除了当前火热的直播、打赏等之外，问答、共享甚至金融理财服务等更加垂直且互动性高的工具，也将成为运营的新形式；此外，从基础技术来看，云服务技术本身的发展，也将助力云平台在网络社群各业务中的功能性扩展，使网络社群运营更加高效。

5. 将会成为人人可参与的商业模式

当相同价值观的一群人产生强关系后，将会产生新的价值。产品社群，让每个人参与到产品的设计与创造中；众筹的模式，将创业者和投资者联系到一起。当社群推动人与人之间的协作方式效率不断提高，很可能就会推动一种新的商业模式的形成，即社群成员高度参与的创业模式，每个人既是创造者又是投资者，还是用户。

6. 将提供更加高效的实时响应服务

移动互联网技术的发展，让消费者的实时需求集中爆发，企业要实时回应消费者所表达的需求，也将改变服务的形态，如微信客户服务的出现、社会化客户关系的管理。例如，招商银行推出微信客户服务，只要将信用卡与招行的微信客户端捆绑，就能通过信用卡“微客服”完成常规操作，在升级版中，服务范围从单一信用卡服务拓展为集借记卡、信用卡业务为一体的全客群综合服务平台；再如，南方航空的微信账号可以办理登机牌，这些实时相应的服务，给用户带来了全新的体验。

附录　网络社区基本规则

第一章　社区公民

1. 通过本社区身份认证者为本社区正式公民，立即获得社区内所有公民权限。

2. 未完整填写注册资料或使用不雅、不恰当的账号名称和昵称者，将不会通过身份确认。

3. 公民的个人档案公开与否由公民本人决定。

4. 本社区公民的言行不得违反________________和________________上的所有规定。不得在讨论区中发布任何违反国家法律法规的言论，不得发表任何包含种族、性别、宗教的歧视性内容，不得发表不健康的内容，对于任何人都不能进行污辱、谩骂及人身攻击，本社区公民必须严格遵守本办法及网络礼仪规定。

第二章　社区文章及图片版权

1. 社区文章及图片仅代表作者本人观点，作者文责自负，与本网站立场无关。________________. com 有权把在________________社区发表的文章或图片用于公司其他用途，包括网站、电子杂志等，文章和图片有附带版权声明者除外。

2. 社区的文章及图片(包括转帖的文章及图片)版权仅归原作者所有，若作者有版权声明或原作从其他网站转载而附带有原版权声明者，其版权归属以附带声明为准。

3. 作者无专门声明或者转载时无附带声明的文章及图片以下列原则为准：

(1)在用于非商业、非盈利、非广告性目的时需注明作者及文章、图片的出处为“________________虚拟社区”。

(2)在用于商业、盈利、广告性目的时需征得文章或图片原作者的同意，并注明作者姓名、授权范围及原作出处为“________________虚拟社区”。

(3)任何文章或图片的修改或删除均应保持作者原意并征求原作者同意，并注明授权范围。

第三章　兴趣小组

1. 每个子社区下可成立若干兴趣小组；每个小组设组长一名，副组长至多两名。

2. 首届组长由小组创建者担任；小组成立后定期举行改选；组长可以随时被组员弹劾。

3. 小组的名称、组员、讨论内容均由组长决定。

4. 组内的言行遵从"社区公民"的规定。若组员违反规定，组长有权将此组员驱除此组；若组长管理不严或组长带头违反规定的小组，________________.com有权撤除此小组。

第四章　个人主页服务

1. ____________.com个人主页服务系统的所有权和运作权归自__________公司。在________________.com拥有账号的用户都有权利上载个人主页。

2. 本站为用户提供免费的FTP账号用于页面的维护。

3. 遵守中华人民共和国有关的各项法律法规；严禁发布有关政治、系统破坏、淫秽色情、封建迷信、人身攻击等违法信息；严禁链接有关政治、系统破坏、淫秽色情、封建迷信、人身攻击等违法信息；用户必须承担由于您的网页、论坛所导致的任何民事或刑事法律责任。

4. 每个用户只能申请一个主页空间，主页空间目前限额10M，对需要增加硬盘空间的用户，可以向webmaster申请及说明理由，并由webmaster决定是否增加。个人主页不得用作商业用途。

5. ________________.com拥有管理各个人网站的一切权利，当发现违反规定的主页，我们将发e-mail警告，若在警告期限内无效，则将其用户主页删除。

6. 个人主页服务是免费提供，属于非盈利目的。对于非故意及不可抗拒的原因，而导致的用户的数据损失、服务停止，我们将不承担赔偿和法律责任。

7. ________________公司在必要时会对________________.com个人主页服务条款进行修改，服务条款发生任何变动，将会即时通知用户。

8. 用户或________________________公司可随时根据实际情况中断个人主页服务。__________________公司不需对任何个人或第三方负责而随时中断服务。用户若反对任何服务条款，或对后来的条款修改有异议，或对__________________公司服务不满，用户有以下权利：

(1)不再使用_________________.com个人主页服务。

(2)通告_________________公司停止该用户的服务。

(3)自己取消_________________.com个人主页服务。

9. 结束用户服务后，用户使用个人主页服务的权利马上中止。

第五章　处罚规则

1. 使用者的注册资料经确认非属实者，本社区保留停止其账号使用、关闭权限以至删除其账号的权利。

2. 使用本社区账号从事非法商业行为，或公然在聊天室和版面上发表猥亵、色情和反政府言论而足以影响到本社区声誉者，将停止其账号使用权限，情节严重者本社区保留删除账号的权利。

3. 凡文章或图片出现以下情况者，版主有权在不通知作者情况下立即删除，其作者将受到警告；警告无效或严重违反以上规定的将在一段时间内被取消 POST 权限甚至删除账号：

(1) 发表污辱及包含人身攻击的文章或图片。

(2) 恶意灌水文章。

(3) 同一文章转帖超过三个版以上。

第六章　电子邮件

1. 用户隐私制度：电子邮件是发信人与收信人之间私人信件的传送。尊重用户个人隐私是________________的一项基本政策。________________一定不会公开、编辑或透露用户的邮件内容，除非有法律许可要求或________________在诚信的基础上，认为透露这些信件在以下三种情况是必要的：

(1) 遵守有关法律规定。

(2) 保持维护________________. com 的商标所有权。

(3) 在紧急情况下竭力维护用户个人和社会大众的隐私安全。

(4) 符合其他相关的要求。

2. 用户的账号、密码和安全性：您一旦注册成为________________网站的一名网民，您就自动获得了使用电子邮件系统的权利。电子邮件系统不负责处理账号问题。您若不保管好自己的账号和密码安全，将引起您在整个网站上的安全问题，需由您自己负全部责任。在整个网站中，每个用户都要对其账户中的所有活动和事件负责任。您可随时结束旧账户重设新账户。用户若发现任何非法使用账号或安全漏洞的情况，请立即通告________________。在电子邮件部分执行与整个网站统一的规则。

3. 拒绝提供担保：用户明确同意邮件服务的使用由用户个人承担风险。____________________明确表示不作任何类型的担保。用户理解并接受任何通过________________. com 邮件服务取得信息资料的可靠性，取决于用户自己并由其承担系统受损或资料丢失的所有风险和责任。________________对在邮件服务网上得到的任何商品购物服务或交易进程，都不作担保。

4. 有限责任：________________对任何直接、间接、偶然、特殊及继起的损害不负责任。这些损害来自：不正当使用邮件服务，在网上购买商品或服务，或在网上进行交易。这些损害会导致________________形象受损，所以________________事先提出这种损害的可能性。

第七章　附则

1. 本社区如因系统维护或升级而需暂停服务时，将事先公告。若因硬件故障或其他不可抗力而导致暂停服务，于暂停服务期间造成的一切不便与损失，本社区不负任何责任。

2. 本社区公民因为违反本社区规定而触犯中华人民共和国法律的，一切后果自己负责，本社区不承担任何责任。

3. 本规则单项条例得以公民 100 人以上联名，提出修正案，举行投票修订。而修正条例的投票人数必须超过本社区注册人数的五分之一，而其中三分之二同意，才能通过修正。

4. 本办法未涉及的问题参见国家有关法律法规，当本法与国家法律法规冲突时，以国家法律法规为准。在本法规定范围内，________________公司拥有最终解释权。

5. 本规则自公布之日施行。